奪標心態

SUSTAIN YOUR GAME

High Performance Keys to Manage Stress,
Avoid Stagnation, and Beat Burnout

Alan Stein Jr.
小亞倫・史坦

Jon Sternfeld
喬恩・斯特恩菲爾德

黃庭敏——譯

目次

PART 3 以紀律自我調節、擊退倦怠

各界推薦

「如果想在各方面保持卓越，你需要每天努力掌握基本的要事。本書中有許多實用的範例，可以幫助你不斷精進，成為最好的自己。」

——薩桑・古達茲（Sasan Goodarzi），理財軟體公司財捷集團（Intuit）執行長

「本書分享了實用的方法，來克服當今職場中三種常見的阻力：壓力、停滯和倦怠。亞倫提供了引人入勝的故事、統計數據和原則，這些都將立即影響你可以持續擁有的績效、滿足感和參與度。」

——克若德・希爾佛（Claude Silver），范納媒體（VaynerMedia）人資長

「本書提供了寶貴的技巧和工具，可幫助你培養韌性、重新集中精力，同時避免壓力、分心和其他的外力。書中包含可立即採取行動的步驟和實用見解，可提升你的表現！亞倫介紹了來自不同專家、作家和臨床醫生的最相關和最有用的科學研究，同時還加入了他與世上最優秀的一些人共事的個人經歷。」

——丹妮爾・坎特・裘爾勒（Danielle Cantor Jeweler），
體育經紀公司F.A.M.E.執行副總裁兼合夥人

「實現最佳績效已是極其艱鉅的任務，還要維持高水準就更難了。本書提供了實用的方法來做到這一點，亞倫的策略對於任何想要長期保持卓越的人來說，都是必備的。」

——夏卡・斯馬特（Shaka Smart），
馬凱特大學（Marquette University）男籃總教練

「若要贏得外在的優異表現，首先要戰勝你的內在，才能帶領自己。本書就是實現這個目標的教戰手冊，傳授讓你在任何情況下，可以堅持和忍受的重要原理，同時維持紀律，實現人人追求的成功和意義。」

——保羅・愛普斯坦（Paul Epstein），前NFL和NBA高層，著有《進攻的力量》
（*The Power of Playing Offense*）

「亞倫不僅是一位非常棒的績效教練、主講者和作家，更重要的是他是一個非常棒的人。他真的很關心幫助他人表現到最好，這一點反應在本書中。本書將為你提供具體的方法和策略，不僅可以將你的表現力提升到新的水準，而且還可以保持高水準的表現。」

——蘿倫．強森（Lauren Johnson），紐約洋基隊前心理調節師

「簡而言之，亞倫．史坦是業界中最棒的。我和亞倫一起工作了很多年，他有首屈一指的激勵和鼓舞能力，他的熱情激勵著與他建立關係的每一個人，去突破自己的極限。簡言之，亞倫會讓你有所成果。」

——ESPN 籃球分析師傑伊．比拉斯（Jay Bilas）

「從一對一的討論或節目前的團隊電話會議，到向上千名觀眾發表演講，在每一次互動中，亞倫會讓每一個人都感到自己很重要。他的節目能做到最大程度的客製化，使他能夠始終向他的觀眾提供相關、目標明確和相互配合的演講。他的重點是有意義的、令人難忘，並且可以付諸行動。總之，與他合作很愉快！」

——卡崔娜．米切爾（Katrina Mitchell），專業演講機構 Franchise Speakers 創始人

「在過去的十八個月裡，我們請亞倫到公司的活動中做了四次演講，在這段時期，我們的銷售額有了前所未有二六％的成長，他一直是我們高績效文化的關鍵部分。」

——傑夫・施洛斯納格（Jeff Schlossnagle），配藥系統公司 Omnicell 銷售副總裁

「在過去的兩個季度裡，我們實現了三五％的年增長率，幾乎是我們過去趨勢的兩倍。在亞倫與我們的領導層和銷售團隊演講後將近一年的時間裡，會開始出現這些結果並非偶然。」

——大衛・德沃夫（David Dewolf），軟體公司 3Pillar Global 總裁兼執行長

「亞倫天生的熱情和富有內涵的演講能力使他成為我有幸體驗過最好的企業演講者之一。最近他到我們公司在墨西哥坎昆（Cancun）的年度公司大會，向數百名健身主管、經理和董事發表專題演講，獲得了全場起立鼓掌。他的演講是我們活動的亮點之一。毫無疑問，我們會再次邀請他來演講。」

——柯克・加利亞尼（Kirk Galiani），
美國健身協會（US Fitness）創始人兼聯合執行主席

「亞倫有一種獨特的能力，會用他的熱情、活力和真誠來吸引任何聽眾。他與世界級運動員合作的經歷，為團隊合作和領導力提供了獨一無二的觀點。在現今這個競爭激烈、不斷變化的市場中，亞倫擅長分享提升組織所需的策略，且極具影響力。」

——麥克・柯恩（Michael Cohen），運動內容媒體公司 Whistle Sports 營運長

路克、傑克和萊拉……我愛你們，相信你們，

我很自豪能成為你們的父親。

你們對我的啟發超乎你們的想像，使我能維持好的表現。

推薦序
讓高績效成為常態的關鍵心態

我認為自己非常幸運，可以為ESPN這麼優秀的公司效力、與我非常喜歡的人共事，並報導我最喜歡的兩項運動。請不要誤會我的意思：所有的運動我都尊重並欣賞，但是我太熱愛大學美式足球和籃球了。

我對目前擁有的這一切充滿感激。

回顧我的旅程，真的相當精彩。當我還在阿拉巴馬大學讀書時，就開始在塔斯卡羅薩（Tuscaloosa）的美國商業無線電視網（CBS）附屬機構實習。在為期九週的實習結束後，他們聘請我擔任記者，這讓我獲得了寶貴的播報經驗。畢業後，我在喬治亞州的哥倫布市（Columbus）和密西根州的弗林特市（Flint）工作，在這段期間我努力提升自己的能力，最終在一九九五年進入ESPN。

實際上，我一開始是加入當時相對較新的ESPN2頻道，擔任《體壇快報》（*SportsSmash*）的節目主持人，說是一個節目可能不太正確，這只是穿插在其他正式節目中，類似廣告播報最新動態的快訊，但它幫助我在ＥＳＰＮ取得一席之地。在獲得大量的練習之後，尤其是無可取代的實況轉播經驗，我得到一個千載難逢的機會，被安排輪流主持《世界體育中心》（*SportsCenter*）節目。

這是體育記者的夢想，因為我可以與歐柏曼（Keith Olbermann）、柏曼（Chris Berman）和派翠克（Dan Patrick）等傳奇體育主播一起工作，還有史考特（Stuart Scott）和佩爾特（Scott Van Pelt）也是後起之秀，他們成為卓越的主持人，並為專業領域的卓越表現樹立了標準。

在《世界體育中心》之後，我在接下來的幾年裡，在各種節目中提升自己的技能——從全國運動汽車競賽協會（NASCAR）到ＮＢＡ——然後獲得了大學美式足球和大學籃球的主要主持人的工作。在週六大學美式足球節目的指揮中心一天工作十五個小時，這樣的日子超過了十五年，讓我為目前擔任《大學比賽日》（*College GameDay*）的主持人做了充分準備，在我看來，這是電視界中最好的工作。這些經歷教會我什麼？

我體悟到，當我們剛出社會試圖向上爬，積極尋找下一步要做什麼時，可能會令自己怯步和不知所措。我們很容易被接下來發生的事情耗盡心力，並不斷尋找其他的目標。

但是，我們永遠不應該為了追求自己渴望的成就，而犧牲了現在的工作。無論身處何處，我們的首要任務都應該是「在當下做到最好」。

我們都應該努力做到真誠和展現本色，永遠不要偏離自己的核心價值觀，並始終忠於自我。知道自己擅長什麼，並找到加倍發揮優勢的方法。這樣做是萬無一失，可以讓自己與眾不同、替自己打開大門，並創造新的機會。

對我來說，我一直專注於專業可靠、始終如一和做好準備。每次錄製節目前，我都會對自己重複「四個P」：**鎮定自若（poise）、專注當下（presence）、個性（personality）、準備（preparation），這些都是我可以控制的。**

我在《大學比賽日》中扮演的角色，需要多種技能，這些是我長期以來努力培養、也是我至今仍在不斷精進累積而來的能力。

我必須取得充分的資訊做好準備，並且快速思考和做出反應。我練就的技能幫助我能全面掌握現場狀況，隨之即興發揮並做出臨場反應。我們在《大學比賽日》不會用讀稿機，在大學美式足球和籃球的節目也不用讀稿機。我會根據分析師所說的話或人群中發生的狀況，說出合適的評論，不是照著腳本唸完所有的講稿，這就是我的專業。

為了隨時保持在萬無一失的狀態，我必須保持高度的活力和熱情，我學會隨時照顧自我，並確保我的心理、生理和情感的需求都獲得滿足。我也必須在犯錯後，迅速修正並向前邁進。做電視直播時難免會出包，誰都可能會犯錯，關鍵是保持鎮定、謙遜和自信，這就是我的「四個P」中的鎮定自若和專注當下。

我不會因為消極或批評，而分心或耗費精神。我必須繼續相信自己，投入工作，朝著自己的目標邁進，在這個過程中，其他事情也會隨之解決。

我從事這個行業已經有三十多年了，我從籃球分析師傑伊．比拉斯和柯克．赫布斯特雷（Kirk Herbstreit）等傑出同事；從知名教練尼克．薩班（Nick Saban）、麥克．薛塞斯基（Mike Krzyzewski）和約翰．卡利帕里（John Calipari）；影視明星馬修．麥康納和基根－麥可．奇（Keegan-Michael Key）等身上，親眼見證了他們保持高績效的方式與成果。

同樣的，我有機會在《大學比賽日》為杜克大學籃球隊和賓夕法尼亞州立大學美式足球隊比賽的現場，與亞倫共事，我非常尊重和欣賞他對於不僅要提高表現力，還要保持高水準的觀點。

無論你的經驗或職業是什麼，我相信你都會從亞倫對於管理壓力、避免停滯和戰勝倦怠的故事和策略中受益。

恭喜你投資自己買了這本書，並祝你在追求卓越、優化績效和活出真正充實人生的方面，一切順利。

雷斯．戴維斯（Rece Davis）
ESPN《大學比賽日》節目主持人

前言

奪標之後，如何維持巔峰狀態？

儘管我已經多年沒有直接與運動員一起工作了，但我仍然認為自己是一名教練。儘管我的工作重點不再是體育運動，但我仍然在傳授適用於籃球場和美式足球場的原則、啟示和策略。

運動是一個人的基本狀態，呈現出你在壓力時刻的表現、在逆境中控制你的情緒、與他人溝通，以達成集體目標，以及在其他人不遵守紀律時，保持紀律。我認為只要做到這些基本動作，無論你在哪個領域，就能與眾不同——即使別人可能擁有更多機會、天賦或智慧。我向來都不相信天賦是邁向卓越最重要的因素，而是**你用天賦做了什麼，那才是卓越的關鍵**。

各行各業中表現最佳的人都完全掌控自己、自己的工作和自己的選擇。他[1]之所以能取得今天的成就，並一直保持那個水準，因為他們選擇了站穩腳跟、精進和重複對他們最有益的習慣。這些人明白，當追求卓越時，你不能挑三揀四的：從小事可以看大事。

我曾在NBA球星凱文．杜蘭特（Kevin Durant）和維多．歐拉迪波（Victor Oladipo）年輕時與他們合作過，並看過像柯比．布萊恩（Kobe Bryant）和史蒂芬．柯瑞（Stephen Curry）這樣的超級巨星私下練球的樣子。我曾坐在NBA球隊老闆馬克．庫班（Mark Cuban）和企業家傑西．伊勒（Jesse Itzler）的對面，看著他們談論如何建立自己的帝國，並採訪了傑伊．比拉斯（Jay Bilas）和籃球員傑伊．威廉斯（Jay Williams），與他們談論堅強的意志力如何創造成功。

成功的人更想「輸」

在體育、商業或其他任何領域，最優秀的人並不是靠偶然、遺傳或運氣好才成為最優秀的人。他們之所以能獲得超越群倫的成績，是因為他們對基本道理的投入。真正的超級巨星絕不會對基本道理感到厭煩，也從不低估它們的重要性。我的主要工作是激勵、引導和指導人們（包括個人和組織）建立高績效的基本要素。我認為我的角色正是用基本的道理，去啟發、激勵和指導人們。

「沒有人能一直贏下去，」績效教練布萊恩．萊文森（Brian Levenson）告訴我，萊文森同時在商業和體育領域工作，體認到兩者之間的道理互通，「而且我認為這是體育的重要價值觀，要去學習你有可能會失敗，這當中都有其意義。」我百分之百同意。失敗、犯錯和障礙都是真實的存在，世界上每種運動都包含這些情況，在比賽中失敗、犯錯和出現障礙，更是家常便飯。

職業運動員即使是成功的運動員，也會輸，有時還會不斷地輸。運動員也很容易犯錯，像是傳球失誤、投籃失誤和犯規出界。這也是為什麼我們在日常中經常用體育術語來表示失敗，例如失誤、三振出局、壓力下失常。

對於運動員來說，失敗和調適都是家常便飯。如果他們不吸收和利用這些經驗，他們的運動生涯就會終結。正因如此，運動是學習進步、成功和適應的絕妙途徑。

史上最優秀的喜劇演員之一傑瑞．史菲德（Jerry Seinfeld）曾說過：「如果經驗可以交換，我最不願意拿去交換的就是失敗經驗，對我而言這些才是最有價值的經驗。」[2]他很清楚儘管這些失敗的經歷讓他無法發揮最佳表現，但因為有這些失敗，他才能成為佼佼者。

這個工作是我的使命，我熱衷於服務人群、給人帶來衝擊、發揮影響力和與人交流。經驗告訴我，成功是一種選擇，我想激勵並給予人們和組織力量，來做出這種選擇。我已經把成功的籃球績效教練生涯，變成了專業的演講事業。現在，世界各地的大公司都聘請我就有效的領導力、績效和團隊合作，進行教學、培訓和諮詢。

我當過頂尖高中球員的教練，這讓我有機會與職業球員共事，所以我明白兩個方面的道理——成為優秀球員需要什麼條件，以及保持在那個水準需要做什麼。

當下的勝利如何轉變成恆久的成功？掌握三個關鍵時間軸

我在前作中教人把最好的狀態帶入工作、人際關係和生活之中。但這麼做只成功了一半，保持這種狀態才是更大的挑戰。在生活的各個領域中，要致力於提高個人表現絕非容易的事，而致力於維持好表現，就更具挑戰性了。但對運動員來說，在比賽中、賽季中，甚至整個職業生涯如果想要成為贏家，就必須維持好的表現。

我從自己的職涯以及與這麼多業界的頂尖球員、傑出人士共事的經驗，發現如果我們持續努力，紀律地練習，這些成果終會累積成巨大的成就，幫助你奪標，但如果目標是成為業界的傳奇，維持在顛峰的狀態，除了努力是不夠的。

你還需要**奪標心態，也就是胸懷遠大目標能專注於當下，沉著跨越每一道挑戰並持續行動的關鍵態度**。這也是這些頂尖好手之所以能成為傳奇人物的共同點。

就算你不是運動員，在商界、出版界或無論你在哪一個領域，在以下三個時間軸上獲得成功，也同樣重要——當下（短期）、現階段（中期）和未來（長期）。

本書就是要在這三個時間軸上都取得成功，幫助你面對所有三個時間軸的具體挑戰：

- **當下，我們必須對抗壓力。**
- **現階段，我們必須與對抗停滯。**
- **未來，我們必須戰勝倦怠。**

本書適用於想要學習實用策略和可操作方式的高績效人士，可以讓他們所處的專業領域中，在這三個時間軸上維持自身優勢，並從成功的運動員、企業家、社會科學家、記者、執行長、激勵專家、商業教練和顧問的建議和啟示，以及我個人的故事中提煉出奪標心態，維持卓越表現。

若想在短期、中期、長期都取得成功，需要紀律。紀律是在你立志努力的情緒消退很久之後，還能按照你的說法去做。大多數人稱我為激勵專家，但這不是我真正的目的。我演講是為了刺激改變，我演講是要鼓勵、給予力量和引導觀眾以不同的方式思考、感受和行動，我希望能改變他們的觀點，並改變他們的行為。

動力枯竭？先找回紀律

我相信動力，但我從不把動力與紀律混為一談。無論我是否有動力，我每天都會冥想。無論我是否有動力，我都會整理我的床鋪。我並沒有一直都想早起、運動、出差，但無論有沒有動力我都會去做，我這樣做是因為我有紀律。

紀律具有負面含義，通常會讓人聯想到約束。但我認為恰恰相反：**紀律是自由的基礎**。現在做起來覺得困難的事，有紀律地練習、重複執行後，事情就會變得容易。績效教練和企業家陶德．赫曼（Todd Herman）告訴我，「大多數人想要的是名詞，而不是動詞」，這是一個很好的說法：人們想要得到結果，卻不想付出要達到目標所需的努力，因此大多數的人誤以為需要動力，才能有所行動；而情況往往相反：**先行動，最終你會受到激勵。**

我的目標不是做到完美，而是要有進步。我是否比昨天更接近我想達到的目標？那才是我的衡量標準。

本書架構

我出版第一本書的目標，是為了幫助更多人在他們擅長的領域中，取得好的表現。出版這本書的目標，則是帶領大家一起思考下一步：如何維持高績效表現。

這本書是按照短期、中期再到長期的時間軸來編排，因為我們總是在對抗這三方面的問題：當下的壓力、現階段的停滯和長期的倦怠。我認為壓力是一個「太多」的問題，停滯是一個「太少」的問題，而倦怠則是這兩者的結合：「進步太少導致累積太多壓力。」由於我相信易於理解的架構，是學習的最佳形式，因此我將本書分為三個部分：

第一部分—表現，這是關於管理日常的壓力（短期）

第二部分—關鍵轉折，這是關於在目前的情況下如何避免停滯（中期）

第三部分—勝出，這是關於戰勝倦怠，並產生持久影響（長期）

我年輕的時候獲得一個忠告，一直謹記至今：**找到你喜歡做的事情，找到你擅長的事情，然後找到這兩者的交集**。那是你的優勢區，你愈是能保持在那裡，愈是能參與那個領域，你就會愈有滿足感。隨著你的成長，繼續自我了解，並反思哪些方面發生了變化，因為那個優勢區的重疊部分將會移動。

無論你的舞台在哪裡，本書將為你提供方法，讓你在自己的領域中發揮最佳水準。本書將幫助你管理壓力，無論壓力出現在哪裡；抵禦停滯，無論停滯是用何種方式出現；並在倦怠出現時，擊敗倦怠。

我不是從專家的角度寫這本書，我和其他人一樣持續在打磨自己，就像一件未完成的作品。在我成功出版第一本書後，我明白要繼續保持高績效表現，並克服過程中的障礙會是一項挑戰。從本質上來說，這本書是我寫作的結晶，是作者與主題、形式與內容的完美結合。我透過幫助其他人維持他們的優勢，來維持我的卓越表現——感謝你加入我的旅程，祝你們成功奪標。

PART 1

化壓力為動力
心態創造高績效表現

在我的生活中，我想不出有誰沒有壓力。以美國為例，每四名美國人中就有三人面臨壓力，而罪魁禍首之一是職場。[1] 無論壓力來自我們的老闆、我們的同事、我們自己的期望，還是僅僅來自工作的嚴格要求，壓力的成因往往是一樣的：我們有太多事情要做，事情處理不完。

我們的工作時間愈來愈長，工作正逐漸滲透到我們的生活中：不論平日或假日、早上起床、睡前想的。二〇二〇年《大西洋》雜誌（*The Atlantic*）一篇關於工作壓力的文章指出：「辦公室曾經只是你每天一定會去工作的地方，現在工作把我們生活的所有場域都變成辦公室。[2]」

工作曾經是一個任務，現在它是一種心態。更糟糕的是，我們花在那裡的時間愈來愈多，因為我們隨時抱持著要處理公事的心態。我們不能像我們祖父母以前那樣，可以輕鬆地收拾東西就離開辦公室，並把整天的工作拋在腦後。我們現在把工作打包回家，放在我們的床上和帶進我們的人際關係中，帶到孩子的足球比賽、家庭晚餐，以及與朋友外出的夜晚。

那些擁有大學學歷的職場人士「花在工作上的時間，比一九八〇年代多了一〇％」[3]，而一九八〇年代對當時的員工來說，絕非輕鬆的時期。這種工作型態對我們來說有害無益，而且這不僅僅出現在我們認為的高壓力工作，如急診室醫生和警察，每個人的工作時間都增加了。三分之二的美國員工因工作相關的壓力而出現睡眠問題，[4] 睡眠品質下滑又會加劇壓力累積，讓我們陷入惡性循環。

當然，職場只是我們的壓力來源之一。在二十一世紀，壓力似乎已經蔓延到我們生活的各個角落。現在口袋裡只要有一台能上網的智慧手機，就能夠了解世界上的每一件事情，並能聯繫上我們曾經遇到的每一個人，誰會知道這樣可能會帶來壞處？

這些壓力都來自於人工創造出的便利，不是大自然的本意，最終導致我們的思想和身體無法承受這些壓力。最近在《體驗生活》（*Experience Life*）雜誌上的一篇文章解釋說，「我們的生理構造，本來就不是為了一天花超過十小時來逃離掠食者而設計的，但我們現在卻是這樣生活。」[5] 我們之所以會產生壓力，是源自於**人類的祖先為了在大草原上生存下來，在面對掠食者時身體會產生壓力，以刺激大腦更快產生行動，躲避掠食者的追擊，**而這種生理機制延續至今。

壓力是感覺，行動才能成為現實

現在，雖然不太可能遇到需要在草原上大逃亡的情況，但我們遭遇危機時，仍會感受到壓力而做出相對應的反應，儘管生活中已經不再有那麼多對生命的直接威脅，但我們的大腦仍然表現地好像威脅無處不在。

「壓力被定義為，對環境變化或超事態超出個人能力所及，人體所做出的反應，」[6]心理學家和作家梅蘭妮．格林伯格（Melanie Greenberg）寫道。這具話傳遞了很重要的觀念：**壓力是一種反應**，是世界強加給我們的感覺。注意我說的是「感覺」，那是因為這個世界實際上並沒有把壓力強加給我們，世界只是在自行旋轉而已。因此，壓力與你正在經歷的困難現實無關，而是與你對該現實的看法有關。

一旦我們接受了這一點，即壓力是一種反應，那麼我們的下一步就是接受明顯的另一面：我們可以爲此做些什麼。

這個想法很有力量。我過去常常因為各種各樣的事情而感到壓力：塞在路上、在比賽或大型演講之前，和在籌備難搞的會談之前。我一直處於緊張狀態，很少感到自在，但我一直在努力降低我的壓力反應。我已經讓自己有效地管理這種反應，我不再被那種不舒服的感覺所驅使，認為我無法處理即將發生的事情。我已經有能力駕馭壓力。

我們無法停止感覺，但能有所選擇

在你的職場和生活中，每個人都期待你能成為最好的自己，而壓力是阻礙你前進的日常敵人，但是你用什麼來對抗它？好吧，也許我們可以換個角度思考：你做了什麼來邀請它？

要知道，**壓力是一種選擇**。我知道你在想什麼：「這傢伙到底算哪根蔥啊？難道是我自己選擇在離開辦公室之前必須做五件事嗎？我的老闆現在要我做X，我太太叫我做Y，而我小孩求我做Z，你是這個意思嗎？」

相信我，壓力必須首先通過我們的大腦，而事件本身不是壓力，**我們對事件的反應才是壓力**。事件本身在本質上是中性的，它們不過是承擔了我們賦予它們的意義、感覺和情感。如果你從本節中沒有其他收穫，請記住這一點。你的想法是產生壓力的要素，壓力不會憑空出現。

在我的前一本作品中，我強調了一句我一直在努力遵守的話：「**控制你能控制的**」，無論是在籃球場上還是在辦公室裡。關鍵是靠自己的努力和態度，這才是你真正能做的事。你的一天將充斥著你無法控制的事情，但你的反應是百分之百你的選擇。你可能無法完全控制自己的處境或情況，事實上，我們能控制的狀況少之又少，但是**你一定能控制自己的反應**。選擇能賦予你力量、推動你前進的行動，改善你的處境。就這麼簡單，也那麼難。所以壓力來自我們的內心，有了這些知識和理解，我們就可以採取行動來對抗壓力。

第一章
專注當下

當超跑選手黛安・范迪倫（Diane Van Deren）二十多歲時，她小時候經歷過的癲癇症報復性地發作。儘管她嘗試了各種治療和干預措施，但她發現只有一件事可以阻止癲癇發作：跑步。她會把運動鞋放在前門，每當她感到有前兆（癲癇發作的感覺）時，她就會繫好鞋帶，然後到她家附近的國家公園長跑。

在三十七歲時，黛安接受了腦部手術，切除了「她大腦中一個高爾夫球大小的腫塊」，[1]這讓她的癲癇完全不再發作。然而，這帶來了一個奇怪的副作用：她不再有任何短期記憶。[2]這給她的日常生活帶來了困難，也讓她方向感受損，但也有好處。在長跑中，既有生理上的障礙也有心理上的障礙，而沒有短期記憶是一種天賦，這比肺活量大或強壯的小腿更好。因為黛安總是專注於當下，所以她永遠**不會被自己在哪裡、已經走了多遠，或要去哪裡的想法所拖累，她可以比任何人跑得更遠、更久。**

黛安無法得知自己現在跑到哪裡，所以她的專注力不是放在前方有什麼難題等著她，[3]

哈欽森（Alex Hutchinson）在著作《極耐力》（*Endure*）中寫道，「她別無選擇，只能專心處理眼下必須往前進的動作，一步一腳印。」雖然我不能假設黛安的日常生活很輕鬆，但我認為缺乏記憶力是她在長跑界的優勢，而她在這個領域表現出色。她有一種鮮少有人擁有的超能力：她總是專注於當下。

立足當下。這是如此簡單，但在現代的世界中，卻愈來愈困難。我們必須從過去吸取教訓，為未來做計畫，但真正的臨在、把自己放在此時此刻當中，是減少生活壓力的第一步。鑑於我們幾乎每天、每一刻都面臨著干擾的持續轟炸，要立足當下變得愈來愈具有挑戰性。

注意力就是本書的第一章的內容，因為如果必須選擇一個基本策略來幫助管理壓力，我認為那就是活在當下。即使當下壓力很大，但如果當你專注於問題時，你將能夠處理得更好，而且當下所能帶來的壓力是有限的。不要再為過去的事情而煩惱，也不要為尚未發生的未來而焦慮（因為可能根本不會發生），那是在做時空旅行，實際上會增加壓力。

因此，不想徒增壓力的最佳方法，就是把心思放在你能產生影響的地方，即現在。

全神貫注，定期清空心理白板

在一篇關於NBA傳奇人物柯比．布萊恩的文章中，心理學家哈迪（Benjamin

Hardy）指出了一件柯比最厲害的特質，不是他的投籃或跳躍能力，也不是他在球場上的敏捷度，而是他的**健忘**。柯比有超人般的專注力，他可以清空心理白板，這個能力確實讓哈迪驚艷，他把研究這些特質作為畢生的工作。和黛安一樣，柯比沒有被過去的事和可能發生的事壓垮。在籃球場上，每次控球權通常不到二十秒，這給了他優勢。

有些人稱這就像擁有一塊記憶白板，你可以快速清空腦袋。「你愈快放下錯誤或痛苦的經歷，你就愈能適應情況，並發揮能力實現你的目標而」哈迪寫道，[4]「**過去發生的事情不會影響你接下來要做的事情**，也不會阻止你此刻完全處在當下。」籃球運動員必須能不去想失誤、投籃不中和搞砸的比賽，否則他就會喪失球感。

球場上的動作太快了，即使是最厲害的球員也會經常犯錯和投籃不中，比賽就是如此。

我在德瑪莎天主教高中（DeMatha Catholic）共事過的麥克．瓊斯教練曾經也採用過這種策略，這所強校培養出眾多的ＮＢＡ球星。瓊斯教練最喜歡喊的一句話是，「下一球！」尤其是在失誤或投籃失誤之後會這樣大喊，這是他的球員會理解的簡短說法，這意味著：**沒事繼續**。

瓊斯教練讓你始終如一地處理眼前的事情。有一次訓練結束後，在更衣室裡，瓊斯教練把一份列印出來的賽程表發給了球員。下一場比賽是對聯賽中排名最後的球隊，對他的球員來說，贏得比賽輕而易舉。但在那之後的第四場比賽，德瑪莎要與死對頭岡薩加高中

（Gonzaga）對決，比賽將在ESPN上播出。瓊斯問球員們：「我們賽程表上剩下來最重要的比賽是什麼？」

大多數人迅速喊道：「岡薩加！」

「不對，」他沉著地糾正了他們，「最重要的是在我們眼前的那場比賽。」**眼前的事情永遠最重要。**如果那是你同事的演講，或你孩子的棒球比賽，那就是你焦點應該擺放的地方。試圖解決A問題的同時，還盯著B問題，並思考C問題，保證你會把這三件事都做得很糟糕，這是造成不必要壓力的完美方法。

處理我們的過去和規畫我們的未來都是極為重要的事，但如果你沒有**正視當下的狀態**，這兩者都沒有意義。在你需要知道的事和可以等待的事，兩者之間取得平衡。**如果你的注意力過於偏向過去或未來，那麼你就辜負了這一刻，而這一刻也會讓你失望的。**

二十四小時規則，永遠有下一球

對於「下一球」的哲學，我最喜歡的示範是新英格蘭愛國者隊的總教練和八度超級盃冠軍比爾．貝利奇克（Bill Belichick）。一位記者曾經問貝利奇克，「在你的職業生涯中取得這麼多成就，還剩下哪些事情是你還想完成的？」

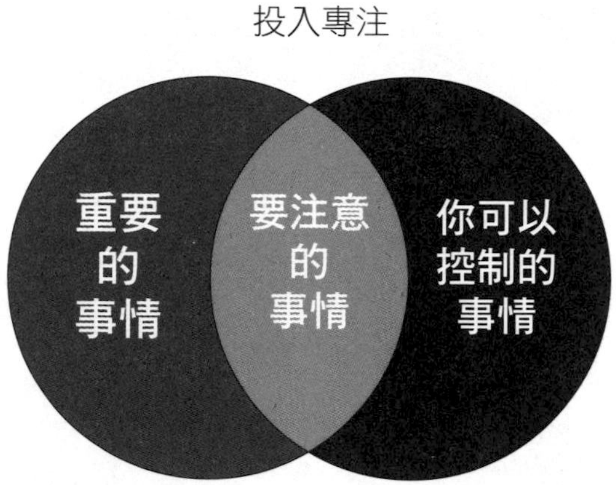

原圖創意：彼得・里亞（Peter Rea）；傑瑞米・史坦（Jeremy Stein）設計

他的答案是什麼？「我今天想出門好好練習，那是目前清單上最重要的事。」[5] 貝利奇克以對記者不友善而聞名，但他在這裡並沒有忸怩作態。他從字面上回答了這個問題，但很誠實：他的心思集中在眼前的事情上，也就是他有機會控制的事情，那甚至不是即將到來的比賽，而是當天的練習。這就是為什麼他幾十年來一直表現如此出色。

在專注力方面，運動員和教練是一個特別值得探討的群體，因為這是他們工作中的必要條件。即使是在成績亮眼的賽季中，也會夾雜著勝利和失敗，有時還會接二連三地發生。如果任何一場比賽太過於重要，壓力會讓他們無法負荷。想像一下工廠裡的輸送帶，工人以穩定的速度搬動東西，既不會太慢，也不會太快，這就是理想的運動心態。

南卡羅來納大學籃球教練唐・斯特麗（Dawn Staley）知道耽溺過去對表現的影響。對於年輕人來說尤其如此，而對於那些高標準的人來說更是如此，比如一級籃球運動員。為了應付這種情況，斯特麗教練對她的球隊實施了「二十四小時規則」。她告訴她的球員：「你有二十四小時沉浸在勝利中，或者你有二十四小時為失敗而苦惱。然後我們將一隻腳放在另一隻腳前面，繼續前進。」[6]

斯特麗受到自己當年是維吉尼亞大學球員的經歷所影響，在一九九一年的全國冠軍賽中，斯特麗錯失了一個決定性的上籃，這個毀滅性的時刻，她一遍又一遍地觀看，一遍又一遍地持續回想。當她成為教練時，她看到她的球員好強的動力正在導致失誤，壓垮了她們，所以她制定了二十四小時規則。她從經驗中知道，活在過去是多麼的有害，**時間不會回頭**。你可以與這個想法和諧相處，也可以與之對抗，選擇在於你。

處在當下：讓身心靈待在同一個地方

作家兼靈性導師艾克哈特・托勒（Eckhart Tolle）出生於德國，在倫敦接受教育，是一個身材矮小、低調的人。在他二十多歲時受到憂鬱症的折磨，突然有一個啟示讓他深有感觸。就在他最低潮的時刻，他的腦海裡閃過一個念頭：「我再也不能忍受自己了。」但在他說出這句話後，他停了下來。托勒意識到一件事：這到底是什麼意思？我怎麼能與自己分開？

托勒意識到，如果一個自我受不了另一個自我，那就意味著一定有兩個自我！[7]那麼，哪個才是真正的他？（真正瘦弱的托勒會挺身而出嗎？[8]）

托勒一生都在試圖回答這個問題，並且在發現答案的過程中，教了數百萬其他的人如何處理自己的壓力、不滿和低潮。他對兩個自我問題的解決方案是，總有一個是在過著生活的你，和一個正在注視這個你的你。而那個在觀察的你，即那個控制我們內部對話的人，是我們壓力和焦慮的根源。

托勒把壓力定義為，**渴望能前往其他地方和其他時候**。為了減輕壓力，我們需要擺脫過去（記憶）和未來（預期），並處在當下。你的身體只能在一個地方，所以你的心思和靈魂也需要在那裡。當三者合而為一時，你就完全處在當下了。「當你真的處在身體裡時，就不會再想太多了，」[9]托勒說。當你處在當下時，兩個自我就會合而為一。

當我們擔心已經發生的事情，或對將要發生的事情感到焦慮時，我們的壓力就得到很多養分，這可能會沒完沒了。我們該如何阻止這種事？**接受**。「你現在創造的痛苦始終是某種形式的不接受，」[11]托勒寫道，「對現有事物某種形式的無意識抵抗。」請處在當下，因為你別無選擇。

這是你正在做的事情，所以就這麼做吧。

當我們的能量遠離當下時，我們就會感到不安。這就是為什麼那些隨遇而安的人被稱為腳踏實地；因為他們留在自己所處的地方。

恐懼來自過去，焦慮來自未來，而唯有此時此地是我們可以控制的。

托勒教導我們應該「永遠『接受』當下：[11] 還有什麼，比內心抗拒已經存在的事物更枉然、更荒唐？」這並非說你可以成功地拒絕當下，但當你嘗試這樣做時，你就會張開雙臂，招來各種壓力。

釐清當下的狀況是遇到熊，還是塞車？

管理壓力的關鍵策略並不複雜，它們可能會很困難，但那是因為我們自己的習慣和臆測罷了，要了解基本道理非常容易。我是在意基本道理的人：對我來說，打籃球是這樣，在演講和個人生活的方面也是如此。

如果是你能控制的事情，就改變它；如果是你不能控制的事情，那就放手。

身處車陣中就是這個想法的範例，如果你和大多數人一樣，可以肯定地說，當你被困在其他汽車後面無處可去時，你的血液會沸騰起來。這讓幾乎所有人都抓狂，這很奇怪，因為我們對此無能為力。德國的一項研究甚至發現，身處車陣中「在接下來的一個小時內，心臟病發作的機率增加三倍以上」。聽著，如果壓力是你感覺自己的資源負荷不了，那麼就說不通了。當你身處車陣中時，你不需要做任何事情。你沒有選擇可以比較，也沒有決定可以做：對於這種情況，你完全無能為力。你實際上是坐著不動，周圍都是其他坐著不動的人。

在《放輕鬆的藝術》（*The Art of Taking It Easy*）一書裡，金（Brian King）博士用交通來代表，我們生活中所有無法控制、但仍然給我們帶來壓力的事，金解釋說：「塞車是真實的，但是你自己的信念、價值觀和期望會讓你感到壓力很大。」[12] 他把所有值得擔心的事情稱為「熊」，把所有其他小煩惱稱為「塞車」。

正如我之前提到的，我們不再被獅子追趕，但我們的身體仍然像我們會被獅子追趕似地反應。因此，管理壓力就是要知道哪些是熊，哪些是塞車，我相信你知道如何分辨。金認為，「我們經歷的絕大多數壓力都是自己引起的，」[13] 這意味著我們經常對交通等事物做出反應，就好像它們是熊一樣。如果我們要誠實地看待我們所面臨的問題，那麼主要會是塞車類的問題。如果你接受這一點，那麼當熊出現時，你就會準備地更妥當。

聚焦此刻的方法

身為一名專業的講者，我必須向聽眾全力展現自己，我靠自己的專注能力來謀生。當關於過去或未來的想法開始在我的腦海中累積時，壓力就出現了，這時我會縮小我的視窗。在台上，我心中只有我的觀眾和我的內容，其他一切都摒除在外。我經過多年的練習才做到這一點，但這讓我能夠真正保持專注。

我每年主講六十到七十場付費演講，我不能失去注意力。觀眾中有許多人是第一次，也是唯一一次會見到我，所以我的職業生涯取決於每場的演講，要做到好像這是我一生中最重要的演講一樣。如果我想讓我的演講，成為聽眾一生中的重要時刻，我需要表現得像這對我來說也是重要的時刻。我的熱情不是自動產生的，但我必須要有熱情，我的注意力是我的命脈。我了解我的題材，確保我與聽眾建立起連結，並與盡可能多的人保持眼神交流。偶爾我會發生錯誤，也許是我說話時舌頭打結，或者忘了要說某一個觀點。但只要我處在當下，我就能輕鬆解決錯誤，並繼續娓娓而談，讓聽眾幾乎沒發現我的失誤。

兩屆金牌得主、美國女子足球中場球員琳賽．塔普利（Lindsay Tarpley Snow）告訴我，讓她最能專注的方法，是把大目標分割成小目標，然後確保一切都方向一致。這樣她就可以留心於當下，同時注意大局。

「為了確保我能夠處理和管理日常事務，我會查看那些短期目標，即我想要完成的事情，」她告訴我，「我會列出清單，並按優先順序知道哪些需要先完成，然後我照著順序逐步完成。對我來說，這真的幫助我擺脫不堪負荷的感覺。」這是一個完美的折衷作法，既可以讓我們不至於沉浸於當下而失去方向，也不至於過於按部就班而錯過眼前的事物。她告訴我：「透過日復一日地查看清單，運用短期願景，你可以完成這麼多事情，這一點令人吃驚，最終會讓你達成長期的目標。」

給自己三十秒

心理技巧已經成為體育界公認的重要環節，超過一半的NBA球隊都有專門負責這方面的教練。帕帝．史坦福（Paddy Steinfort）與奧運選手和其他專業人士一起合作，他幫助印第安那溜馬隊後衛T．J．麥康乃爾（T. J. McConnell）解決賽前的緊張情緒。史坦福教麥康乃爾一種簡單、但有效的方式，來保持他現在的水準。他的建議是什麼？在唱國歌和宣布先發陣容的期間，麥康乃爾應該專注於懸掛在體育場椽樑上的標語和旗幟，並讀出來。

看起來很簡單對吧？簡直很傻？但這個方法奏效了。「這讓我進入了一種禪境，」[14]

麥康乃爾說。這讓他重新調整自己的方向，並忘掉緊張，讓他明確之到：**這就是我所在的地方，這就是我在做的事情**。

你的家中或工作場所，是否有可以變成「椽樑上懸掛旗幟」的空間？有什麼東西能把你拉回到當下？當你感到壓力或無法集中注意力時，嘗試讓眼睛注視那個空間三十秒，並呼吸，請這樣練習一週，看看這麼做是否能把你拉回到當下。

史坦福對洛磯隊的外野手凱文・皮拉（Kevin Pillar）也有類似的建議，皮拉對本壘板感到焦慮。史坦福教皮拉，當他踏入擊球區時，他應該專注於後腳踏入擊球區泥土的情況。無論他的思緒飄到哪裡，他都應該回到那個視覺和觸覺提示，來感受當下。感受那個畫面，專注於那個畫面，其他一切都會迎刃而解。

專注是一種習慣，需要下功夫。你必須提醒自己接受每件發生的事情，解決你面前的問題。這就是世界上最優秀的運動員，在面對大多數人甚至無法想像的壓力時，他們所採取的處理方法。

限縮你的思考範疇

威辛格（Hendrie Weisinger）博士和保利夫─弗萊（J. P. Pawliw-Fry）博士著有《壓力

下的表現》（*Performance Under Pressure*）一書，專門在談論當下的壓力。在本質上，外在壓力是內在心理壓力的一種形式，在外在的壓力下，事件的結果以及你賦予它的重要性，可能會讓你的表現失常。為了處理這個問題，**高績效人士學會了淡化壓力時刻的重要性**。

運動員往往會自動做到這一點：他們從不表現得好像哪場比賽更重要。在賽前或賽後的採訪中，他們主要採用「一次談一場比賽」的制式答案。體育記者可能會生氣，但球員們並非刻意把答覆變得沉悶或重複。為了表現出高水準，**這就是他們允許自己思考的所有內容**。

他們不為所動，專注於重要的事情，思考範圍更大的情況或外界的干擾對他們沒有好處，所以他們不會這樣做。如果你一個賽季必須打一百場比賽，每一場都有數百萬人觀看，你的每個動作都被人鉅細靡遺地剖析，你也會訓練自己以這種方式思考和說話。**想一想如何將這種心態帶入你自己的工作場所**。你工作的哪些方面讓你無法集中注意力？你怎樣才能重拾注意力？你怎樣能縮小你的視窗？

巔峰，累積自扛起每個當下的壓力

威辛格和保利夫－弗萊對一萬兩千人進行了長達十年的研究，發現沒有人能夠免於受到壓力的影響，這根本不可能。那些在高壓力情況下取得成功的人，比如表演藝術家和運動員，他們只不過是訓練自己不受壓力的影響。在壓力的情況下，他們比其他人更能像往常一樣發揮水準。小威廉絲、雷霸龍・詹姆士和湯姆・布雷迪等菁英運動員和我們一樣會感受到壓力，但他們已經學會了如何管理壓力和對壓力反應。

麥可・喬丹在他的職業生涯中有過二十五次致勝球，其中有二十四次是在比賽結束時不到十秒內投出。[15]在類似的統計數據中，唯一能夠和他相提並論的，是有「最優秀的籃球員」（GOAT，greatest of all time）稱號的「詹皇」雷霸龍。詹皇在追平球或反超球方面，也領先所有NBA球員。這些球員在眾目睽睽之下投進高難度的球，這種幾乎是超自然的能力，來自於他們適應壓力的方式。觀看喬丹和詹皇的致勝球影片，你可以從他們在暫停後上場的方法、接球時的表情、出手時的動作中看到：他們很有把握，他們會盡可能地把這一球當作另一次投籃而已，這就是為什麼球會進了。

亞當・維納蒂耶里（Adam Vinatieri）是NFL歷史上最優秀的踢球員之一，這個位置幾乎沒有光芒，壓力卻很大。他告訴一位採訪者：「我們同在一個島上，大家都在看著我們，這不像某些比賽，只有能看到影片的教練才能知道是誰搞砸了。踢球員之間的區別在於，你能在有壓力的時候做到嗎？」[16]沒錯，在他們這才是真正重要的。

從專注當下到轉動循環動力

致力於專注，除了能幫助我們管理壓力外，也有助於我們產生動力。當你不斷地把注意力集中在一件事上時，你就會不斷地完成工作。這創造了一種循環動力，幫助我們對長期辛苦的旅程，保持積極態度。

例如，這本你正在看的書可能還要花十二個月才能完成，但我正要把第一章寫完，這讓我有值得慶祝的事，這是一個小小的勝利。如果我只想著完成這本書，而不是真正注意眼前的事情，那我就沒有值得慶祝的動力。我試著不去想自己在寫一本書，而是想我正在寫十五個互相關聯的章節。我透過一次寫一個段落、一個句子和一個字來實現目標。

你不必等待那些勝利的事件——晉升、年末、專案完成，你可以自己來創造慶祝的時刻。當我們注意到完成讓自己滿意的事時，我們會主動觸發大腦釋放多巴胺，「這種化學物質可以提升你的情緒，並讓你感覺更自信。與試圖同時處理一個情況的相比，這會讓你更快地進入『鎮定自若』的階段。」[17] 把你當前的工作切分成小小的勝利，給自己一個認可勝利的簡單方式，看看這是否能幫助你打起精神處理下一個任務。

專注是指把你的專注力，聚焦在眼前：**你、這裡、現在。**

1. 專注於**你**——對象
2. 專注於**這裡**——地點
3. 專注於**現在**——時間

穩住心，就穩住情況

在壓力情況下表現優異，並不是要忽視或阻擋壓力，**而是不要讓壓力決定你做什麼和怎麼做。**科學作家泰勒．克拉克（Taylor Clark）在他的著作《在緊張的環境下沉著冷靜》（*Nerve*）中研究了高壓工作，如人質談判員、空中交通管制員和外科醫生。他發現，高壓下的成功者不會阻擋壓力，他們只是不允許自己被壓力所左右。

為了證明，克拉克指出了二十世紀壓力最大的時刻之一：阿姆斯壯在一九六九年七月二十日的那一天。他在登陸月球前駕駛登月艙，「登月艙老鷹號（Eagle）的儀器顯示〔阿姆斯壯的〕心臟快要跳出來了，」[18]但他卻以平靜、放鬆的聲音向正在聆聽的群眾發表登月的感言。他沒有向我們透露出，他在生理上感受到壓力的跡象，這並不是說阿姆斯壯沒有感受到壓力，他只是沒有對它做出反應。

我們都會因為目前的處境而感受到壓力。研究顯示，演員在開幕之夜感受的壓力與車禍受害者一樣大。[19]同樣的，競爭激烈的國標舞選手[20]感受到的壓力就像跳傘運動員背著降落傘從飛機上跳下來一樣。[21]重點不在於你實際做的事情，而是你所帶來的情緒，這就是為什麼控制我們的反應是如此重要。

專注使我們能夠在競爭中勝出，因為它讓我們能夠注意到別人沒有注意到的東西。想一想四分衛在爭球線上的情況，每個NFL的四分衛在球搶到他們手中，到開始比賽之前都有相同的時間：四十秒，但並不是所有人在這段四十秒的時間都有同樣的處理方式，那些專注的人會充分利用這段時間。麥可．維克（Michael Vick）曾將發球前的那幾秒描述為毫無秩序的清單，記錄著他會注意的事情，不過一旦開球，「一切都會停止。我的思緒放慢了，我聽不見其他東西。每個人都在以慢動作移動，而他們實際上是在以每小時一百六十公里的速度在移動。那個瞬間只有三秒鐘，但感覺就像一分鐘，然後你就投球了。接下來你知道的是，聲音又回來了，一切都恢復正常了。」[22]

維克的四十秒和你跟我的四十秒不一樣，因為他可以從這四十秒中「提取更多資訊」。[23]想想電影《駭客任務》中尼歐（Neo）透過看到子彈的慢動作，來躲避子彈。他沒有能力讓子彈實際慢下來；只是因為他的思維方式受過訓練，所以他覺得子彈比較慢。

靜心的力量

以前別人向我建議冥想時，我都會翻白眼。要我獨自坐在安靜的地方，只去呼吸和思考？「門都沒有。我有太多事要做！」但在二〇一七年夏天這一切都改變了。企業家傑西邀請我去他位於康乃狄克州的家中，在他舉辦名為「靠生活活下來」的靜修會上演講。傑西同時邀請一群來自各界的傑出人士，用幾天的時間互相交流，學習優化績效和培養滿足感的方法。

第一天晚上，鮑勃．羅斯（Bob Roth）這位和藹可親、笑容滿面的白髮紳士主持了一場冥想的課程。鮑勃是美國最有經驗和最受歡迎的冥想老師之一，在四十年的職業生涯中曾向上千名學生傳授過冥想。他的著作《超覺靜坐的奧祕》（*Maharishi Mahesh Yogi's Transcendental Meditation*）已被翻譯成二十多種語言，他還是紐約領導力績效中心（Center for Leadership Performance）的負責人。

雖然我自然而然要抗拒的力量上升，但羅斯解釋說，冥想練習應該感到自然和不費吹灰之力，不需要改變生活方式。他解釋說，**這不是什麼要你去相信的事情，而是你會做的**

事情，就像呼吸一樣。冥想不是要控制你的想法，而是要意識到你的思緒，並學會讓它們流動。

在我們的課程結束後，羅斯向新手推薦了一款名為冥想指南「Headspace」的應用程式。第二天早上，我下載了，並開始了我第一個十分鐘的冥想。之後連續三年，我每天早上做的第二件事（在鋪好床之後）就是來一段簡短、但影響深遠的引導式冥想。事實上，當我打出這句話時，四年來我只錯過了一天沒有冥想。每天的冥想大幅地提高了我的察覺心念、自覺和專注力，增強了我保持冷靜和理智的能力。

這一切都不是一蹴而就的，而是來自排定優先次序和重視冥想練習的累積效果。我的察覺心念和沉著比以往任何時候都更加敏銳，我不再感到緊張、焦躁或不知所措，而這並不需要我相信任何東西，只要相信靜心的價值。

冥想的科學已經存在了一段時間，文化也開始跟上這種觀念：察覺心念的課程無處不在——健身房、辦公室、監獄、醫院和教室。對於坐著、呼吸和單純地活在當下的狀態，人們終於開始想通當中的價值。

我們的行程都排得滿滿滿、忙得不可開交，自然而然地不願意在十分鐘內什麼事情都不做。但是，如果我們定期冥想，並全神貫注，那十分鐘可能會改變你的人生。那些冥想的人沒有更能控制發生在他們身上的事情，但他們確實**更能控制他們的反應方式**。[24] 記住：控制你能控制的事情。

練習「心」紀律

多年前，我在美國NBA球員工會的百強訓練營擔任績效教練。該訓練營由前NBA球員舉辦，旨在傳授頂尖的高中潛力球員成為職業球員所需的一切能力，無論是在場上，還是在場外所需要的條件。績效教練格蘭．貝查（Graham Betchart）把他對投入當下的概念向運動員耳提面命了一番，這是我見過的最啟發人心的演講之一。

貝查被譽為「NBA最重要的資源之一」，[25]他曾與許多NBA球星合作過，包括班．西蒙斯（Ben Simmons）和卡爾—安東尼．唐斯（Karl-Anthony Towns）、猶他爵士隊等球隊，以及銀行和公司機構。他是一個與眾不同、充滿活力的人，剃了光頭，留著一大把茂密的鬍子，令人印象深刻。

貝查既不玄祕，也不靈性，但他以一種運動員很少做到的方式來探究事物。他解釋說，優秀的球員會放下剛剛發生的情況，從不擔心可能發生的事情，他們單純專注於現在。

貝查仍然稱自己為教練，這微妙地提醒人們專注需要練習、意願和重複，跟運球一樣都是球員必備的技能。「心理力量就像體力一樣，」他告訴我，因為你必須不斷鍛鍊。你不會鍛鍊你的身體，然後說：好吧，現在我的身材好了，就可以停下來了。如果我們停止，我們就會放棄，並阻礙進步。

貝查與世界上一些最優秀的運動員合作，這些人了解體力上的付出和辛苦操練。然而，有些人沒有意識到，同樣的紀律也適用於心理上的表現。他教他們立足當下，這樣他們的腳就可以做雙腳受過訓練的事情。他告訴我，目標是減少對結果的在意。有的時候，結果不是你能控制的，而你需要接受這一點。這樣子接受情況就為其他許多事物打開了大門，同時也減輕了你的壓力。

分心後如何找回專注力？

斯圖・辛格（Stu Singer）是ＮＢＡ華盛頓巫師隊、職業女子籃球協會（ＷＮＢＡ）華盛頓神祕隊（Washington Mystics）和多個一級籃球隊的績效顧問。當我採訪他時，他告訴我，他**把重新專注的能力排在第一位**。他的理由是，任何人都可以一開始就集中注意力，區別在於，在你分心之後，重新找回專注力。

「我們能不能在我們反應過來，說出等等……之後，就能重新專注，馬上回到原本大腦的注意力空間。」他教導他的球員，情況並不能決定你的感受，是你自己決定你的感受的。「重播過去的事情和預想情況會產生壓力和焦慮，」辛格這麼告訴我，他和貝查一樣，也強調要立足當下。辛格並不是將此作為隱喻，他指的是一種身體上的感覺。他提醒球員去感受每隻腳都踩在地板上，噔噔地響。

感覺你的腳是一種策略，「迫使大腦改變注意力的位置」。如果你專注於腳在地板上的感覺，你的思緒就很難回想過去的失敗和未來的結果。你可以立即回到所在的位置——你可以重新專注於你需要做的事情。在你現在坐的地方試一試，感覺腳底踏在地板上，噔噔。如果你發現自己分心了，再試一次，直到這成為一種平常的練習。

瞎忙的迷思——你有多少時間沒在做這件事？

在《極度專注力》一書中，生產力專家克里斯．貝利（Chris Bailey）解釋說，專注實際上需要後設覺察（meta-awareness），這意味著**察覺到我們的覺察**。「你愈是注意到是什麼占據了你大腦的注意力空間，」他寫道，「當你開始分心時，你就能愈快回到正軌，在**四七%**的時間都能漂亮地做到。」[26]貝利指出，對於那些從事傳統辦公室或電腦工作的人來說，「平均而言，我們工作還不到四十秒，就會被打擾或分心了。」四十秒！你能在四十秒內做什麼？根本沒做到什麼事。

貝利說，我們應該杜絕工作場所中會干擾的事物，尤其是智慧型手機，他稱之為「放在你口袋裡的生產力黑洞」。[27]請記住，普通人每六分半鐘檢查一次手機。[28]貝利挑戰我們去調查自己為什麼這樣做。後設覺察是注意我們的習慣，並詢問原因的過程。為什麼我們一直要去看手機？我們在抗拒什麼？只要注意到你經常去看手機，你就會自動開始減少這樣做，你會察覺到你正在做這件事，這是一個開始。

丁恩（Jeremy Dean）在著作《其實，你一直受習慣擺布》（*Making Habits, Breaking Habits*）中指出，[29]千禧世代每天查看手機的次數達到驚人的一百五十三次。[30]更糟糕的是，手機不僅僅是在我們使用的時候讓人分心；即使手機只是放在一旁，也會讓人分心。房間內是否有手機——無論是否正在使用手機[31]，都會影響房間裡人們之間的連結。[32]我們對手機的依賴創造了一個永無止境的循環，我們聲稱在無聊時才看手機，但研究人員發現，正是因為不斷看手機，實際上造成了我們想要減輕的無聊感。[33]我們掏出手機來看並沒有解決無聊的問題，反而在誘發無聊的感覺！

這不光是檢查手機或電子郵件會浪費時間的問題，這也跟重新集中注意力所需的額外時間有關，因為「從中斷，再『恢復』，並繼續進行之前的任務可能需要超過一分鐘的時間。」[34]想一想你通常需要幾個小時來做的一項工作，真的需要花到幾個小時嗎？如果要你紀錄你花了多少時間沒在做這件事，你會發現什麼事？

為了解決這個問題，我對手機的使用情況做出了重大改變。自從出版《高績效表現力》以來，我已經把滑手機的時間減少了一半。怎麼做到的？我刪除了所有非必要的應用程式（包括我只在筆記本電腦上使用的社群媒體，每天也最多檢查一次而已），並關閉了所有的推播通知。在吃飯時，或和孩子在一起時，**我也會把手機留在另一個房間或車裡，手機不在場使人們更容易完全忘記它**。

什麼時候感覺壓力最大？

「心流狀態」一詞是由受人尊敬的心理學家契克森米哈伊（Mihaly Csikszentmihalyi）所創，他也是最先開始研究這個主題的人。**心流是外界事物彷彿「消失」的能力，進入了另一種境界。在那種境界，我們非必要的想法消失了**，時間似乎停止了，純粹的喜悅感湧流全身，體育界人士知道這就是「進入極佳狀態」。實際上，人類在完全沉浸於一項任務中時，整體上是最快樂的。我們什麼時候壓力最大？**當我們只是在想，而不去做的時候**。賴瑞・柏德（Larry Bird）曾經說過，他的壓力「是一種持續的噁心感覺，直到他開始比賽前的熱身跑籃練習才會消退。」[35]為什麼那時會停止噁心了？因為那是行動的開始。

契克森米哈伊首先研究有創意的人，以了解心流的概念，他把這種狀態描述為「有創意的人沒有多餘的注意力來監控他的身體感覺，或他在家裡的問題。[36] 他甚至感覺不到自己餓了或累了……存在感會暫時停止。」心流是令人嚮往的狀態，但就像睡眠一樣，我們無法一下子就進入這種狀態。心流需要投入和練習專注，但也需要其他東西：時間和精力，這是下一章的主題。

【建立奪標心態的行動步驟】

- **書寫**：使用原子筆／鉛筆代替鍵盤，已被證明有助於集中注意力和提高表現。普林斯頓大學和加州大學洛杉磯分校的一項研究發現，「與在鍵盤上打字做筆記的學生相比，用手寫筆記的學生記得更多，對內容也有更好的概念理解。」[37] 把東西寫下來，會**對你的大腦發出信號，顯示它更重要**。
- **認真傾聽**，即使他們看不到你（比如在電話上）。當你的心思分散到兩個不同的地方時，就會產生壓力，因為你不可能分身到別處，這樣費力會產生焦慮，所以

請處在當下。

- **解除警報**：你是急診室醫生嗎？消防隊員？如果不是，你實際上多常需要「待命」？很少吧，也許永遠不用。在你需要深入研究時，請關閉你的推播通知或把手機放在別處。你的**手機會增加壓力，並分散注意力**。
- **安排時間**：心理學家丁恩建議從「隨時關注手機」改為「定時查看手機」。他建議每四十五分鐘一次。選擇在白天的幾個時段，關閉你的提醒和推播通知，在那些時段沒有人，甚至你的老闆，可以霸占你的時間。

第二章

分配精力與時間

時間是最公平的。在我們生命的開始，每個人的沙漏都會被倒過來，然後沙子開始流下來。在那之後，有三件事會發生：

一、我們不知道上頭有多少沙子。

二、我們無法阻止沙子流到底部。

三、一旦沙子觸底，時間不會回頭。

現在，每個人在六歲左右就明白了這些道理，它們對我們的存在是這麼的重要，可是我們是否遵循這些原則？我們都說時間很珍貴，但很少有人真正視如珍寶。知道時間有限，和充分利用時間，是兩件截然不同的事。我們所知道的，和我們所做的，兩者之間的差異，就稱為我們的**績效差距**（performance gap），這是我工作的核心。

古希臘人有一個詞「阿克拉西亞」（*akrasia*）用來形容當你的意志太薄弱，無法根據你最佳的判斷來採取行動。[1] 我們都會有這個毛病，尤其是在管理時間和精力的方面。在應對壓力時，一個關鍵因素是明白時間（無法補充）和精力（可以補充）的限制，而時間和精力是績效取決勝負的標準，我們可以控制如何使用它們和預防濫用。[2]

無所事事還是精實的一週？檢視關鍵一六八小時

即使只是坐下來，盤點一下你是如何耗費時間和精力的，這也是一種有用的練習，可以幫助你弄清楚你在意的事物。我們可能會說服自己是其他的事情，卻心口不一，這是一個殘酷的事實：**我們只會為自己認為值得花時間的事，騰出時間**。

蘿拉．范德康（Laura Vanderkam）著有時間管理方面的書籍，包括《一週一六八小時》（*168 Hours*）。她用花多少時間在「與人生目標有關的事情」上，來衡量這一天是否有意義，[3]我喜歡那樣的框架，重點不在於你根據某些外在指標所取得的成就，而是在於你對你關心的事情有多滿意。關鍵的檢視應該是：**我現在正在做的事，對我的人生目標有幫助嗎**？

我今年四十五歲了，對於二十年後我想成為什麼樣的人，我有一個清晰的願景。六十五歲的小亞倫．史坦將在身體、情感和心理方面保持健康，與他的孩子、家人、朋友、同事和客戶保持密切關係，並從事有意義的工作，為他人服務。當我面臨任何決定時，無論大小，我都會問自己：**這會讓我更接近，還是更遠離那個版本的自己？**我根據這單獨的一個問題來控管我的時間和精力。

范德康批評人們抱怨自己「實在太忙了」，她不是在指責他們不努力。相反的，她讓我們看到了這樣的事實：**幾乎每一個積極進取、勤奮工作的人都在浪費大量時間。**你認為那不包括你嗎？在一段為期三天的期間裡，以十五分鐘為單位記錄你的時間，你會驚訝地發現有多少單位的時間是完全被浪費的。「大多數聲稱工作過度的人，他們的工作時間比自己想像中的要少，」[4] 范德康寫道，「人們有許多工作方式都非常效率不彰。」

她推薦的策略是實際規畫一週一六八個小時中的每一個小時，「如果你想要的話，很容易有時間每晚睡八小時（每週五十六小時），每週工作五十小時。這樣加起來有一〇六小時，每週還有六十二小時用於其他事情。」[5] 透過這個觀點，你可以感受到一週的時間可以有多充裕。一旦你掌握了你實際運用時間的方式，你就會停止假裝你找不到時間做某事，並接受是你選擇不要為此騰出時間的事實。

忙碌是一種懶惰，要從起床就解決

個人成長領域的先驅、企業家和作家費里斯（Tim Ferriss）認為，「忙碌是一種懶惰，代表懶惰的思考和未經計畫的行動。忙碌最常被用來當藉口，以規避少數極為重要、但讓你不舒服的行動。」[6]很多人都吹噓自己有多勞累，好像這是一種榮譽徽章，較勁誰能做更多的工作，除了在助長一場危險、且不斷升級的軍備競賽之外，這樣根本沒有任何意義。

自律專家魏登（Rory Vaden）在他的著作《贏在拖延術》（*Procrastinate on Purpose*）中巧妙地指出了這個問題的精髓：「你的問題不在於你太忙了，你的問題在於你沒有掌握自己的情況。」[7]魏登寫道，一旦你掌握了自己的情況，「你就賦予了自己能力，來創造自己的解決方案。」我們覺得沒有足夠時間的壓力，是我們自己強加的。我們的任務可能來自我們的老闆或客戶，**但我們如何管理我們所握有的時間，完全由我們自己控制。**

說出來也許你會不相信，我以前曾經可以灌籃。那些日子已經過去了，但有件有趣的事情一直伴隨著我。當你跳到空中時，你的身體會釋放一個內建的自動保險功能。很簡單：**你的身體不會讓你跳得比你能安全著地的高度還高。**你是受到保護的！我喜歡這個概念，因為它可以全面應用於我們允許自己承擔的事情。我們都感到負擔過重，但是很少會碰到我們的能力無法承擔的情況，我們只需要更明智地運用時間和精力即可。

在工作中浪費時間的情況很普遍，因為「商務人士光是在管理電子郵件和社群媒體的收件匣，就要花掉一半的工作時間。」[8]一半的時間！沒錯，我們都必須查看電子郵件，而且有些職業的工作內容就和社群媒體相關，但說真的，這個數字真是驚人。

行為經濟學家艾瑞利（Dan Ariely）研究我們為什麼做我們所做的事情，他把這種活動稱為「結構性拖延」（structured procrastination）。[9] 我們經常把時間浪費在小事上，來拖延我們應該做的事情。艾瑞利指出，一天的頭兩個小時是我們處於「高認知能力」的時候，並認為我們經常把這些關鍵時間浪費在電子郵件、上網或社群媒體上。

作家范德康發現，所有領域的高績效人士都會善用早上的時間，這是他們意志力強盛、且最樂觀的時段。[10] 如果把一項任務拖延到一天結束才去做，你就有可能根本不會去做，因為你不可能會比早上來的更有時間、更有精力和對新事物抱持更開放的態度。從我有記憶以來，我就把早上的習慣做到極致，因為這是我心情最好、精力充沛、成長的條件也最理想的時候。事實上，我覺得我在清晨的生產力，遠比一天中其他時間加起來更高。

我曾經問過NBA冠軍、前金州勇士隊前鋒哈里森．巴恩斯（Harrison Barnes）關於時間管理的問題，這是所有職業運動員都非常重視的。如果不嚴格分配一天的時間，你甚至無法打進NBA，而巴恩斯受到了其中一位優秀運動員的教導，他說：「在我和柯比一起練球之前，我不知道一個人能多早起床來練球。那次好像是凌晨四點的時候，我還在想把我的眼屎給揉掉，他就說『走吧。』」[11]

顯然，與柯比的經歷對巴恩斯產生了深遠的影響，那改變了他安排一天的方式，甚至改變了一天可以從多早就開始。現在，他告訴我，「籃球一直以來是我早上做的第一件事。」當與你競爭的每個人實力，都已經跨過了天賦的門檻，正是這些小事情會帶來巨大的差異。事實上，它們根本不是小事情。

在運用一天中的特定時段方面，根據個人的差異和偏好，會有很大的不同。在我職業生涯的大部分時間裡，我喜歡在早上五點到七點之間工作，並在這段時間裡茁壯成長。現在，我通常喜歡在早上七點到九點工作，**我的時段可能不適合你**，你的最佳狀態甚至可能要到上午九點或十點才開始。儘管我很尊敬柯比，我不會鼓吹你必須在凌晨四點開始一天的工作，因為這對柯比而言是有效的，**找到適合你的方法就好。**

每天最重要的事，引領你成為什麼樣的人

雖然我們永遠無法挽回我們的時間，但提前計畫可以幫助我們把時間最大化。在我當績效教練和現在當專業主講者的職涯中，我遇過一些令人印象深刻的時間管理者，但毫無疑問，其中最厲害的是德州農工大學的籃球總教練巴茲．威廉斯（Buzz Williams）。

我參加了由威廉斯教練主持的虛擬研討會，他在研討會上與大家分享了他的每週行程表。我看著那份行程表，頭幾乎都要爆炸了。上面用顏色編排和標記了大量驚人的活動，不僅是預先安排了，而且與他的生活和工作目標明確相關。他所有的工作和會議都以區塊

和勾選框呈現，但也有安靜時間、閱讀、與朋友和家人交流，甚至有感恩時間的區塊和勾選框。他還有一個複雜的輪換系統，這樣每個月都有必要數量的變化，真是難以置信。

「你對要事的了解必須比自己想像中的還要清楚十倍，」他告訴我們，「當你真正開始說出你的要事時，應該要反映在你的日常行程中。」我們的行程表不僅僅是關於我們要做的事，而是關於我們是什麼樣的人，以及想成為什麼樣的人。儘管威廉斯教練是一個極端的例子，但他的行程表顯示了我們可以對自己的時間可以有多大程度的控制。一個小時、一個週末或一天的休假都不會憑空消失。

當你有意識地使用時間時，你會驚訝地發現，自己實際上擁有的時間綽綽有餘。心理績效教練赫曼把行事曆稱為我們的「迎戰場所」，這是看待行事曆的一種好方法，這是我們大顯身手的地方。赫曼告訴我，當他與主管進行一對一的工作時，他會要求他們秀出自己的行事曆。他需要看看實際的優先事項與他們所聲稱的優先事項，進行比對。

停止對所有人說好

我仍然沒有做到如巴茲・威廉斯對時間的控制程度，第一個原因是一個字：好。我是一個喜歡說「好」的人，即使在我可能不應該這樣說的時候。葛瑞格・麥基昂（Greg

McKeown）在著作《少，但是更好》（*Essentialism*）中，解釋了我們如何才能消除生活中的累贅，「只有**當你允許自己停止嘗試做所有事，**」[12] 麥基昂寫道，「**停止對所有人說好**，你才能對真正重要的事情付出最多。」

如果你盲目地說「好」，這麼做對你生活中最重要的人沒有好處。你可能沒有意識到，但是**每次你答應一件事時，你實際上是在拒絕另一件事。**有時候，這是在拒絕你甚至還沒有意識到的選項。[13] 當你拒絕某些事情時，新的機會就會出現，因為你有空來接受它們。

尼爾．艾歐（Nir Eyal）寫道，「如果我們不計畫我們的日子，就拱手讓別人計畫了。」[14] 艾歐是一位行為應用分析師，他真的撰寫了一本書（《鉤癮效應》〔*Hooked*〕），在講企業如何創造讓人上癮的產品。現在，為了抵銷他所創造的負面影響，他正在運用自己的專業知識，幫助人們打破這些原本的模式。

艾歐認為，所有活動都可以歸類為兩種情況：**牽引或分心。**牽引幫助我們達成目標，而分心讓我們遠離目標。想想看你的任務屬於哪一種，這樣有助於確定任務是否值得去做。在你的整個工作日中，嘗試**找出你的牽引任務，然後把它們發揮到最大**。這並不意味著沒有時間分散注意力，我們都需要休息，但要確保你清楚地劃分出這些會讓人分心的活動，以免它們蔓延到所有時間。

什麼都做，等於什麼都沒做

在這個時代，我們往往把那些「有很多事情要做」的人給美化了。我曾經很欽佩，甚至試圖效仿這些人，但我已經不再這樣做了。我現在知道，如果你有太多事情要做，你的效率就會非常低，對誰都沒有益處，更不用說對你自己了。運用我們的時間其中有一部分，是決定在哪種情況下要停止花費時間，這意味著關上大門，此時說「不行」成為你最有效的法寶。

丹．艾瑞利做過實驗來證明我們是多麼不願意關上任何一扇門，從購物到約會，因為我們總是陷入「如果……會怎樣？」的局面，保留靈活的選擇權幾乎是美國人的一種消遣。但艾瑞利指出，我們沒有考慮到「不做決定的後果」。[15] 我們沒有考慮到在保留靈活的過程中，會損失的一切（時間、金錢、精力），因為這會占用「本應投入大好機會的心力和承諾」。簡單地說：**試圖所有的事都做，實際上是什麼事也沒做。**你不會因為讓所有的門都敞開而獲得機會，你會失去機會的。讓每扇門都打開，意味著一扇門也進不了。

當你處於有意識的模式時，你會驚訝地發現你實際上有很多時間。在第一章中，我們研究了當我們專注於一件事時，壓力是如何減少的。那麼，反過來說也是如此：**當我們讓自己做太多事時，我們的壓力就會增加。**我們不一定會因為工作量和責任而感到壓力；當我們察覺，自己沒有足夠的時間或能力做好這些工作時，就會覺得有壓力。

因為我們愈來愈分心，以及有愈來愈多分散我們注意力的方法，籌劃出時間來做單獨一件事情的能力，將成為二十一世紀的重要技巧。隨著每年科技產品的發明，這變得愈來愈有挑戰性。股神巴菲特經歷過許多繁榮與蕭條的經濟週期，他知道如何保持專注。他建議列出我們在不久的將來希望完成的二十五件事，然後刪掉第六到二十五項。[16]

「高成就者並沒有完成更多的任務，」[17]商業教練賽爾克（Jason Selk）博士和巴陶（Tom Bartow）寫道，「他們完成的是最重要的事情。」你是否想知道那些成果豐碩的同事為什麼一天似乎有那麼多的時間？這是因為他們的時間和你的時間不一樣，不算是。他們運用時間的方式與你的方式不同。記住：**你永遠找不到更多時間，你必須為最重要的事情擠出時間。**

別讓拖延症把壓力餵成巨獸

我們還需要擺脫一種想法，認為時間緊迫可以提高我們的表現。這是一個迷思，我知道你從哪裡學來的，因為我也在那裡學來的：在大學。以前，你猛灌咖啡和吃甜點補充體力，直到凌晨截止期限之前才交出作業，並說服自己：嘿，原來我在火燒屁股的時候做得更好！

其實沒這回事。

一項又一項研究顯示，「人們在與時間賽跑時，是最沒有創意的。」[18]研究人員實際上發現，我們不僅在時間緊迫的情況下做得更差，而且還會將這種感覺帶到下一件事上，這被稱為**時間壓力宿醉**。[19]而那些經常以這種方式工作的人在接下來的三天裡，會失去他們的創意。

習慣把事情拖到最後一分鐘才開始動作，是典型的「拖延症」，這不僅是時間管理問題，也是情緒問題。拖延實際上與你對做某事的感覺更有關，而不是時間管理方面的問題。[20]**如果你深入了解你拖延工作的原因，你就更有可能排除阻擋你的障礙。另外，當你用無意義的活動來消磨時間時，你實際上在增加你的壓力**。你可能會覺得自己正在拖延壓力的根源，但你卻在做相反的事情，你是在餵養壓力。對抗這種衝動最好的方法是什麼？一句話：習慣。

習慣的力量

在我二十多歲的時候，我讀了一本書叫《有錢人的思維》（*The Millionaire Mind*），其中作者採訪了數千名白手起家的百萬富翁，在他們中尋找可循的模式和共同點。最讓我印象深刻的是，在白手起家的百萬富翁中，他們每天早上整理床鋪的比例高得驚人，超過九〇%。有鑑於這群人大家都負擔得雇用別人來做這件事，這一點尤其令人印象深刻。

這對我來說已經足夠了：我立即開始整理床鋪，二十多年來從沒有一天間斷。這是我最根深蒂固的習慣之一，雖然看起來微不足道，但這正是我這樣做的原因。每天從小的紀律行為開始，可以增強紀律的肌肉。它為接下來的事情定調，並在早上的第一件事中建立起衝勁。

習慣為我們的生活帶來可預測性和井然有序，因而減輕了壓力。習慣告訴我們必須做什麼，這減少了我們對可以或應該做什麼的懷疑和擔憂。如果你的習慣是下班後去健身房，那你就是會去。**習慣可以省下時間和精力**，因為你不會浪費時間和自己爭論，這樣可以挪去你的猶豫不決、搖擺不定和找理由的想法。如果你**有一個習慣，並堅持下去，那就不會費力，因為這是自動自發的行為**，你會達到做起來非常自動化的地步，以至於習慣會替你做事。

阿肯色大學籃球隊總教練艾瑞克．穆塞爾曼（Eric Musselman）擁有的熱情和活力，如同年紀是他一半的年輕新教練，他每週七天都進行閱讀、有氧運動、聽播客節目、進行舉重訓練。不論在家、外出、度假、工作日、休賽和賽季，他都這樣做。他甚至不需要多想，這使習慣做起來更容易。「這是沒有商量餘地的。我是否有一百萬個會議，這並不重要，」他在訪談中告訴我，「這是我習慣的一部分，從未改變，」而且二十年來一直如此。穆塞爾曼提出了這樣一個想法，在沒有商量餘地的情況下，實際上做起來會更容易！

養成日常習慣可以保存日後不需消耗的精力。想像一下，你是一個電玩遊戲的角色，每天早上都從一〇〇%開始（我跟我孩子稱這是我的「爸比血量」）。有些血量是可以補充的，但它通常會逐漸下降到歸零，到晚上你就累倒在床上。因此，最好為必要的時候，保存我們的精力。

要從我們認為不必要的活動中取回精力，有很多我們可以使用的策略。賈伯斯會穿招牌的黑色高領毛衣，是因為他很想管理他耗費在決策上面的精力。他在蘋果公司（Apple）每天必須做出數千個小決定，而且他不想在要穿什麼衣服上面浪費精力。歐巴馬總統只有兩套不同顏色的西裝，也是出於同樣的原因。這兩個人都認為沒有必要在挑衣服上花費精力，並養成了處理這方面事情的習慣。你可以把哪些活動習慣化，以減少原本會被占用的精力或時間嗎？

了解你的節奏

科學和科技已經揭露了人體的許多祕密，但最讓我著迷的祕密之一，是我們如何利用自己的自然傾向來發揮出最好的表現。**順應身體自然想要做的事情，就像我們需要睡眠和食物一樣，這樣可以幫助我們順應自己的自然節奏**，而不是與它們作對。

正如我所說，我一直都是個早起的人。小時候，我會在週六早上卡通片開始播放之前，就從床上跳起來，等著卡通片播放。我的弟弟傑瑞米正好相反，你就算在他的頭上扔一塊磚頭，他也會一直睡下去。成年後，我開始利用這種習慣早起，配合身體的作息工作。隨著我養成了慣性，我順勢發揮這個習慣。

大多數人遵循著生理時鐘，他們一早開始的精力相對較低，然後從上午晚些時候，精力開始一直增加到中午左右；[21] 然後到了下午這個曲線會下降，大多數人在下午三點左右感到精神萎靡。暢銷書作家兼研究員品克（Daniel Pink）稱下午為「我們一天中的百慕達三角洲」。[22] 如果我們知道在午後常會自然喪失精力，就應該為此做好準備，不要在這段時間安排需要大量腦力或精力的活動。你的待辦事項清單上是否有看起來像是無謂的雜事？把那種雜事留到下午三點來做，不要把品質高的上午時間浪費在這些事情上。

研究顯示，生理時鐘甚至會影響法官，而他們的工作就是要盡可能公平和平等。人們發現，法官的裁決「取決於案件的審理時間，就算是已經把犯罪的嚴重性納入考量，也會如此。」[23]如果你是被告，你會希望在清晨或午休後與法官見面，這樣對你有利，午餐前和一天結束時則是對你最不利的時間。法官的整個職業都建立在客觀的基礎上，如果連他們都無法控制生理時鐘的反應，那麼你也不太可能控制得住。

在我們的一天中，人類也經歷著**超晝夜低谷（ultradian dip）**，即**「在我們九十分鐘到一百二十分鐘的週期結束時，會有二十分鐘疲勞、嗜睡和注意力難以集中的時期」**[24]。正是在這個精神不振的期間，我們應該安排休息，我們的精力和情緒在一天中遵循某種可預測的路徑。一項研究測量了八十四個國家的五億則推文，發現積極情緒在上午晚些時候達到高峰，然後開始下降，然後再次上升，在晚上八點左右達到高峰。

早晚各一次，與當下的自己對焦

那麼，你如何確定哪些任務是有用的，哪些是無益的？以下是我使用的一個非常有用的圖表，稱為艾森豪矩陣（Eisenhower Boxes），它們幫助我簡化了生活，消除了壓力。這些矩陣可幫助你根據任務的急迫性和重要性，來確定你想要或需要完成的任務的優先次序，還能讓你判定哪些事情應該委託他人去做，或者不做，或者完全刪除。我保持恰當充

艾森豪矩陣

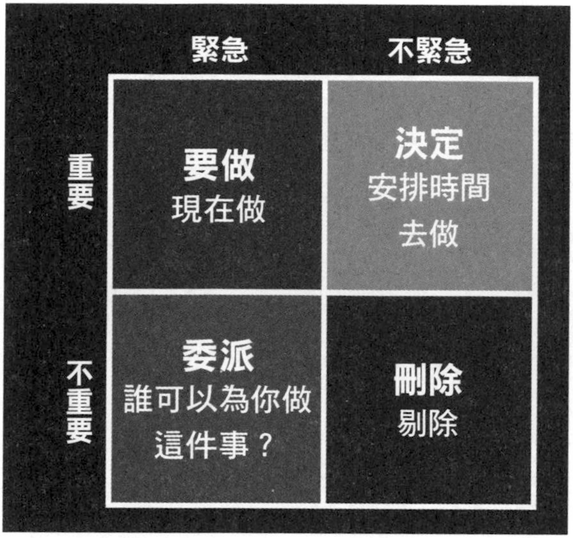

實的行程表——比起「忙碌」，我更喜歡用充實這個詞，因為它讓我覺得可以控制自己的日程。

我還在我的iPhone備忘錄中，列出了一個正在進行的待辦事項清單。在每個工作日結束時，我在晚上要關掉手機之前，我會花十分鐘時間查看清單，並將所有內容轉移到主要待辦事項清單上，這是我筆記型電腦桌面上唯一的內容。每天晚上回顧和更新這份清單，可以讓我的潛意識在我睡覺的時候處理它。每天早上，當我進入辦公室時，我都會再次檢查我的待辦事項清單，並更新新狀況；然後我開始一一處理。這為我的工作量帶來了條理和能見度，使我的壓力不至於太大。

按表操課，包括休息時間

更聰明、更專注於你的時間，並不意味著每天十六個小時，都把自己逼得到絕境。這意味著在你的頭腦和身體有活力時努力工作，在它們沒有活力的時候充電。推特（Twitter）執行長多西（Jack Dorsey）曾說過：「我寧願優化讓每一個小時都有意義，或者每一分鐘都有意義，而不是最大化我在一件事情上工作的小時數或分鐘數。」[25]重點並不一定在於時間的數量，時間並不一定掌握在你手中（即使你是推特執行長），重點在於質量。

我們都可以更加體貼和慎審對待其他人的時間。喬丹．哈賓格（Jordan Harbinger）是播客領域中的佼佼者，他對這個概念有非常全面客觀的想法。當我有機會為我自己的播客節目採訪他時，他談到了他是如何考慮他廣大聽眾的時間。他每週在編輯節目時，他都小心翼翼地避免製作隨意或平淡無奇的交流內容，這就像浪費了「人類在地球上七十五萬分鐘的時間，這就像一場真正的災難。在人們七十五萬分鐘的時間裡，原本可以做多少事啊？」我們都需要考慮到，不僅不要浪費自己的時間，還不要浪費其他人的時間。喬丹把這種想法延伸到他的聽眾身上，這顯示他為什麼是他領域中的佼佼者。

有時浪費時間是必要的，只要你意識到那是你正在做的事情。幸福專家和作家格瑞琴．魯賓（Gretchen Rubin）推薦實際安排非結構化時間。這聽起來有悖常理，但事實並非如此。**我們需要為空閒時間**、家庭時間、減壓時間**設立保護界限**。否則，這些時間就會被耗盡，也許我們甚至都沒有意識到。如果你不計畫休閒或非結構化時間，以下兩種情況會有一種發生：

一、你從不休息，這會讓你負荷過重，增加了你的壓力。

二、你「需要休息」的心態，在你的所有活動中不時出現。

如果我們採取深思熟慮的方法來管理我們的時間和精力，我們的時間就不會被耗盡，我們的精力也不會空轉。當然，很多幫助我們控制時間的計畫，都可以提前完成，這就帶出了下一章的主題：準備。

【建立奪標心態的行動步驟】

- **練習畫出你七天的時間（一六八小時）的使用情況。**使用方格紙或EXCEL試算表，記錄每個時間區塊，然後查看結果。你注意到了什麼？你可以添加什麼？你能刪除什麼？
- 仔細看看你的早上慣性，以及**你如何度過醒來後的六十分鐘到九十分鐘**。這段時間可以更好地運用嗎？有沒有什麼事情是你在一天結束時，因為過於疲憊而無法做的，你可以移到早上去做嗎？
- **建立緩衝區。**如果你擔心自己無法履行義務，那麼放慢腳步可能會很困難。[26] 在承諾的任務空檔預留時間，如果你通常安排十分鐘從A點到達B點，那麼給自己預留十五到二十分鐘。
- **拒絕**但要始終抱持體貼、機智和同情心。練習以委婉和禮貌的方式拒絕，因為答應一件事情，實際上是在拒絕其他事情。
- **你的中心是什麼？**前健身專業人士和企業家李（Ryan Lee）告訴我，他已經圍繞他的家庭建立了自己的整個世界，因此他開發了一個內部量表，用來衡量某事是否值得去做，他稱之為「好處／麻煩」量表。他的人生已經到達了一種階段，如果這件事很麻煩，即使會有很大的好處，他也不會去做。這個方法把你的優先事項放在首位和中心。

第三章

預留準備時間

到目前為止，我已經介紹了專注如何減輕壓力，以及有意識地管理時間和精力也可以減輕壓力。本章是這兩個觀念的自然延伸內容，因為如果沒有準備，我們就無法做到這兩點。

準備是尊重的表現，表示對他人的尊重，對自己技能的尊重，以及對自己的尊重。無論是在體育領域，還是在商業領域，高績效人士都非常重視他們的準備工作。他們信任，並充分理解這些步驟，這也是他們能表現出眾的原因。

你所做的事情不能成就你，是你做事情的方法成就了你

從二〇〇九年到二〇一六年，我在世界各地舉辦了一連串的尖端訓練營，針對初中和高中籃球運動員進行三小時肌力和體能的訓練。典型的課程有大約六十名球員在練習，三

十名教練在觀察。我特意在每次訓練開始前一小時到達現場。為什麼？因為在訓練營開始之前，我在這些球員身上看到的東西，就跟在訓練營期間觀察到的東西一樣多，也許還更多。

我一到場，就會隨意地坐在看台的最上面，觀察球員進入體育館。在幾分鐘之內，我就可以很容易地把每名球員歸為兩類：等待訓練開始的人和準備訓練開始的人。等待的人群通常穿著夾腳拖和戴著耳機，慵懶地攤在看台的第一排，彎著腰滑手機或和朋友胡鬧著。準備好的人已經繫好鞋帶，在球場上進行某種類型的熱身（伸展運動、控球、投籃），並出了一身的汗。等我開始的時候，他們不需要轉變為競爭激烈的籃球模式，他們已經進入那種狀態了。

你想猜一猜哪一種人最終表現得更好嗎？在競爭激烈的舞台上，在其他人沒有準備的情況下，做好準備的好處是如此明顯，所以竟然有這麼多人都沒有準備好，實在令人驚訝。當然，這就是做好準備會如此有價值的原因。

我看到的最好的例子，是二〇一〇年在加拿大哈利法斯（Halifax）看到一名球員在訓練前做準備。我在那裡度過了一個連假，為數百名球員進行了多次訓練。但有一位球員真的很突出。奈特是一名七年級學生，他是一個又高又瘦的孩子，每次訓練前一小時就來到了體育館。他會站在外面等主辦單位開門，穿好衣服、繫好鞋帶，胳膊下還夾著一顆球。

體育館的門一打開，奈特就衝進去開始練球。他很有禮貌、很熱血，而且始終「渾然忘我」。每次訓練結束後，他都會繼續練球。最後，主辦單位不得不把他趕出體育館才能關門！那個年輕人，奈特・達林（Nate Darling），後來到了我擔任績效教練的德瑪莎高中，他打進了一級籃球隊，代表德拉瓦大學出賽，並進入了夏洛特黃蜂隊的新秀名單。達林在有這種成就的前十年，就開始為ＮＢＡ做準備，這正是他能進入ＮＢＡ的原因。

如何避免被意料之外的一拳打趴？

賴瑞・柏德一直被認為是有史以來最優秀的籃球員之一，他從不缺乏信心。身為三分球大賽的衛冕冠軍，他曾在一九八八年的三分球大賽決戰前出現在更衣室，並說：「好吧，那麼你們誰要當第二名？」

柏德的信心來自於他的準備。「所有一流球員都具有這種非理性樂觀的能力，」[1] 足球總教練溫格（Arsene Wenger）說，「如果沒有能力消除心中的疑慮，任何運動員都無法發揮自己的潛力。」麥可・喬丹六次打進ＮＢＡ總決賽，並贏得了每一次總決賽，這種壯舉很可能再也不會發生了。喬丹曾經說過，如果你覺得有壓力，「那是因為你練得還不夠……我所要做的，就是對我的身體已經習慣的事情做出反應。」[2] 關鍵是要熟悉，因為你付出了努力，無論是NBA總決賽實際刺眼的燈光，還是你自己個人的「偶包」，比如工作上的考績，再大的壓力都不會讓你驚慌失措。

曾擔任拳王阿里和拳王泰森的傳奇拳擊教練達馬托（Cus D'Amato）曾說過一句名言，**擊倒拳擊手的，是他沒看到會揮過來的一拳**。試想一下，無論他受到多大的一擊，只要他不感到驚訝，他的身體就能吸收這一拳的衝擊。到了專業選手的程度時，單憑力量是無法擊倒你的，只有失去平衡才可以。

如果你看過有史以來最著名的擊倒情況，你會發現擊倒的那一拳很少看起來是最重的一拳，而是最出乎意料的一拳。這個概念的適用範圍遠遠超出了拳擊。你不會被任何你知道會發生的事情給擊倒，所以要知道會發生什麼事，期待即將發生的事。武裝自己，並為即將發生的事情做好萬全準備。

「死神」杜蘭特——把時間花在可控的事物上

我在二〇二〇年湖人隊贏得NBA冠軍的前一天下午，透過Zoom與凱文·杜蘭特（別名KD）通話，當時他沒有參加這個史無前例的「泡泡」賽季。他當時在加州曼哈頓海灘租了一間房子，同時在洛杉磯進行阿基里斯肌腱傷勢的復健，他在二〇一九年NBA

總決賽期間，因為這個傷勢而退出比賽。

在很多方面，杜蘭特在經歷了如此嚴重的受傷之後，不得不從頭開始，有些人受了這種傷後就永遠無法恢復過來。他和我談起他必須如何重新學會走路，但他終於回到了每天打球的狀態。儘管錯過整個賽季肯定會有挫折感，但杜蘭特看起來很有信心和放鬆。他渴望回到球場，但他專注於明智地利用這段沒有比賽的時間（我不敢說是「休息」），顯示出冠軍的心態。

當我請他描述他在離開期間學到的最大啟示時，他立即將注意力集中在準備上：「我一直覺得準備是最重要的事情，對我來說，身為一名運動員，身為一個人……我仔細管理我身體的每一個部分，使我能夠鍛鍊和變得更好，這樣我就可以重返球場。我上場之前必須做的準備工作，或者我在訓練後所做的事情，隨著我開始變老，並開始經歷身體的變化，所有一切都發生了變化。自從我們開始合作以來，為比賽做準備、投籃訓練、建立我身為職業運動員的慣性都在不斷演變。」

對於那些不知道的人，我和杜蘭特的關係可以追溯到很久以前。當他還是一名瘦弱的高二學生時，我成為了他的私人教練，努力增強他的肌力，使他能夠更上一層樓。兩年後，當他加入蒙特羅斯基督教學校（Montrose Christian）時，我是他的教練團隊成員之一。他崛起成為歷史上最優秀的球員之一，是一個大家見證到的奇蹟，但我從未感到意外。杜蘭特從很小的時候開始，就表現出他願意鞭策自己，以其他人沒有的方式做好準備，這一點再加上他的球技，是他成為佼佼者的原因之一。**最優秀的人把時間花在可控制的領域，讓他們在這些領域中的注意力和努力發揮到最大，他們不會抱怨或沉浸在他們無法改變的事情中**。當他們在別人沒有準備的時候做好準備，他們可以把自己的優勢發揮到最大。「十二年後，我知道自己的節奏，」杜蘭特告訴我，「我需要在場上做什麼，身為籃球運動員我需要如何準備，我有很多獨處的時間，這對產生想法很有幫助。身為一名資深球員，你要學習如何安排時間的優先次序，了解每個時間該做的事，而我認為我到了那個階段。」儘管杜蘭特獲得兩次NBA總冠軍、一座年度MVP獎，並被譽為聯盟中最佳得分王，他這裡使用「我認為」這樣的字眼。這顯示，他沒有鬆懈下來。

專注於兩個控制點

準備就是鎖定我們的控制感。心理學作家柯妮可娃（Maria Konnikova）對撲克牌比賽非常著迷，以至於她暫停了自己的新聞工作一年，專門研究撲克牌，並參加一些專業的比賽，她的目標是把自己的經歷寫成一本書。她找到了一位導師，在網上和小型錦標賽中練習，並最終加入了職業巡迴賽，但是在編寫書稿的過程中發生了奇妙的事情。令人難以置信的是，之前沒有職業比賽經驗的柯妮可娃表現得很厲害，在職業巡迴賽上取得非常出色的成績，以至於她必須延後出書的計畫。

柯妮可娃在「訓練」期間賺了超過二十萬美元，現在她的職業既是作家，也是撲克牌玩家。她在著作《人生賽局》（*The Biggest Bluff*）中傳授這段經歷中的一件事，叫做控制點（locus of control）。[3] 簡而言之，控制點有兩種類型。那些具備**內部**控制點的人認為，**自己會影響周圍的事件**；那些具備**外部**控制點的人認為，**事情正發生**在他們身上。

想想你自己的控制點。當事情發生時，無論好壞，你是否專注於你在這件事中的角色？還是你會注意環境和外部因素？好吧，多項研究發現，那些具有內部控制點的人——記住，只不過是感覺自己在影響事件——他們在各種情況下普遍就能表現更好。即使在你無法控制的情況下，僅僅是你的感覺就會產生巨大的影響。

雖然運氣在撲克牌中發揮著巨大的作用，但是高手就算運氣不好，也可以從小地方取得優勢，這就區分出高手與新手的差別。每個人都可能拿到好牌或爛牌，但是優秀和還不錯玩家的區別不是隨機或運氣。贏家會花時間在這些「看穿情況」的領域（在撲克牌中，是了解機率和對手的下注模式），這可以給他們帶來優勢。

「認為自己能控制事件的人在心理上更健康，而且往往更能控制自己的命運，」[4] 柯妮可娃解釋說。她的老師告訴她，永遠不要去注意，甚至不要談論運氣差，因為輸家才會這樣做。在多次被提醒之後，她學會了專注於她能控制的事情。透過練習，她掌握了在那些她能控制的方面取得成功的能力。

顯然，這個想法適用於撲克牌之外的範圍。你可以專注於同事做錯的事情、客戶不明白的情況、老闆不理解的內容，但這些都不是你能真正發揮影響的。那些事情當然存在，但是擔心有什麼用？在你能控制的範圍內努力吧。

史蒂芬・柯瑞練習在重心不穩的情況下投籃，並不是為了得到隊友、對手球員或觀眾的注意；他太優秀了，不會把時間浪費來純粹炫耀球技。他這樣做是因為可以增加在不利位置得分，或罰球仍可以投中的機率，這樣讓他有機會投進三分球。柯比・布萊恩花時間研究ＮＢＡ裁判的規則手冊，所以他知道裁判站在球場上的立場，並據此調整了他的比賽方式。**他們都透過專注於自己可以控制的事情，以及可以準備的方式，在細微之處找到表現出色的方法。**

同樣，問題不在於你是否真的有控制權，因為根據情況的不同，每個人都會有不同程度的控制權。關鍵在於相信自己有控制權。如果壓力是世界強加給你的感覺，那麼準備就是我們反擊的方式。

事前準備，讓你能最大程度控制全場

播客主持人、作者和主講者萊恩・霍克（Ryan Hawk）以前是大學美式足球的四分衛。[5]當霍克失去了邁阿密大學的先發四分衛位置（由未來的明星班・羅斯利斯伯格〔Ben Roethlisberger〕取代）後，他轉往俄亥俄州，在那裡再次成為了主要四分衛。這種當過先發、又當過替補的經歷，賦予了萊恩獨特的觀點。他親身體驗了準備工作的價值，準備是他身為球員的必要技巧，並且適用於他目前職涯的各個方面。

在所有的團隊運動中，我認為四分衛是最需要準備的位置了。他必須知道球場上的每個人在做什麼，並在幾秒鐘內做出相應的反應。我請霍克為我描述一下他在開球前那一刻的想法，他解釋說，他不僅要「不假思索地徹底」了解他的球隊的進攻策略，還要了解十一名防守球員可能做出的各種反應。你能想像把所有這些都記在腦海中，並在幾秒鐘內存取這些資訊嗎？下次你看美式足球比賽時，花點時間欣賞一下這些四分衛在每一場比賽中的表現。

如果不是事先研究和了解所有這些複雜的資訊，在混亂、高壓的情況下，他將無法尋找，並理解其中的任何資訊。只有持續的提前準備，才能讓他一眼就知道自己可以利用哪些空隙。在那一刻，霍克必須利用他在前幾週花時間學習的所有知識。準備工作可以減輕當下的壓力，因為你不必單獨處理情況，責任已經分散到更早的自己身上。

霍克告訴我，替補四分衛很難當，因為「你必須知道你很可能不會上場，但還是要準備好。」如果你想一想，這是一個令人震驚的承諾。你花了那麼多功夫，卻沒有任何榮譽，而且可能沒有任何成果。然後到了下週和下下週，你還要重新這麼做！如果你告訴一群學生為一次可能參加、也可能不參加的考試努力讀書一星期，有多少人還會好好念書？如果他們不必參加那個考試，他們願意下週再這麼做嗎？

下次當你看到後補四分衛在比賽中接手，表現得尚可，想一想他們為了能有這樣的表現所做的準備。想想湯姆．布雷迪，當年僅僅二十四歲的他，替補受傷的先發四分衛德魯．布萊索（Drew Bledsoe）上場，而他是如何把這個機會變成長達二十多年的職業生涯，成為有史以來最優秀的四分衛。

想想NBA名人堂成員皮朋（Scottie Pippen），[6] 他曾經是阿肯色中央大學（University of Central Arkansas）籃球隊的一個瘦小的器材管理人員。他選擇每天和球隊一起訓練，以備突然有空缺出現。有一年暑假，有幾位球員離開了球隊，而皮朋恰好長高了十五公分。機運碰上準備，皮朋的關鍵時刻到來了。

攝影：麥克・黑澤爾（Michael Hazel）

你的習慣與你明天的夢想相稱嗎？

我職業生涯中最大的榮譽之一，是我的一句個人名言被寫在賓夕法尼亞州立大學美式足球更衣室外的巨大牆壁上：

「你今天的習慣與你明天的夢想相稱嗎？」

——小亞倫・史坦

每一位賓大美式足球隊員在離開更衣室前往訓練場時，都會看到這句話在提醒他們，他們的習慣和夢想是直接相關的，這是一條直線。

球隊的總教練詹姆斯・法蘭克林（James Franklin）很會鼓舞人心。他顯然了解他的球員，但正是因為他掌握了比賽中的人性因素，使他與眾不同。法蘭克林在激勵、鼓舞和領導球員方面，有一種直覺的能力。「如果你不在那〇・〇〇一％的天賦異稟之列，」他告訴我，「那你最好比別人更加充分準備。如此可從中得到很多的信心和平靜。」

當我問法蘭克林他在比賽週的壓力時，他說壓力的減輕與球隊的準備程度成正比，他告訴我：「我從周日到週四睡得不是很好，因為我在想我們必須完成的所有事情，但週五晚上我躺在枕頭上，會感覺很好，因為我知道我們已經盡可能做好準備，週六出賽可以表現出色。」週六的詹姆斯・法蘭克林靠的是週日到週五的詹姆斯・法蘭克林所做的工作，因此他可以在開球時完全投入。

精疲力竭時的表現才是決戰點

凱文・伊士曼（Kevin Eastman）在二〇〇八年波士頓塞爾提克隊奪得總冠軍時，是多克・瑞佛斯（Doc Rivers）教練底下的一名助理教練。在他的《為什麼最厲害的人會是最厲害的》（*Why the Best Are the Best*）一書中，他講了一個與雷・艾倫（Ray Allen）一起訓練的故事，艾倫會堅持在比賽前三個小時到達體育館。[7] 伊士曼那時用籃板球傳球給他，進行比賽速度的投籃訓練，這時他抬頭看到艾倫在投籃空檔在球場上做伏地挺身！明確地說：艾倫是以比賽速度接球和投籃，但在丟球和接到下一個球之間的幾秒鐘空檔做伏地挺身。大多數人根本做不到這一點，更不用說投籃了。

艾倫並不是什麼健身狂：這種訓練是有目的的。艾倫是職籃中最好的三分射手之一，為了要阻止他，對手在防守時會對他過於粗暴。為了在比賽中獲得空檔，艾倫必須用手臂將自己與防守者隔開，才能接到傳球，這個動作會使他的肌肉緊繃，所以艾倫在比賽中經常要帶著這種緊繃的感覺去投籃。隨著比賽的進行，進球變得愈來愈重要，艾倫的手臂會開始沒力，最後筋疲力盡，緊繃的感覺會更加嚴重。所以，在伊士曼教練的指導下，艾倫在重新模擬手臂和肩膀的緊張感，這樣他就可以用這種方式練習投籃。

正如曾與史蒂芬．柯瑞和杜蘭特等人共事過的NBA一流教練羅伯．麥克拉納漢（Rob McClanaghan）所說：「教導球員能有更強的投籃能力時，最主要的是確保他們在累的時候……練習投籃。[8] 你必須在你感覺最糟糕的時候，保持最好的狀態。」艾倫已經是一名出色的射手，是現存最優秀的射手之一，但他看到了一個需要改進的地方，所以讓自己透過辛苦的訓練實現目標。我認為表現平庸的人會找各種藉口，解釋為什麼他們沒有做到最好；像雷．艾倫這樣的競爭對手則會預料到這些問題，並努力事先克服它們。

要贏，先了解為什麼會輸？

「搶籃板不像腦部手術那樣難，」[9] 丹尼斯·羅德曼（Dennis Rodman）曾經說過，「但這不光是能夠比別人跳得更高，**很多功夫在你跳之前就已經完成了。**」羅德曼也許是有史以來最優秀的籃板王，訓練自己了解球的軌跡，預測球將反彈到哪裡，並用身體去卡位搶籃板。在紀錄片《最後一舞》這部關於一九九〇年代芝加哥公牛隊王朝的紀錄片中，羅德曼解釋了他近乎執迷的準備工作：

「我以前在深夜有朋友來訪，然後凌晨三、四點我們會去體育館。[10] 我會說：「投籃。」或者我會說：「投這邊、投那邊、投那邊。」我只是在一旁不斷做出反應，我對球的角度和軌跡做了很多練習，甚至研究某些球員，如柏德、魔術強森、喬丹，他們丟出的球是如何旋轉的，因此球會如何反彈。」

從底特律到芝加哥，羅德曼會在投籃訓練中觀察他的隊友和對手，了解每個球員在出手後籃球的旋轉程度和軌跡，了解他們可能投不進的地方和方式。[11] 在球碰到籃框後，可以站對位置搶到籃板球的人，在未經訓練的人看來可能都是隨機的。但羅德曼知道這不是隨機的，而且這方面的知識是他獲得優勢的方式。

德瑪莎天主教高中擁有美國最堅強的籃球校隊之一，該校的教練瓊斯會讓他的先發五人，練習突破全場盯人——從球場的一端被對手防守到另一端，而且是面對七名防守者，這比球場上規定的每隊五人還多兩人。有時他還會在練習中制定規則，比如不能運球，這迫使球員要更有效地傳球。

他這樣做並不是為了讓球員痛苦。事實上，恰恰相反。瓊斯希望把練習弄得非常令人頭痛，以至於比賽時就變得非常輕鬆。他還堅持名教練奈特（Bobby Knight）的格言：「在你能贏之前，你必須知道什麼是輸。」

「我認為我們會贏，」瓊斯教練會說，「但如果我們輸了，會是哪一個或哪兩個原因？我們被搶籃板嗎？我們沒有控制住他們的後衛嗎？」他會讓球員來回答這些問題，這樣他們就可以提前堵住這些漏洞。

在壓力低時做高壓力的決策

如果要討論以前的自己，可以如何幫助未來的自己，就必須談到預先承諾。**承諾機制**是贏得自制之戰的有用工具，這是一種預先為自己設定獎勵或懲罰的方法。如果你想戒菸、趕上截止期限，或完成一項任務，請趁你現在的思路會比到時候來得更清晰，預先設定好你的誘因，因為你需要為忙碌、分心和誘惑做好準備。當你受到攻擊時，你無法構思出作戰計畫；你要在槍戰開始前，做好準備。

一種簡單的方式是，如果你提前完成了工作專案，就可以拿出一千五百元花在你想要的地方。有許多網站（如stickk.com）可以幫助你設計「承諾約定」，並執行你訂立的獎勵或懲罰，例如，如果你沒有達成目標，有些網站會把錢捐給你討厭的事業。

當你去賭博或搭優步（Uber）去酒吧時，你把提款卡留在飯店房間裡，你就是在設立一個承諾機制置：趁著你的自制力最高時，做出未來的決定。[12] 我在報名具有難度的體育賽事後，我做的一件事是，立即在社群媒體上發布相關資訊，我把我的社群媒體粉絲當作問責的合作夥伴。

在我聽過的尤里西斯約定（Ulysses pact）[13] 中，效力最強大的例子之一來自亞當・戴維森（Adam Davidson）的著作《熱情經濟》（*The Passion Economy*）。他敘述一個孩子年紀還小的父親試圖戒菸的故事。經過多年的失敗之後，他做了一個極端的協議。他讓他的小孩坐下，跟他們說，如果他們再看到他抽菸，「他們就不應該再尊重他了。」失去小孩的尊重是他能想到的最大損失，而且這招很管用：他從此不再吸菸。

蒙特羅斯基督教學校的前總教練司徒・維特（Stu Vetter）經常說，他試圖「在壓力低時做高壓力的決策」，例如，他會在賽前決定數十種情況的確切策略，像是如果他的球隊在比賽還剩十五秒時，落後四分，應該怎麼打。他不想在團隊情緒高漲時，才在激烈的硬戰中擬定新的策略。

維特教練會把這些情境寫在索引卡上，並護貝起來，在需要時把它們拿出來看。如果球隊在比賽還剩四秒時，落後一分，並且要發邊線球到他們的籃框下，他就會把那張卡片拿出來。在球員上場之前，他會提醒他們：「你們有這個能力，我們已經在練習中演練了一百遍了！」原本會導致球員分心的高壓力情況，變成不過是另一個要進行的戰術。

我們在不熟悉或難以承受的情況下，壓力會達到高峰，但是我們不能老是在當下進行攻擊，所以最明智的做法是在高壓力時刻來臨之前做好準備。如果你做好準備，高壓力時刻可能根本不會出現。

凡事都看兩次

NFL最佳陣容的外接手考特蘭·薩頓（Courtland Sutton）指著自己的頭說過：「比賽在還沒發生前，就先在這裡進行了，如果你能在事情發生之前就料到，你就領先了。」[14] 薩頓稱之為「凡事都看到兩次」。運動員和表演者長期以來一直接受視覺化想像的力量，就是在成功發生之前想像成功。

在一九六〇年代，澳洲心理學家理查森（Alan Richardson）以籃球為例，進行了一項為期三週的研究，以了解視覺化想像是否真的能提高表現。他選用了對籃球缺乏經驗的受試者，而且他的研究結果令人吃驚。受試者分為三組：一組人每天練習罰球（二十一天），但從未視覺化想像過；另一組人僅在第一天和最後一天練習罰球，但從未視覺化想像過；還有一組人僅在第一天和最後一天練習罰球，但在此期間每一天都視覺化想像。值得注意的是，第三組人只練習了兩天，但整個研究期間都在視覺化想像，他們進步程度幾乎與每天都練習的那組一樣。[15]

一項類似的研究「發現，僅僅想像舉重就能使測試組的力氣增加約三五％。」[16] 多年來，許多其他研究人員對視覺化想像進行了測試，並發現了同樣驚人的結果。為什麼這種方法奏效呢？因為，如果操作得當，你的大腦會把視覺化想像理解為練習，即使這一切都發生在你的腦海中。透過在腦海中預想那一刻，你可以讓自己的頭腦熟悉這種情況，並讓你的身體適應這種感覺，這有點像魔術。

「籃框不會動，」柯比在談到他的轉身跳投時寫道，這樣要投籃的難度很高，因為你在看到籃框之前就跳了起來，所以你實際上沒有時間來瞄準。這是一瞬間的事，對於柯比來說，「肌肉記憶就這樣發揮效用了，不用看見籃框，我也能把球投進。」[17] 為什麼？因為他在腦海中知道籃框的位置。

名人堂控球後衛以賽亞．湯瑪斯（Isiah Thomas）在球場外使用視覺化想像技術，來準備在NBA總決賽對抗魔術強森的湖人隊。「當我走在街上吃午飯時，我會想像那些人在我面前，我會想像自己繞過他們。」[18] 洛杉磯快艇隊的瑞吉．傑克森（Reggie Jackson）說，在他因傷缺陣的那些年裡，他透過在腦海中回想比賽，來重新找回自己的熱情。[19]

腦部掃描顯示，在視覺化想像的過程中，大腦中與執行活動相關的部分會亮起。即使你的意識可能知道這不是真實的，你的大腦和身體仍會從這種體驗中獲益、加強記憶和連結感，為未來的表現打下了基礎。

「球員從準備就緒的感覺中獲得信心，這就像穿上了一套盔甲，」[20] NCAA最佳教練和兩屆世界杯冠軍吉兒．埃利斯（Jill Ellis）說。為了讓她的球員有信心接受挑戰，埃利斯教練會給她們看她們以前成功的影片片段，然後她會讓她們一遍又一遍地想像那個片段，甚至在練習中花時間來做這個部分。埃利斯知道這項練習的價值，因為球員會帶著那個畫面上場比賽。我們可能沒有自己成功的影片證據，但請嘗試想像自己在成功的時刻，定期視覺化想像那個時刻。下次你必須表現時，請記著那個畫面。

咖啡色M&M巧克力

在一九八〇年代初期，范海倫樂團（Van Halen）的演出沒有其他搖滾樂團可以企及。早在音樂界能有人進行複雜的特技表演之前，主唱大衛．李．羅斯（David Lee Roth）就會穿戴一些裝備，讓他能夠飛越舞台，同時還進行各種煙火表演。羅斯和樂隊的其他成員，從一個城市到另一個城市巡迴表演，所以他們需要相信，無論他們在哪裡演出，負責舞臺表演的人都會把一切都安排妥當。問題是，他們沒有時間檢查所有的事情。樂團的合約上有明確的指示，說明所有的東西需要如何準備，但樂團要怎麼知道場地工作人員是否仔細閱讀了合約？他們的表演，有時甚至是羅斯的生命，都取決於場地的安排。

他們的解決方案有如神來之筆，已成為一個傳奇，儘管人們誤以為是樂團龜毛難搞。羅斯發明了一種方法，來檢查對方是否仔細閱讀合約，他在合約說明中，某個密密麻麻的地方，要求樂團更衣室裡要放一碗M&M巧克力，但所有咖啡色的M&M巧克力都必須被拿開。若不遵守規定，樂團就不會演出，但仍會得到全額報酬。

當羅斯來到演出現場時，如果他看到一碗沒有咖啡色的M&M巧克力，他就知道工作人員已經仔細閱讀了所有內容。如果他看到一碗M&M巧克力，但咖啡色的沒有被挑走，他就知道他們只是快速掃視了合約，所以他不能相信他們，樂團就不會表演。

諷刺的是，幾十年來，這個故事一直被用當作對范海倫樂團（以及一般的搖滾明星）很大牌的抨擊，但那是因為大家不明白該條款的目的。羅斯需要表現出最佳水準，並設計了一種方法，來確保一切都為他準備就緒了，可以讓他好好表演。相信別人是有道理的，但絕不能盲目。[21] 如果你的準備工作可能因為其他人準備不足而被抹滅，那就想辦法在重要時刻之前檢查一下，這樣你就不會有慘不忍睹的表現了。

如何為壓力降敏？

當我發表主題演講時，我不用吊掛在舞臺上晃來晃去，但我確實計畫好了可能出現的問題，這並不是說我的想法悲觀。我這樣做是為了避免擔心要去處理設備故障或突發的事情，使得演講因而被打斷。所以我會設想我的視聽設備壞了、麥克風被切斷了、在我上台之前，我分配到的時間被縮短了一半、在我演講期間火警警報器響了、太多或太少的人出席，並為這些情況做好計畫。在我上台之前，我知道如果有任何（或所有）這些事情發生，我會怎麼做。如果發生這些事情，我準備好了。如果沒有發生這些事情，我也不會耗費腦力去擔心如果它們發生了會怎樣。

怯場實際上可以透過練習來減輕，要怎麼做？透過更頻繁地上台表演。沒錯：**把給你壓力的事情做得夠多，以至於它不再有壓力。**「當我們進入一個新環境時，我們的大腦會過度活躍，」研究員安薇莎．班納吉（Anwesha Banerjee）寫道，「但隨著我們愈來愈投入，大腦變得不那麼活躍，因為大腦變得習慣了。」[22] 從表面上來看，我們「克服」了它，因為我們對曾經刺激我們壓力程度的東西，減少了反應。很多時候，我們對從未做過的事情感到緊張，所以我們從不去做。但這會造成負面反饋循環；如果我們打破這個循環，我們會發現自己對那種情況不再感到有壓力。

聖路易紅雀隊的績效教練傑森・賽爾克以及湯姆・巴陶寫道：「成就卓越者與成就平凡者之間最大的差異，在於**思考以及準備的方式**」。[23] 一點也沒錯，與世上最優秀的球員共事過的人並不相信天賦勝過準備。為什麼？因為大聯盟中的每個球員都是有天賦的，這是基本門檻，所以才被稱為大聯盟！準備工作變成一分高下的條件。

菲爾普斯在北京奧運會二百米蝶泳比賽中，泳鏡破裂，並灌滿了水，但他仍然贏了——甚至閉著眼睛，因為他在練習中已經想像到這種事情的發生。[24] 同樣，當後來成為名人堂的踢球員亞當・維納蒂耶里在以前的愛國者隊練習時，教練比爾・帕塞爾斯（Bill Parcells）會把維納蒂耶里準備好的場地弄亂，或者他會擋住陽光，把球放在陰影下。[25] 這些惱人的干擾是有目的的，因為它們在比賽日給了踢球員更多的信心。

刻意失敗，練出高壓下的從容心態

徒手攀岩者艾力克斯・霍諾德（Alex Honnold）完成了幾項世上有史以來最驚人的攀

登壯舉，包括在沒有任何形式的安全帶或繩索的情況下，登上優勝美地國家公園九百餘米高的酋長岩（El Capitan），[26]這比兩座帝國大廈堆疊起來還要高。為了實現如此驚人的危險挑戰，只要出現一個錯誤就立即送命，霍諾德把他的生命押在了準備工作上。他用繩索進行了多次練習，所以他確切地知道每一步的位置，這讓他在攀登當天充滿信心。

一位記者指出，「他一直堅稱自己確實感到恐懼，他只是做足準備，讓自己知道可以透過在心裡排練所有可能發生的事情，來實現目標。」[27]準備工作市讓他安心的原因，恐懼永遠不會完全消失，但每次練習都像用岩錘削去石頭一樣，恐懼會慢慢變小。霍諾德向新聞節目《六十分鐘》談到他攀登的情況，「我的腎上腺素不會激增。如果我緊張起來，就意味著出了大問題。」[28]

極限攀冰者威爾・蓋德（Will Gadd）也有類似的心態，他提前數年準備自己的攀登活動。[29]蓋德確實為攀登中可能出現的所有問題做好了準備，他稱之為「消極思維的積極力量」。如果他分析了每一種可能的最壞情況，他在那一刻就會更有信心。消極思維確實可以成為一種準備：當你帶著小孩過馬路時，你表現得好像隨時有汽車可能會飛馳而過。這就是蓋德對待攀登活動的方式，所以當那幾個嚴重問題出現時，他可以輕而易舉解決。開玩笑而已，我相信那些情況仍然非常難以解決，但是透過預先畫出所有可能致死方式的心智圖，他確保自己不會死。

如果你的領域不是徒手攀岩或攀冰，你仍然可以透過消除意外因素，來為壓力做好準備。預先創造可能會讓你不順利的情況，以避免這些情況發生。當你檢查簡報案時，請朋友向你提出無理取鬧的問題，或者讓你的配偶和孩子在你排練簡報時，扮演令人分心且覺得無聊的觀眾角色。如果這些事情發生，你就準備好了。如果這些事情沒有發生，那麼你的大腦就不會考慮它們可能發生的情況。

創造專屬的寧靜時刻

柯比．布萊恩和他湖人隊的總教練菲爾．傑克森（Phil Jackson）似乎南轅北轍。一個是好勝的籃球刺客，另一個是富有禪意的籃球哲學家，但他們的方法在獲得五次ＮＢＡ總冠軍的道路上相得益彰。兩人都明白準備工作如何成為壓力的解方，這就是為什麼柯比過去常常在湖人隊的體育館開門之前就到場。

傑克森記得早上到湖人主場史坦波中心（Staples Center）的停車場時，發現柯比在車裡睡覺。柯比在空蕩蕩的體育館和體育場度過了很多時間，遠遠超過了比賽的時間。這種沉浸感幫助柯比內化了在那些地方的感覺，所以他在那裡變得像在家裡的沙發上一樣舒適自在。這樣一來，當他被兩萬名粉絲包圍時，他也不會感到害怕，他寫道：

「在沒有其他人的大體育館裡，有種特別的感覺。[30]它給了我一種涅槃境界的感覺，也讓我為比賽做好了準備。當我慢慢跑出球員通道時，球迷在尖叫，聲音很大，但噪音並沒有影響到我。在心理上，我能夠記住先前的寧靜時刻，並把那種感覺放在心上。」

「你從練習中累積的東西，你可以帶到比賽中去，」[31]教練傑克森曾經這樣告訴他的球員。「而且，如果你還記得沉著和執行力的訓練，這些確實是我們練習計畫的重要部分，那麼你可以把這種能力帶到總決賽或任何關鍵比賽中，並正常發揮。」你在這一刻之前的時間裡做你能做的事，以便當下的情況不會讓你吃不消。

你是在等待，還是在準備？
為永遠不會到來的機會做好準備，強過於機會已經到來，卻沒做好準備。

自信，就是知道自己此刻該怎麼做

我的朋友布萊恩．萊文森經營「Strong Skills」公司，這是一家擁有一流教練和訓練課程的公司，他簡明扼要地指出：「我們需要在準備過程中保持謙遜……這讓我們在表現上可以自大。」[32]一旦我們上場面對，我們能做的就只有這麼多了。但在我們上場之前，還有很多事情要做。

布萊恩告訴我，問題出現在當表演者「無法調整，更無法逆轉情勢」的時候。布萊恩的著作《轉變你的思想》（*Shift Your Mind*）就是關於這個概念，即不要老一成不變的能力：我們需要知道什麼時候該自私和無私，什麼時候該專注於未來或現在。他說，贏得的自信來自於「你已經看到了自己在那個空間或那個環境中，你想像了那個畫面，你給了自己一些空間來思考未來。」這種特定類型的自信稱為沉著，這是下一章的主題。

【建立奪標心態的行動步驟】

- 作家兼商業領袖基斯．葛森（Keith Gerson）告訴我，他的做法是在週五解僱自己，並在週一重新僱用自己。這是一個很棒的練習。試問：**我會立即僱用我嗎？別人會嗎？**
- 你可能不是在徒手攀岩或攀冰，但想想你在工作中**最糟糕的情況**，會是什麼樣子？你現在可以如何準備？

- 上述腦力訓練的另一種做法是：假設下週你將在工作中獲得一個絕佳的機會，這是你一直在努力爭取的。如果這個機會出現在你面前，你準備好抓住它了嗎？如果沒有，你可以做什麼來為此做好準備？
- 下次你必須在工作中表現時，**預先創造**這可能會讓你不順利**的情況**，以避免這些情況發生。在你排練主題演講時，請朋友或同事向你拋出盡可能多的難題（用問題打斷你、把燈光開開關關，或拔掉你需要東西的插頭）。

第四章
練習客觀的樂觀

著名的激勵演講者韋恩・戴爾（Wayne Dyer）在一次演講中，拿出一個柳丁問道：「當你擠壓一個柳丁時，會出現什麼？」

觀眾猶豫了一下，不知道他在說什麼。

戴爾鼓勵大家回答：「蘋果汁會出來嗎？葡萄汁嗎？」

聽眾對這個看似荒謬的問題咯咯地笑了起來，然後有人說，「柳丁汁。」

「沒錯，」他說，「是柳丁汁，為什麼？」

「因為那是裡面的東西。」有人回答。

「完全正確！」戴爾說，「擠出來的東西是裡面的東西。」戴爾停了一下，讓這個想法在空氣中沉澱了一會兒。「所以當有人擠壓你時，」戴爾說，「鞭策你、給你施加壓力，會有什麼出來？任何在你裡面的東西，那就是會擠出來的東西。」

本書的前三章是第四章的伏筆。當你擠壓那些會專注、管理時間和能量、做好準備的人時，會擠出什麼呢？

沉著。

沉著並不是麻木或缺乏感覺；沉著並不是假裝，或裝模作樣地表現得一切都很好；沉著並不是裝出一副假笑的樣子，讓人覺得一切都在掌握之中。

沉著是一種從內而外散發的內在自信，就像在暴風雨中的平靜；沉著是可以被外部觀察者從外在看出來，也可以被沉著的人由內心感受到；沉著是不會被挑戰和逆境所擾亂的鎮定；沉著是自我強化的：你愈是沉著，你就愈相信自己值得擁有這種特質，然後你就會更沉著。

如何別對任何事反應過激？

在我年輕的時候，當事情不如我所願時，我常常很快就會忿忿不平。無論是小小的不便，如：航班延誤、微不足道的煩惱如：笨拙的收銀員，還是小小的逆境如：爆胎，我幾乎總是以對我不利的方式做出反應。

我很容易因令人失望的消息所困擾，而且很快就會被那些考驗我耐心的人弄得心情低落。那時我還在打球，我焦躁的心態在球場上也困擾著我。如果裁判漏判，我接下來的好幾次持球都還會一直覺得很挫敗。在我生活中幾乎所有的領域，我都養成了讓小事影響我的習慣，結果適得其反，令人筋疲力盡。

這需要多年的內在功夫、更高的意識和更開明的方法，但我不再認為事情是發生在我身上，而是開始接受事情就是這樣發生了。我把焦點從實際事件上移開，轉而專注於我的反應。我的朋友德林．麥克曼斯（Derin McMains）是舊金山巨人隊的心理績效教練，他曾經告訴我，「我們的情緒是為了告知我們，而不是指導我們。」這真是一個威力強大的真理。情緒是資訊，而不是指令。

憤怒、悲傷、沮喪或失望等情緒本身並沒有問題。只有當我們允許這些感受支配我們的行為，如果我們因為這些情緒而採取破壞性的行為，才會出現問題。正如我對雙胞胎兒子說過無數次，「生你弟弟的氣沒關係，但打他就不行！」一種是自然、可以接受的行為，另一種是自願、有害的行為。

我們可以擁有的最重要的技巧，是能夠辨識、理解和調節我們的情緒，並即時處理情緒，這就是我們所謂的情商。對我來說，每當我感到憤怒、悲傷、沮喪或失望時，我都會經歷以下三個步驟：

一、我承認我的感受，並允許自己有那種感覺，我不會抑制或抗拒。

二、我嘗試深入挖掘，找到我為什麼會有這種感覺的根源。真正的原因很少在表面上，表面上的東西幾乎總會觸發了更深層次的東西，而這需要**自我意識**才能達到更深的層面。

三、我不允許自己一時衝動做出反應，因為這通常會在負面情緒之上疊加負面行為。相反，我會停頓一下，然後**決定一個能推動我前進和改善情況的反應**。

你的反應是你自己掌握的。你不能老是控制輸入，但無論是什麼情況，你始終控制輸出，那就是沉著的本質。

善用壓力，小蝦米也能戰勝大鯨魚

街頭籃球傳奇人物和籃球藝人格雷森・「教授」・鮑徹（Grayson "The Professor" Boucher，別名教授）對壓力略知一二。他變幻莫測的運球技巧和進攻的動作讓他成為全球矚目的人物，贏得了球迷、街球玩家和NBA超級巨星的崇拜。鮑徹以其超屌的控球技巧聞名，能夠輕鬆流暢地運球。我喜歡「handle」這個詞，因為我們也用這個詞來描述我們做事情的方式，比如「他真的知道如何handle自己」或「他能夠handle住壓力」。

當鮑徹走上籃球場時，他不僅想要贏球和表現出色，還想讓所有人都為之驚豔，他必須讓他們讚嘆不已。考量到這確實是每個人都在期待的事，他成功做到這一點就更加令人佩服。此外，球場上每一位球員也都拚命想贏過他，希望能夠讓他難堪。在我們的採訪中，鮑徹告訴我，每次他出場時，都會有人因此打出自己人生中最精彩的比賽，這就是身為第一流人才自然會碰到的事。他告訴我：「其他人會想，『如果我和你比賽，你就應該打敗我，但如果我打敗了你，我就出名了。』」最厲害的人就是會碰到這種不平等的複雜情況，而那些保持領先地位的人，會找到方法讓這種壓力為他們效力。

當我問教授他是如何處理壓力時，他巧妙地避開了我的用詞，「你感到那股緊張，」他告訴我，「你會非常警覺到人們在緊追著你，我不會說我覺得這是壓力，因為當我投入打球時，我會很開心。」注意鮑徹是如何控制情緒的，他說：「我不會說我覺得這是壓力。」他選擇自己感受情緒的方式，透過使用「緊張」這樣的詞語，讓他把壓力情況視為積極的事情，也改變了壓力所帶來的情況。

格雷森還需要考慮更廣大的觀眾，因為他的 YouTube 頻道「Professor Live」和影片平台很受歡迎，他在球場上所做的一切都被拍攝下來，當然旁觀者也經常拍攝他。在二〇二〇年代，沒有所謂影片不會公開這回事。由於格雷森聲名遠播，即使他只是在打街球，風險也總是很高。比賽絕不是單純的比賽。他不僅要表現出色，還要有娛樂性；最重要的是，他必須表現得好像這沒什麼大不了的。在這些影片中，沉著就是最重要的部分。用運球動作來「終結對手的腳踝」[1]已經夠難了；現在試著在做這個動作時看起來很自然。

如何不著痕跡的努力？

要使任何艱難的事情看起來都很簡單，這需要付出大量的努力。我做不到格雷森那樣——幾乎沒有人能做到，但在我的領域中，我必須堅持不懈地排練，直到我所說和所做的一切看起來都很自然，還要看起來像是沒有排練過。

這是我仔細研究單口喜劇演員的原因之一，傑出的喜劇演員看起來好像和朋友在房間裡幽默地談論某個話題，但實際上根本不是這樣的。事實上，他們正在小心翼翼地操縱觀眾、引導觀眾的思緒，同時隱藏他們正在這樣做的事實。當教授從背後把球穿過對手的大腿，並得分時，他讓這個動作看起來只不過是另一個兩分球。真正的強者不會一得分，就歡天喜地或趾高氣昂。人們常說，要如往常一樣自信冷靜，格雷森表現得像是始終自信冷靜。

格雷森具備聽起來像是不會怯場的特質；他在球場上最得心應手，他認為那是他的世界。「如果我在麥迪遜廣場花園打球，」他說，「上場可能會有點緊張，但在跳球和一兩次進攻之後，感覺就又像在家裡的車道上自個兒在打球一樣。」那天晚些時候，當我觀看他的影片時，我試圖尋找他是如何做到他那種表現所需管理的用心、壓力和專注力，而我什麼也沒看到：我唯一觀察到的是純粹的快樂。

保持客觀的樂觀

ESPN播報員傑伊．比拉斯是我的朋友和導師，他倡導心理堅強的訓練。在他的創作裡也可以看見整本書都圍繞著這個概念。心理堅強與某些人在工作中展現男性化的「硬漢」態度無關；那樣比較是在擺個樣子，而不是內在實質。

相反，心理堅強是一種重新架構觀點、調整心態，以及對目前的任務有無比清晰思路的能力。心理堅強像任何技巧一樣，可以透過目標明確的練習來提升。

我有幸採訪了加州大學洛杉磯分校著名的壘球教練蘇．恩奎斯特（Sue Enquist），她幫助球隊贏得十一次冠軍，比同校著名的籃球教練約翰．伍登（John Wooden）多一次。[2] 雖然她不再每天都在球場上，但她仍然是一位出色的教練，擔任勵志演講者，並透過她的「壘球一家」社團（ONE Softball）把球員、家長和教練聚集在一起。

當我與恩奎斯特教練交談時，我被她放鬆的自信態度所打動，她表現出的態度顯然會對年輕球員產生鎮定的效果。我們談到了保持沉著的必要性，她給我的定義是「在召喚的時刻保持平靜」。用召喚的時刻來描述表現，這是何等美妙的方式。恩奎斯特談到了這些概念，因為它們與她的兩種日常練習有關：冥想和衝浪。

衝浪對恩奎斯特教練來說不僅僅是一項休閒活動，更是一種生活方式和對生活的比喻。進入大海，「放棄所有的控制，因為你永遠不知道會發生什麼事情」，這有助於提醒她如何處理陸地上的其他種種事情。大海是一個令人感到解脫的地方，我們對海浪無能為力；我們所能做的就是對它做出回應。她是這樣一個令人欽佩的典範，說明自信不必顯得傲慢或好鬥；相反的，自信可以成為平靜與積極思考的引擎。

強納森．費德（Jonathan Fader）博士是紐約大都會隊和巨人隊的運動心理學家，也擔任執行長、消防部門和演員的心理諮詢，他創造了「客觀樂觀」一詞。[3] 客觀樂觀是對形勢的清晰評估，但是你姑且先相信自己。有些人往往把事情想像地非常糟糕，而我們也可以很容易把事情想像成相反的情況。如果這是我們準備好的事情，哪種情況更有可能發生？

恩奎斯特教練實際上用了客觀樂觀的方式，來引導她的球員，她與我分享一個例子，有一名緊張的打擊手在擊球準備區擔心自己會被三振出局，她會教那名球員改寫未來，想像「當我打中球，並站上壘包時，感覺會有多棒」。不要擔心被三振出局，因為這會讓你想像出局，而想像出局又會導致真的出局，不如寫一個不同的故事，然後讓這個故事變成現實。

沉著來自於了解和相信自己的能力，因此費德博士告訴我們，只需回顧一下證據即可。這不是過於樂觀或盲目的信仰，你對自己能力的感受確實會提高這些能力。這是一個正面的反饋循環，態度和表現會互相效力。鎮定和內心的平靜是一種會自生的系統，擁有這些特質會讓你更加沉著和內心平靜。

善用想像，無視異音

費德博士還教導我們，正面的視覺化想像之所以有效，是因為它改變了你的行為。如果你希望得到你想要的東西，你的行為就會不同，這會讓你更接近你想要的目標。費德在他的書《人生如運動》（*Life as Sport*）中，用他在擁擠的紐約市區尋找停車位的例子來說明，他試著想像他的大樓附近有一個空位，他驚訝地發現，在很多時候，這種方法都奏效了。

聽著，為什麼會有效？難道想像一個停車位就能神奇地生出一個停車位？不是，當然不會。但是透過朝著那個現實努力，期待那個現實，他巧妙地改變了他的行為，並更加敏銳地觀察周圍的環境。這導致他注意到線索，迅速做出反應，並最終搶到了那個令人垂涎的停車位。[4]

你無法選擇發生在你身上的事情，但是你注意到什麼、關心什麼，以及讓什麼影響你，完全掌握在你的手中，最好的運動員和表演者都知道這一點。費德寫道[5]，「心理上堅強，實際上是擁有一個很好的過濾器。每個頂尖運動員……都在努力過濾……把他們不想要的結果給代謝掉。」

這就是為什麼柯比的短期記憶力在球場上是一種重要的優勢，他並沒有消除自己的疑慮，他只是沒有讓疑慮有機可趁。我們的內心都有喋喋不休的聲音，但最優秀的人知道如何忽略它們。費德寫道，「體育和商業領域的菁英人士還沒有想出祕密的方法，來消除這些情況所帶來的焦慮，他們只是知道如何辨識他們此刻的焦慮程度，然後管理焦慮對身體的影響。」[6] 這就是為什麼高績效人士從不逃避成為矚目焦點或責任，他們已經想出如何把必須阻止的東西給擋掉，集中注意力於重要的事情上，並表現出最高的水準。

就算做不到沉著，也能演繹沉著

沉著和自信並不一定要發自內心，有時可以從外在開始。就像我們可以想像一個停車位，然後就找到停車位一樣，我們可以從外在做某些事情，來改變自己的內在，例如理髮、新西裝、皮夾克、紋身，還是穿耳洞，我們可以做出無數外在的選擇，來影響內在的自我。我們對自己的感覺是雙向的：有時我們根據自己的感覺來行事，有時我們根據自己的行為來感覺。

心理學家已經確定，「我們的姿勢和不同的行為方式，會影響我們的感覺和取得的結果。」[7] 事實上，**在你感到快樂之前微笑，可以提高你感到快樂的能力！**[8] 你的大腦會對微笑進行處理，因為身體和大腦之間是雙向的，所以你心情會隨之改變。[9]

企業家兼作家陶德．赫曼戴著無鏡片眼鏡，但這不是一種時尚宣言。他在著作《另我效應》（*The Alter Ego Effect*）中解釋，在危機時刻或高風險時刻，你可以設計一個想像中的自己，然後變成那個自己。他教導職業運動員和其他人士利用另一個自我，那是「你腦海中的一幅心理畫面或榜樣，即你想要朝向的目標形象」，然後讓那個人活起來。

「我們告訴自己，我們是什麼樣的人，隨著年齡的增長，我們吸收別人對我們的看法，這些想法會變得更加強化，」陶德這麼告訴我，他承認自己曾經是一個瘦弱的孩子，有抑鬱症的問題和自卑。他說：「我們小時候都會打扮成自己最喜歡的超級英雄，在家裡車庫前假裝成我們最喜歡的體育明星，這是我們表現得比我們原本自認更強大的方式。」他解釋說，我們長大成熟後就不這麼做了，但是我們有很多理由可以在成人世界中，使用這些相同的技巧和相同的創造力。

另一個自我「是我們透過積極創造和滋養這個形象，來重新掌控我們敘事的方式。」

久而久之，陶德確實做到了這一點，把自己轉變成一名自信、廣受歡迎的作家和教練。他明白身分認同與行為密切相關，他利用這些知識來鼓勵人們激發他們想要成為的自我。

記得對自己寬容

花點時間想一想這個問題：當你最嚴厲批評自己的時候，你會聽到誰的聲音？

下一個問題：**那是你自己的聲音嗎？**

那些難以保持沉著的人往往對自己最苛刻。在關鍵時刻，他們內心的批評會降低他們的信心，並增加他們的壓力。**制定標準很重要，但給自己一些餘地也同樣重要，這絕對不是軟弱的表現**。事實上，給自己失敗的空間，創造了那些「工作狂」所沒有的緩衝。對我來說，試圖隱藏不安全感、恐懼和弱點，比擁有它們更讓人焦慮。簡單來說：做不好沒關係。

有時，沉著包括對自己不要太嚴格，表現出**自我疼惜**。「自我疼惜的人和自我批評的人一樣追求高標準，」心理學家蘇珊・大衛（Susan David）說，「但當他們沒有達到目標時，不會崩潰。」你與自己的對話比你對教練、隊友、老闆、同事，甚至親人所說的任何話都更重要。這是你為自己編寫的紀錄，是你腦海中正在進行的對話，也是你未來將遵循的劇本。

無論好壞，都試著中立思考

快速計算一下：如果一枚硬幣連續五次正面朝上，那麼它第六次正面朝上的機率是多少？

花點時間，想一想這個問題：然後繼續看下去。

莫瓦德（Trevor Moawad）是一名心理調節教練，曾與超級盃冠軍四分衛羅素・威爾遜（Russell Wilson）、NBA的曼菲斯灰熊隊、頂尖執行長和美國特種部隊合作。他主張「**中立思考**」，意思是「強調特別是在危機和壓力情況下，不加以判斷地思考。」莫瓦德教導說：「我們抬高了過去的意義，給它過分的重要性。」[10] 這是我們都會犯的毛病，都把過去投射到未來。當我們想像即將發生的事件時，我們往往只是把以前的經驗投射到上面，預期事情會有類似的發展。在這樣做的過程中，我們會得出那些判斷、假設和結論。這些事情讓我們陷入困境，無法改變未來，因為我們表現得好像大勢已定。

中立思考的特點是冷靜，既不是有害的積極性（可能偏離現實），也不是消極的思維（這無濟於事）。這是刻意的**抽離情緒**，並認為情況既不好也不壞，既不是對也不是錯，

情況只是這樣罷了。

我把它看作是被投擲的硬幣，回到本節開頭的問題：一枚硬幣在已經五次正面朝上後，再次正面朝上的機率是多少？

二分之一！

機率不會改變，因為硬幣不知道剛剛發生了什麼事情。

如果你不讓過去的失敗影響你的現在，它就不能影響你的現在。是否把過去帶到現在，這是你的選擇——無論是童年的失敗，還是五分鐘前發生的事情。中立思考是讓史蒂芬．柯瑞有信心繼續進攻，不管他那天晚上的投籃命中率是多少。每一次投籃都是它單獨的時刻，一個展現精湛技藝的機會，與過去投籃不中完全無關，就像一枚被投擲的硬幣，對自己剛剛是哪一面朝上的情況無動於衷。

還記得運動員對於「一次談一場比賽」的無聊回答嗎？那就是中立思考！他們能夠日復一日地展現能力的原因，是因為他們每次只專注於眼前的比賽，不去試著計算每一次失誤和每一場輸球，因為那樣會耗盡他們的精力。如果他們為每一次失誤、犯大錯、失利或失敗而自責，就不可能夜復一夜地出現在球場或運動場上，並發揮出如此高水準的表現。

高績效人士把「過去不能決定未來」的想法內化。世界上最好的三分球射手十次出手有四次命中，這意味著他們沒中的次數比投中次數的多。棒球的擊球情況也是如此：有史以來最厲害的打擊手——泰德·威廉斯（Ted Williams）——在一個賽季中有四〇%的打擊率，而八十年後人們仍津津樂道。如果籃球球員在意他們的命中率，他們就會害怕投籃，這種選擇是自私的，並且會傷害他們的球隊，所以他們不會讓自己害怕球沒進，也不去想它。他們一次又一次地投籃，因為每一次投籃都是唯一的機會。

強壯的心理可以讓身體更強壯

職業運動員必須培養的那種沉著能力根本是我們難以想像的。科學家曾測量職業運動員在比賽中大腦的血流量，拿來與那些只是想像自己在比職業比賽的正常人進行比較。[11] 你猜怎麼著？普通人（再次強調，他們只是在假裝）的壓力竟然更大！壓力是一個相對的概念：對凱文·杜蘭特來說有壓力的事情，與對你、你的會計師或你的孩子有壓力的事情不同。運動員的體格不僅是流線、亮眼的樣板，他們的頭腦也很厲害。

我們都在努力縮小練習中能做到的事情和當下能做到的事情之間的差距，通常縮小這個差距的最大障礙是我們自己。佛利（John Foley）曾是美國海軍藍天使特技飛行隊（Blue Angels）的首席單飛飛行員，現在擔任顧問和領導力演講者。他應用他在空中學到的寶貴經驗，來幫助人們從事危險性較低、但壓力也不小的工作。

正如佛利對我說的那樣，你可以在飛行模擬器上練習數千小時，但「到最後還是要坐進飛機，實際握住操縱桿的那一刻」，這才是成敗的關鍵。「手握操縱桿」可能意味著工作面試、做簡報或向客戶推銷。沉著是能夠把你練習時的輕鬆自如，或盡可能做到那樣的輕鬆自如，並成功轉移到表現場所。佛利解釋說，這既是生理上的挑戰，也是心理上的挑戰。你的心理基礎，是讓你的生理天賦展現出來的關鍵。

「排除干擾的能力極為重要，」他告訴我，他稱之為「區隔化」。如果你無法控制心理方面，那麼你根本無法產生成果。對於運動員、音樂家、單口喜劇演員、演員以及任何人來說，都是如此：如果你不努力接受每一件事，那麼你將無法發揮自己的能力。在體育運動中，當你在當下失誤不是因為缺乏技巧，而是因為缺乏沉著，有一個詞來形容這個現像：失常。

為什麼關鍵時刻總是失常？

認知科學家翔恩．貝洛克（Sian Beilock）是研究失常方面的專家。她在關於這個主題的著作《搞什麼，又凸槌了?!》（*Choke*）中澄清說，失常不僅僅是表現不好——而是在「應對高度緊張的情況下」比我們平時表現得更差。[12]

運動心理學家傑維（Michael Gervais）博士說，這叫做失常，因為我們正在「扼殺取得自己精湛技藝的管道。」[13] 當環境和自我強加的壓力壓垮我們的技能時，我們就會失常。在空無一人的體育館裡投罰球，和在比數接近的比賽結束前一秒投罰球，在生理上是完全相同的動作，但情況卻截然不同。**沉著就是把一個人在正常情況下的信心帶到另一個壓力的環境中。**

指導明尼蘇達雙城隊達到顛峰表現的心理學家阿伯曼（Rick Aberman）解釋說，教練可以透過觀察球員的語言，並只在正面的框架內與球員交談，來幫助他們。這並不是因為球員不能接受批評，而是因為**當你吩咐某人避免特定的動作時，實際上會增加他們做那個動作的可能性！**「當教練回顧一場比賽的表現時，」[14] 阿伯曼解釋說，「如果只注意下一次不要做什麼，這是讓球員失常的禍因。」

指出錯誤的地方會將這個想法植入球員的腦海中。過分思考不要做什麼，是確保你會做這件事的好方法。所以在籃球中進行防守時，即使說「雙腳不能交叉」，也會不自覺地引發球員雙腳交叉。這就是為什麼**對某人說「不要驚慌」，從來沒有一次是有幫助的**，大家都只聽到後面的兩個字。

無論我們最先想到的是什麼——無論是接受，還是拒絕——我們最終都會去做那件事。「當運動員想到自己搞砸了，他們更有可能會搞砸，」[15] 貝洛克寫道，「在表現過程中，控制你的想法和腦中畫面的能力是極為重要的。」沉著是了解哪些情緒是有成效的，哪些情緒不是，該聽什麼和該忽略什麼，以及哪些資訊對你自己最有可能會有幫助。如果你注意到，所有這些行為都有一個共同點：它們都在你的控制範圍內。

讓情緒成為奪標的祕密武器

我曾在德瑪莎天主教高中擔任肌力和體能教練，該校的校友有馬凱爾．富爾茲（Markelle Fultz）和維多．歐拉迪波等現役ＮＢＡ球員，以及艾德里安．唐特利（Adrian Dantley）和丹尼．費里（Danny Ferry）等退役老將。我記得有一次看到當時排名第二的德瑪莎天主教高中，被一支實力遜色的球隊打敗，比賽結果令人驚訝。在我觀看的過程中，讓我印象深刻的不是輸球這件事，而是我在整場比賽中注意到瓊斯教練的反應。

如果你的眼睛只盯著瓊斯教練，你看不出他的球隊正在被一支較弱的球隊擊潰。儘管瓊斯絕不是一個克制感情的人，他會在需要的時候表現出情緒，但他能夠在那場失利的球賽中保持沉著，因為他的球員需要看到他這樣。他明白，他在那場比賽中的行為，會比比賽本身持續更長。他的行為會延續下去，身為教練、老師和領導者，你輸掉比賽的方式和你贏得比賽的方式一樣重要，甚至更重要。

德瑪莎曾一度取得優勢，領先了三分。九十秒後，他們又被對手反超五分，而教練的神態舉止從未改變。我認為這是瓊斯原則：許多最能產生效果的教練，都是你可以看著他們、但無法判斷他們的團隊表現如何。馬刺隊的格雷格．波波維奇（Gregg Popovich）和愛國者隊的比爾．貝利奇克似乎也是信奉瓊斯原則的人。這並不意味著他們不在乎球隊的表現；這意味著**他們不會被失望或情緒牽著走**。

你看過精疲力盡的喬丹嗎？

在二〇二〇年芝加哥公牛隊的紀錄片《最後一舞》中，有多個場景是麥可．喬丹在封閉的空間裡出現，有時是在更衣室或體育館的走廊，他的臉被大約三十個麥克風、吊桿麥克風和攝影機給包圍。記者擠得水泄不通，把他逼到牆角或儲物櫃旁，把燈光照在他的臉上，大聲詢問他的未來、隊友的麻煩，有時甚至是他的個人生活。喬丹職業生涯的巔峰期，每天都要經歷這樣的事情，而且持續了多年。他是地表最知名的運動員，是球隊和聯盟的代表人物，他接受了會被萬眾矚目是必然的。我從小就經常在電視上看到喬丹，但從未想過從他的角度來看這些事情。

在這部紀錄片中，觀眾可以從喬丹的角度看到這些喧鬧的記者，他經常在ＮＢＡ比賽中打滿四十二分鐘，成為場上最好的進攻和防守球員，並帶領他的球隊取得勝利，所以他已經精疲力盡了。當你看到這一幕時，你不禁注意到他周圍無比的瘋狂，然後你再看看喬丹的臉，沒有變化，完全鎮定。有時會微微一笑，但一直很冷靜，就像他在進行一對一的談話。

現在，我們從喬丹在訓練中、在球隊巴士上，以及與他的隊友相處的數小時幕後花絮中得知，這並不是他一直以來的個性。他在公開場合表現的泰然自若，在向世界上的年輕孩子、家長、管理層、贊助商和粉絲們展示自己的面孔時，很有策略。他在球場上做了那麼多令人欽佩的事情，但他在那種環境下能夠每天保持沉著冷靜，簡直更令人佩服。喬丹在侷促的處境下，還能在關鍵的時刻，呈現出最好的自己。

如果缺乏成功的自信，何必繼續努力？

在我的前作中，我解釋了「你的舒適圈就是你的牢籠」，其中一個主要原因是，停留在原地，就不會有所擴張。如果我們不鞭策自己，我們永遠不會站在我們職業的最高舞台上。為了走出舒適圈，到不自在的新領域，我們必須相信自己屬於那裡。

傑倫．羅斯（Jalen Rose）在接受《GQ》雜誌採訪時，解釋了為什麼他身為NBA

球員會有「非理性的自信」，他必須要有這種自信。他說，你無法說服他他並不是魔術強森或喬丹，因為當他照鏡子時，他看到的就是魔術強森或喬丹。夜復一夜，他與最厲害的球員交手，他說：「我坐在更衣室裡，穿著球衣，繫好鞋帶，追逐我的夢想，怎麼會覺得我即將走出去，卻無法從喬丹身上拿下三十分？那我倒不如不用穿戴好，不比賽也罷。」[16]在羅斯看來，自信是進入他工作的必要條件。

麥可·傑維博士多年來一直向職業運動員傳授察覺心念，包括在西雅圖海鷹隊工作了十年。他大力提倡要謹慎管理我們的自我對話，「信心來自一個地方，而也只有一個地方，」[17]傑維說，「就是你對自己說的話。」我們都沉浸在自我對話中。一項研究發現，「我們在內心自言自語的速度相當於每分鐘大聲說四千個單字。」[18]我們一遍又一遍地對自己說什麼？這對我們的行為有何影響？

我們對壓力的反應和這些時刻的自我對話都掌握在我們手中。如果出現緊張的情況，壓力的感覺襲來，我們是否任其擺佈？還是有辦法讓壓力為我們效力？這就是本章最後所要闡述的概念。

【建立奪標心態的行動步驟】

- **放慢腳步：**記者卡爾・歐諾黑是「慢活」運動的先驅之一，該運動反對「愈快愈好」的觀念。[19] 歐諾黑提供了一個在高壓情況下保持沉著的策略：[20] 休息一下，「在這段短暫的休息時間裡，想像一下一年後你自己回顧這場『危機』，注意到那時它看起來是多麼微不足道。」這可以幫助你排除當下的直接情緒，給你一個大局的視角，幫助你從正確的角度來看待事情。幾乎沒有什麼事情如同當時看起來那樣重要了。
- **查看你的清單：**建立一個方便的清單，列出你擁有的正面特質，以及它們曾經對你有好處的例子。（你可以把清單保存在手機上的筆記應用程式中。）在為壓力情況做準備時，請查看你的清單，記住你的成功，想像這些時刻。
- **照鏡子練習：**柯蒂（Amy Cuddy）在著作《姿勢決定你是誰》（*Presence*）中，探討了我們如何透過肢體語言由外而內改變我們的自信。在家裡找一面鏡子，練習自信的手勢和姿勢。這些動作是否提高了你的情緒和自尊？練習把它們融入你的自然行為中。

第五章
讓壓力為你效力

在我十二歲時，我拿到了空手道的黑帶。升級考試包括三個主要部分：姿勢，就像精心編排的舞蹈，需要記憶以及完美的步法和技巧；對打，就是與對手搏鬥；和柔術，測試擺脫攻擊者各種束縛的能力，其中包括從後面被人熊抱、頭頸部被對方雙手壓制按下，以及手腕被對方雙手抓住。

即使考試發生在三十多年前，我仍然清楚地記得，當時我還是一個尚未到達青春期的瘦弱小孩，在黑帶考試中，有四個九十公斤重的成年男子要攻擊我。

有鑑於我和對方體型和力氣相距懸殊，我怎麼可能有機會獲勝？

學過武術的人都知道答案。我利用他們的體型、力氣和動能來對抗他們，策略性地利用角度和槓桿來發揮我的優勢，這就是我如何彌補身材上的懸殊差異。

柔術、柔道和其他以格鬥為基礎的武術，它們的目標是利用對手的力氣來反制對方。對手的體型可能會讓人感到害怕，但如果你了解如何借力使力，就能成為你的優勢。正如大師李小龍所說：「要與對手的力氣和諧相處，而不是反抗。」如果你知道自己在做什麼，對手的體型和力氣可以成為你的祕密武器。

好了，為什麼我要談論李小龍和我幾十年前參加的黑帶考試？因為在處理情緒時，可以使用相同的道理。在前面四章中，我們已經探討了減輕壓力的方法，但有時壓力是千真萬確地存在，我們必須找出處理的方法。

這時，我們需要利用壓力的強大能量來幫助我們。

壓垮我們的，從來不是壓力

艾麗西亞．克拉克（Alicia Clark）是一位心理學家，著有《破解你的焦慮》（*Hack Your Anxiety*）一書，致力於幫助人們把壓力轉化為展現最佳自我的跳板。儘管我們多年來一直聽到壓力和焦慮的危險，但克拉克告訴我們，這些感覺不一定是障礙或問題。焦慮可以是一種強大的工具：它既是你在意這件事情的信號，也是讓你度過難關的燃料。我在疫情期間與艾麗西亞交談過，當時她正在處理自己繁忙的個案諮詢工作，還要撫養一個高三和一個大學的小孩，自己過著充滿壓力的生活。

她向我解釋說，塞利（Hans Selye）博士在一九三〇年代，為了要尋找一種新的荷爾蒙，給老鼠注射藥物，然後「發現」了壓力。塞利把壓力定義為「環境需要變化」，他將壓力分為兩種類型：**苦惱**和**優質壓力**。這告訴我們關於這個社會的很多情況，一個是每個人都熟悉的詞，另一個是你以前可能從未聽過的詞。**優質壓力**是一個科學術語，指的是可以轉化為有生產力的壓力。壓力實際上可以提高績效，如果我們接受壓力就是如此，並且知道如何加以運用。

艾麗西亞解釋說，我們需要改變我們是壓力受害者的觀念。第一步怎麼做？決定誰才是老大，她說：「如果你能讓某人掌握控制權，並感到事情在掌控之中，那麼就會減輕壓力。」請記住：我們的情緒只是為了告知我們，而不是指導我們。實際上，**壓力既不好也不壞，它是中性的。我們對壓力的反應和判斷，以及我們是否採取任何反應，那才是最重要的**。增強壓力和削弱壓力之間的區別，在於我們給予的反應。

你如何認知？

我最不喜歡的一句話是「事情就這樣啊。」我聽過這句話的次數多得數不清，通常人們是不假思索地說出來。我對這句口頭禪有什麼不滿的？不是這樣的！我們又怎麼知道「事情」是什麼？我們並不知道，**重要的是，你認為「事情」是什麼**。

我們的認知就是我們的現實。兩個聰明的人可以看到相同的情況、環境或結果，然後有兩種截然不同的經驗和觀點，不相信我嗎？去臉書上發布你認為是真實的內容，然後等著。你張貼的內容是什麼並不重要；你會立即看到有人反駁和提出不同的意見，因為以不同的方式看待事物是人類的本能。

為什麼有些球員覺得投出致勝球壓力很大，而有些球員則認為這是一生難得的機會？為什麼有些人對工作面試感到緊張，而有些人則對有機會展示自己潛力感到興奮？為什麼有些人對公開演講感到恐懼（根據一項研究，有七七%的人會害怕），而很多人包括我在內，卻把它視為最喜歡做的事情之一？答案是認知。

不再被壓力拖垮

克里斯・巴拉德（Chris Ballard）採訪了數百名球員，並在他著作《精彩比賽的藝術》（*The Art of a Beautiful Game*）中對這些運動員的心態提供了一些關鍵見解，「優秀ＮＢＡ球員的共同點是，他們看待壓力不像我們大多數人那樣會心想——哦，天哪，我最好表現一下——他們會視之為機會，」他寫道。他從許多ＮＢＡ球星那裡聽到了這種說法，像是馬刺隊後衛「鬼切」吉諾布里聲稱「責任」是他在比賽中最喜歡的部分；還有凱里・

歐文（Kyrie Irving）表示，他喜歡並「期待」壓力。吉諾布里和歐文是天生如此嗎？我不認為。他們已經被訓練成有這樣的反應，因為這對他們的任務有益。

壓力並不一定是阻礙。事實上，它根本不需要是壓力。它可以成為推動你的力量。想想交易大廳裡的華爾街交易員，或終極格鬥冠軍賽中在角落的教練：在這些環境中，當下的壓力是驅動他們的動力。《哈佛商業評論》（*Harvard Business Review*）指出，「最近的研究顯示，如果管理得當，工作壓力實際上可以對生產力和績效產生正面的影響。」

你的頭腦和身體會雙向互相交流，有時候是你的想法影響了你的行為，而其他時候是你的行為幫你帶出新的想法。

有時來點壓力是好的

壓制我們的恐懼、壓力或焦慮實際上可能產生反效果。如果你的心跳加速，血液沸騰，試圖冷靜下來就像「當汽車以每小時一百三十公里的速度行駛時，猛踩剎車，車子仍舊有往前的動能，」心理學家格蘭特（Adam Grant）解釋說，「將它轉化為另一種情緒會更容易，這種情緒同樣強烈，但會促使我們踩下油門。」這就是為什麼對激動的人說「冷靜下來」，不是有用的方法。在人類的歷史上，說「冷靜下來」曾經讓人冷靜下來嗎？沒

「葉杜二氏」法則

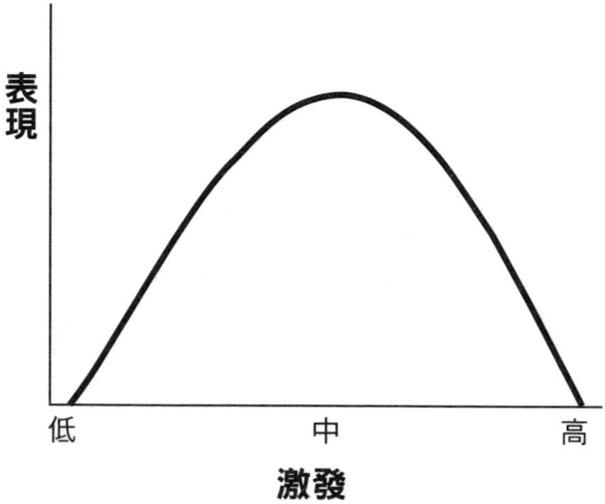

有喔，一次也沒有。你最好試著用其他方式，幫助人們有效地引導他們的能量。

了解這種轉化的心態需要練習，這就是為什麼它是一種分離技巧。研究顯示，「把壓力視為挑戰而非威脅的能力」是工作成功最相關的三大特質之一。我們並不能一直控制發生在我們身上的事情，甚至無法控制自己身體在做的事情，但是那些能夠克服壓力的人，利用它的力量做為「順風而非逆風」，最終比那些無法做到這一點的人更成功。

聽著，雖然我認為一些壓力可能是好的，但關鍵是「一些」。適量的壓力是最理想的，太多的壓力會讓你不知所措和吃不消，但如果壓力不夠，你根本不會投入或積極。

艾麗西亞・克拉克和我分享「葉杜二氏法則」（Yerkes-Dodson curve），這是以發現它的兩位科學家命名的。也有人稱之為壓力表現曲線，該曲線顯示了壓力如何影響我們表現的軌跡。曲線的中間，也就是頂部，是我們表現極佳的地方。適度的壓力是理想的，因為此時我們準備好用使用能量，來推動自己前進。如果壓力太小，我們會感到無聊和缺乏動力；如果壓力太大，我們就無法高效工作。

為壓力重新命名

我們說過的最重要事情，是不會大聲說出來的，**都是我們告訴自己的**。心理學家克拉克非常贊成觀察我們使用的話語，並了解這樣的話語如何影響我們的感受和反應。回想上一章介紹的「教授」鮑徹使用的是「緊張」這個詞，而不是用壓力。

「我們在標記自己的經歷方面有轉圜的空間，」她告訴我，「我們標記得愈中性或愈正面，我們就會感覺愈好。」一種感覺能幫助我們，還是傷害我們，在這方面語言發揮重大的作用。我們可以稱這感覺是緊張的能量，但這只是我們的標籤。它不是緊張的能量；它只是能量！它是中性的，可以隨我們的想法而改變。我們可以選擇稱它為期待、緊張不適或恐慌，這取決於我們。當我們傾身親吻新伴侶，或等待重要比賽開始時，這種能量被認為是正面的。區別在哪裡？就生理而言，區別不大。關鍵的區別是：我們怎麼稱呼它。

耶魯大學心理醫生安摩根（Andy Morgan）研究了美國特種部隊，他發現，「你在腦海中構想某件事的方式，與你對這件事的神經生物學反應有很大關係。」[1] 那些能夠把腦海中的威脅重新定義為挑戰的人「患有頭痛、背痛和疲勞等壓力相關症狀減少了二三％」。[2] 想法在我們的腦海中是以語言的形式存在，所以不是我們先有一個想法，然後再用言語表達出來：**這兩件事是同時發生的。**用字遣詞是事物的體現，所以我們最終會感受到我們使用的文字。

例如，有些人喜歡談論「機械性地做事」，但是當我聽到「機械性」這個詞時，我會聯想到一台已經生鏽的機器，但是我有些朋友和同事卻喜歡這個詞。他們對這個詞賦予正面的情感，把它等同於付出最大努力，並完成工作。誰是對的？

都對！

我們對壓力的感受也是如此。我選擇將心理壓力視為壓迫，我相信壓迫是一種有利條件，我相信這是力量的基礎，我並不是一直以來都有這種感覺，這恰好顯示每個人都有很大的可塑性。現在我歡迎壓力，因為它帶來了機會和成長。

人人都會怯場，為什麼有些人看起來超自在？

哈佛商學院教授艾莉森・伍德・布魯克斯（Alison Wood Brooks）所做的研究顯示，壓力和焦慮會根據我們對自己的話語而有所變化，她稱這是一個「重新評估焦慮」的過程。布魯克絲的實驗聽起來令人興奮不已，或像是一場噩夢，這取決於你的觀點。她把一群會怯場的受試者帶到一個擁擠的卡拉ＯＫ酒吧，讓他們上台去唱歌。正如預期的那樣，所有受試者到達時都很緊張。但布魯克絲做了個測量，讓他們改變語言，把他們的緊張稱為「興奮」，看看這樣是否有任何不同。

她讓一組緊張的受試者一遍又一遍地告訴自己，「我很興奮」，然後把他們與對照組進行測試，後者只是緊張地坐著，照常地自我對話，結果令人瞠目結舌。決定告訴自己正在經歷的感覺是興奮，這幫助他們把能量轉化為正面，甚至是有用的東西。[3]

擔心、焦慮、壓力：這些都只是**你在乎事情的跡象**。「如果你不緊張，」[4]史蒂芬・柯瑞曾說過，「那對你來說這件事就不夠重要了。」我曾在世界各地面對著龐大的觀眾演講，也到過美國運通、百事可樂、星巴克和運動用品公司 Under Armour 等知名企業演講。然而，就在我上台演講之前，我仍然感到有些緊張不適。這種感覺無法避免或忽略，所以我嘗試重新描述它：「我在意我的工作，我在意這群觀眾。我對這個機會感到興奮，來吧！」

如今，這種自我對話對我來說已經變得自然而然。如果你練習改變描述感受的語言，你會驚訝地發現你的感覺也發生了很大的變化。

更強壯，從「會痛」開始

一位記者曾問拳王阿里他一次訓練通常做幾個仰臥起坐。阿里的答案是？五十個。記者大吃一驚，沒想到竟然不多。一名冠軍重量級拳擊手肯定可以做更多個？阿里解釋說，五十個是指他做仰臥起坐開始做到會痛的時候，才開始數有幾個的，會痛之前的那些仰臥起坐他甚至都不會計算。拳王阿里了解壓力的力量。

阿里說得對：在疼痛開始出現之後做的練習，才是最重要的。「壓力絕對是成長的必要條件，」WNBA教練辛格（Stu Singer）告訴我，「我們必須進入壓力狀態……你必須給肌肉施加壓力，達到極限，然後肌肉才會開始成長。」身體如此，思想和心靈也是如此，一個從未經歷過壓力的人還沒有進化過。當你被鞭策到極限，然後超越極限時，你就創造了一個新的極限。

當我還是個年輕的肌力教練時，我最早學到的原則之一是壓力、恢復和適應的過程。

「刺激－恢復－適應」理論（stimulus-recovery-adaptation theory，簡稱ＳＲＡ）指出，為了讓肌肉增長，必須先受到適當的壓力，然後經過足夠的時間來恢復，才能讓肌肉適應。這種壓力必須在肌肉受張力的時間，耗盡肌肉的收縮能力。如果阻力太小，壓力就會不足。如果阻力太大，壓力就會造成傷害。

你需要用足夠的阻力給肌肉施加壓力，這樣個別的肌纖維就會微撕裂。肌纖維會在充分休息時進行修復，變得更強壯。如果你長期下來逐步和有系統地重複這個步驟，你會變得更強壯。事實上，這個ＳＲＡ原則適用於所有類型的表現。**你要感受到不適，因為那不是努力的結束，而是努力的開始**。

【建立奪標心態的行動步驟】

- **注意你的用語：**你對壓力的印象是可以改變的，這需要轉變觀點和改變用語，你還能用什麼詞來形容你在上場前的那種感覺？
- **自我測試：**選擇一個通常會讓你感到緊張的活動（公開演講、與陌生人閒聊、相親），並用布魯克絲教授對卡拉OK受試者的方法，提前進行準備，重複說：「我很興奮，我很興奮」。把你內在的能量想像成正面的能量。事後做個回顧：**這樣有幫助嗎？在哪些方面有幫助？**

- **壓力的好處：**下次當你發現自己被壓力或焦慮壓得喘不過氣來時，拿出一張紙，寫下你可以從當前的經歷中學習到的三件事，[5] 可能是觸發的因素、根本的問題，甚至是幫助緩解壓力的策略，請及時記錄下來。

PART 2

找出關鍵
突破停滯魔咒

我們的職業生涯以及我們的人際關係和生活，很少走在一條直線的軌道上，我們有向上攀升的時候，也有向下沉淪的時候。然後，還有那些介於兩者之間的時期，我們只是做做樣子，敷衍了事，覺得自己被困住了。這就是停滯，無人能倖免。英文裡「職涯」（career）一詞源於拉丁文的「有輪子的車」，[1]這提醒我們，我們在工作中的經歷應該是動態和朝著某個目標前進。

但實際上我們在工作上，經常會遇到停滯期，感到困惑、迷惘、不知如何前進……這些感覺來自於認為自己做得「很好」和「夠好」的心態，這種心態阻礙了成長和發展，擾亂表現、阻礙生產力，並損害了滿足感。

在某些方面，這比做得不好更糟糕，因為停滯是靜態的。當情況不好時，我們往往會採取行動，或者至少有動力這樣做。但是，感覺一切都還好，這是一個狡猾的陷阱，意味著你只是在原地划水，而不是真正在游泳。

熱情枯竭後，如何驅動自我？

你手中的這本書是我自己努力突破停滯的成果。幾年前，我身為籃球績效教練到達了事業成功的地步，但我感到自己的熱情開始減弱，我遇到了瓶頸。雖然我仍然喜歡與球員合作和指導其他教練，我對籃球的熱愛將永遠是我的一部分，但我對最新的訓練練習、技術和場上的訓練方法愈來愈不感興趣。

就在這時，我發現自己對領導力、責任感和溝通的原則非常著迷，也就是我認為的場外訓練。我短暫的涉足這個領域，挖掘出令人振奮的東西，所以我想要更多。

經過一番深入的自我反思，我知道我需要做出改變，讓情況徹底轉變。我深信，只是敷衍了事就是在欺騙我熱愛的運動、欺騙我關心的球員和教練，還有欺騙我自己。我不允許那樣的事情發生。

我決定從籃球表現的世界中汲取原則，並將其應用到場外。我的願望是啟發、賦予能力和教導。從本質上講，我仍將是一名績效教練，但我會以不同的方式，向不同的觀眾傳授績效的不同環節。光是想到要接受這個新挑戰，學習新技巧，為新的觀眾服務，就重新點燃了我的熱情。

本書的第一部分是關於當下的表現。第二部分將注意你現在的日常生活。哪些是有效的？哪些是無效的？你如何才能使未來五年比過去的五年有所長進？

正如我在前作中討論的，提升自己的第一步是自我覺察。你要先知道自己曾經走過哪些路，才知道要往哪裡走；你要先知道自己身處何處，才知道下一步該做什麼。因為我們常常沒有能力看清眼前的事物，所以使用工具來尋找這些答案會很有幫助。

自我評估方框「周哈里窗」（Johari window）

	自己知道的	自己不知道的
別人知道的	開放的我[3]	盲目的我[4]
別人不知道的	隱藏的我[5]	未知的我[6]

自我評估方框[2]

我使用的一個簡單的表格如圖來自我評估，最初的練習包含一個形容詞清單，你從清單中選擇「自己知道的」形容詞，把那些大家對你公認的形容詞和你自己有所保留的形容詞分開。然後你請幾個你信任的人，從清單中選擇幾個形容詞，任何你沒有選到的形容詞都會進入「盲點」，剩下的形容詞就是你的「未知的我」。

為什麼總是半途無力？

暢銷作者品克在他的《什麼時候是好時候》（*When*）中談到時機的重要

性，在開始和結束的階段都有其自然的動能。然而，令人困擾的中間階段卻「讓我們失去興趣，阻礙了我們的進展」。[7]我們在開始時，充滿了活力、希望和期待。我們在結束時，充滿了情感、懷舊和反思。但是在中間階段？很難顧好。如果你置之不理，這可能會是一個艱難的過程，因為中間是成果發生的地方。

品克強調，這些中間階段是**低迷**，還是**火花**，掌握在我們手中。如果我們遭遇困難，就視為停止努力的信號，那麼中間階段很可能會是一個低迷期。然而，如果這提醒我們需要改變，那麼它可能會成為火花。[8]想像你在某個工作日，一整天都沒什麼效率，有太多分心的事物、太多的鳥事，讓你沒辦法好好集中注意力。你抬頭一看，已經下午三點三十分了。在這一刻，可以有兩種截然不同的反應。

火花：我已經浪費了一整天；我最好開始工作！

低迷：我都已經浪費了一整天，還不如早點下班，算了吧。

停滯的狀態會慢慢累積，直到你抬起頭來，感覺自己失去了曾經擁有的動力。停滯最初的徵兆可能會是一些小事，如自滿、責備他人或替表現不佳找理由，然後這種情況就蔓延開來。當我們適應生活、工作、人際關係時，興奮感往往會逐漸消失。這就是所謂的**宿醉效應**，而且它是真實存在的。即使是曾經最令人振奮的工作，一旦你適應了之後，也往往會回歸現實。

當我們失去衝勁時，可能看起來像是發生在我們身上的事，而且沒有突破的辦法。但我們的無助是一種假象，這是我們告訴自己的一個故事，**我們可以改變這個故事**。「如果你覺得無聊，你必須更挑戰自己，把自己逼出舒適圈，」[9] 著名激勵教練喬治．蒙福德（George Mumford）寫道，「我們需要警惕，不要因為前進的道路讓人畏懼，就不繼續前進到下一個壯觀美景。」蒙福德曾與喬丹和柯比共事，他明白我們對待工作的態度比工作本身更重要。在我們低迷、疲憊和厭倦日常生活的時候，我們只需要找到新的激勵來源。

所以，停滯是真實存在的，問題是：我們該怎麼辦？等待難關結束有時是一種選擇，問題可能會消失。但一旦情況變得明顯，問題並不會消失，就該採取行動了。

第六章 看見選擇

克里斯·布里克利（Chris Brickley）是NBA最搶手的訓練師之一，但他甚至不認為自己是訓練師，他認為自己是影響者。那是因為布里克利所做的遠遠不止是鍛煉球員或讓他們做練習動作。布里克利曾與詹皇、羅素·威斯布魯克（Russell Westbrook）、詹姆士·哈登（James Harden）和CJ·麥凱倫（CJ McCollum）合作，被稱為「美國最受歡迎的籃球影響者」[1]和「籃球社群中最著名的名字之一。」[2]

布里克利擁有苗條的運動員體格，雙臂都有刺青。他是一名頂尖的高中球員，後來去了東北大學（曾是後來NBA球員J·J·巴瑞亞〔J. J. Barea〕的候補球員），然後在路易維爾（Louisville）跟著里克·皮蒂諾（Rick Pitino）教練學習，這很不容易。大學畢業後，他成為一級男子籃球錦標賽中最年輕的助理教練，然後擔任紐約尼克隊的球員發展工作。

時至今日，布里克利為他的全明星客戶提供全天候的待命服務，並且就住在他使用的籃球場同一棟曼哈頓大樓裡，因此「球員都知道我在家，隨時可以找到我幫助他們。」當球員到紐約時，他們知道去哪裡可以找到他。透過讓自己變得很容易聯繫的上，布里克利賦予了他的球員能力，可以在非上班時間和休賽期間，都能掌控自己的優勢，使他們保持敏銳的狀態。

布里克利與許多ＮＢＡ頂尖球員建立了穩健的關係，更不用說一些希望提升自己比賽水準的嘻哈明星，這些球員被他能夠在籃球之外的層面上，建立起深厚的交情所吸引。他是他的客戶在球場上和球場外都可以真正信任的人，他告訴我，即使是世界上最成功的球員也有遇到瓶頸的危險，他們需要有人知道如何正確回應這種感覺，並加以利用。「在賽季中，他們有時會感到『唉，我都投不中』」，布里克利告訴我，「這需要不同層次的溝通和信任，當媒體在抨擊他們時，訓練員可以在球員的黑暗時期與他們坐下來，讓他們積極思考。」因為比賽的很大一部分是在比心理素質，所以布里克利調整了他的訓練，以確保他和球員解決心態和肢體動作的問題。

「這是一種完整的生活方式，」他談到自己的角色時說，「真正陪伴這些球員，真誠地幫助他們度過他們需要度過的難關。」無論是注入積極的心態、重新引導他們的注意力、提高他們的動力，還是只是幫助他們重新點燃對比賽的熱情，布里克利明白，ＮＢＡ球員也是人，他們要處理自己的疑慮、恐懼和無聊。再次強調，這些人是地表技巧最嫻熟、最積極進取的人，但即便是他們也不能倖免於停滯不前的感覺。那麼，我們為什麼會有所不同？

別忘了這句古老的真理：**不做改變，就不會有改變。**改變是成長和發展的必要條件。不幸的是，改變是困難的，會帶來不適。我們都是習慣的動物，每當我們改變我們的慣性時，都會讓我們感到不安。這是不可避免的，所以我們需要改變看待不適的方法，我們需要欣然接受它。適應不適的感覺是你可以培養的最重要的能力之一，這是勝出的關鍵。

你無意中拒絕了什麼，造就現在的困境？

數據顯示，令人驚訝的是，七〇%的工作日是沒有效益的。[3] 我現在可以聽到讀者在說：「太誇張了，我沒有這樣，我一直很認真。」也許吧，但數字不會說謊。如果有人在一天中的某個時間點打斷你，問你在做什麼，你很可能會發現自己在浪費時間，而不是充分利用時間。

當然，有其中一些是我們不想參加的會議，或者是我們被拖下水要和別人對話，但是有很多事情是在我們的掌握中。我們常常放棄了自己對時間和精力的控制，責怪我們的處境、上司、同事、下屬、客戶：千錯萬錯，就不是我的錯。

企業家和執行長教練科隆納（Jerry Colonna）在談到停滯時，提出了可能是最重要的問題：**「你拒絕了什麼，反而創造出自己不想要的生活條件？」**[4] 這真的是最重要的問題。在你的生活中，你可以控制或改變什麼，而你卻選擇不這樣做？這是第六章編排的原則。

每個人都有一定的條件和限制，但專注於這些因素對你沒什麼好處。**我們往往於過分強調這些問題**，因為這讓我們假裝情況不是我們的錯。但是，推動自己度過停滯期的唯一方法，是專注於**你在這件事中的角色**。辨識你自己陷入困境的原因，在你所處的位置上取得主動權，控制你能控制的事。

當慣性的力量，變成阻力時……

讓我們從習慣和慣性動作開始說起。如果我們不喜歡自己的現狀，最好的開始方式就是改變那些我們經常做的事情，有時甚至是不假思索會做的事情。研究發現，**我們每天有近一半的時間是用在慣性動作**，仔細想想，這是一個驚人的數字。[5] 與其說是我們在做慣性動作，不如說是慣性在主導我們的行為。

歸根結底，**我們的習慣決定了我們**。養成一個新習慣需要二十一到六十六天不等，具體取決於習慣的難度。但是，如果你真的願意，沒有什麼習慣是無法改掉的。如果你投入時間和紀律，沒有什麼新習慣是你無法養成的。

我最近在社群媒體上看到一篇文章，內容是有一個人每天凌晨四點三十分起床，趁著上班前去跑步。他分享了他的同事對他很佩服，跟他說：「哇，我希望我有那種動力。」他的回答是：「動力？**這與動力無關，這與紀律有關。**我沒有比一般人更有動力在天亮前就起床，我強化了這種叫做紀律的肌肉。」他相信現有的系統，因為很多時候你需要自動駕駛模式來接管。我們不可能隨時充滿動力，而且很少在凌晨四點半就有動力，這就是慣性很重要的原因。沒有人總是有心情去做事的。

目標是好的，但是它們被賦予了太多的舞臺。[6] 聽著，擁有目標並沒有錯。我們都需要一顆北極星來指引，但問題在於目標對於「如何實現」並沒有幫助。我們用來實現目標的方法比目標本身更重要。為什麼？正如《原子習慣》作者詹姆斯．克利爾所解釋的那樣，幾乎每個人都有目標。到達山頂的人和沒有到達山頂的人都有相同的目標，但只有一個人實現了目標。登山時，基地營裡有許多人有相同的目標，但我們無法得知誰最終會站在山頂上。

改變的三個步驟

- **覺察**——需要做出的改變。
- **理解**——這個改面將產生的影響。
- **重新調整**——讓自己適應新的行為、習慣或慣性。

你是習慣的建築師還是受害者？

我的朋友和同行克利爾是企業家和《原子習慣》一書的作者，他告訴我，你要麼是在主導你的習慣，要麼被習慣所支配：沒有第三種選擇。「人們一直在建立習慣，」他說，「無論他們是否意識到這一點。」克利爾經營著一個叫做「習慣學院」（Habits Academy）的地方，它的口號是什麼？「專業人士是習慣的建築師，業餘人士是習慣的受害者。」

這就是為什麼克利爾推行**系統的力量**——這個框架用來建立、改進和執行你的習慣，把它想像成建築物周圍的鷹架，其特質是互相連接、統一和目標明確。系統也在不斷更新，這使得系統會比目標更有用。克利爾指出了目標的另一個問題：目標是有限的。你達到了目標，然後呢？你需要具備一種會一直在成長的東西，而系統更像是一種生活方式，隨著你演變成你想成為的人而不斷擴展。

克利爾教導說，讓習慣堅持下去的最好方法，是創造一種身分，可以來幫助你塑造所需的行為。「說我是想要這樣的人，是一回事，」[7]他寫道，「說我是這樣的人，又是很不同的另一回事……你可能會因為動力而開始養成習慣，但你堅持下去的唯一原因，是讓這個習慣成為你身分的一部分。這是告訴自己，你要開始運動，還是你要成為一個會去運動的人之間的區別。你打算戒菸，還是成為一個不吸菸的人？

贏家的詛咒，正來自於「停滯」

停滯是危險的，因為它不一定看起來或感覺起來像低潮，可能只是還過得去。體育是一個值得參考的專業領域，因為所有職業球員都處於一個非常令人垂涎的位置上。如果他們停滯不前，他們就會被淘汰。

兩屆奧運女子足球金牌國手琳賽．塔普利告訴我，身為一名球員，避免停滯不前的原因在於，「知道如果我不願意付出努力，那就會有別人來付出。這讓我始終保持動力，因為這些都是我可以控制的事情。」如果有職業運動員認為，進入球隊就是旅程終點，結果都會發現自己失業了。

只要知道存在著競爭，知道你有別人想要的東西，這可以成為任何職場上的強大動力。斯諾從足球界退役，但在擔任商人、勵志演講者和企業家的新角色時，她從市場中吸取了同樣的寶貴經驗。如果你不能為你的教練或客戶創造價值，別人會很樂意取代你的位置，到達目標後如果你不做什麼，終就會失去這個位置。

找出你的「麵包屑痕跡」，啟動正循環

你必須從某個地方開始，從一個小的習慣開始改變，總比你被嚇得不敢開始要好。我想很多人都知道他們必須做出改變，但這樣龐大規模的計畫讓他們感到吃不消，以至於他們完全放棄了。如果你是這樣，**請認清到你一次只能做一件事**，所以從一件事開始。

私人訓練師和生活教練凱莉．琳．福特（Keri Lynn Ford）教我這個詞——微小承諾，這是處理巨大改變的好方法。如果我們累積了足夠的這些小行動，我們就可以將它們合併在一起，以實現更大的目標，也可以稱為巨大承諾。微小承諾就像走進游泳池，先確定深度和溫度，而不是直接跳進水中，凱莉說：「這樣一步一步來讓我們建立了自信和基礎，那是我們建立基礎的方式……這些新的、健康的自動模式開始生效，而這些是你不

假思索就能做到的事情。」

替換習慣比直接停止要容易得多。凱莉稱這個過程為**模式中斷**，方式是攔截你的自動傾向，例如，你不能只是停止吃不健康的食物；你必須開始吃健康的食物。這需要做出微小承諾：為自己購物、了解營養知識、注意購買的商品、學習如何烹飪某些菜餚，並記錄你的飲食。

凱莉還告訴我，改變負面習慣需要我們重新評估我們的「麵包屑痕跡」，這是指小習慣導致大習慣的情況。麵包屑痕跡的最佳註解，就是在工作日晚上外出通常免不了喝幾杯，有時候會喝過頭，過量的酒精會影響睡眠品質，導致早晨狀態不佳或浪費時間，從而導致生產力下降。事情看起來幾乎是自動發展的，但這種模式是可以重新調整的。

如果動力讓你陷入習慣中，你可以使用同樣的原則來創造正面的東西，把你的麵包屑痕跡朝向你想要實現的目標和你想成為的人。凱莉建議，想開始更常去健身房的人應該買一個背包，裡面裝滿運動服，放在門口，這樣出門時更容易拿起背包。制定一系列微小承諾和麵包屑，以打破停滯狀態。

贏家也會放棄，減法幫助你快成長

我們一天中最常見的兩個選擇是「好」和「不好」，因此，打破停滯的關鍵在於這些小而有力的字眼，這並非巧合。「好」和「不好」是我們對生活施加力量和控制的地方。如果我們開始對更多可以改善我們情況的事情說「好」，而對耗盡我們精力的負能量說「不好」，我們就能做出持久的改變。

我們可以從被動地等待事情發生在自己身上的人，轉變成掌控行動節奏的人。我們很容易陷入一種模式，覺得必須對某些事情說「好」，而習慣對其他事情說「不好」；對於以前一直說「好」的事，我們也抗拒要改口說「不好」，這使我們困在原地。

我厭倦了「贏家永不放棄」這種老生常談。會的，他們也會放棄！他們只不過是恰好放棄了該放棄的事情，或者更確切地說，他們放棄了對他們來說不適合的事情。這似乎是一個明顯被忽略的重點，但放棄並不是壞事：這取決於你放棄什麼！有時，進步需要**透過減法來成長**，你透過拒絕某些東西，來獲得其他東西。

讓我們以戀愛關係為例。如果你和一個不適合你的人分手，你會認為這是放棄嗎？還是你正在給自己（和對方）一個機會去尋找更合適的人？我們需要開始以同樣的方式，來思考工作和整個職業生涯。

作家和企業家高汀（Seth Godin）指出，高績效人士不會避免放棄。事實上，他們很擅長放棄！他們「**在發現某項計畫不是最適合的時候，會快速和經常放棄**，並且不會為此感到難過。」[8]他建議「知道何時放棄是一個重要的策略優勢，以至於每個人在開始一個事業之前，都應該列舉他們應該放棄的情況。」

如果你心裡知道你所做的選擇不適合你，請不要過於執著。如果堅持下去，你就會關閉連你自己都不知道的大門。這就是所謂的**遺留問題**，此時「我們寧願堅持一個沒有作用的困境，也不願開始尋找一個有用的方法。」[9]這可以用我最不喜歡的說詞來總結：「嗯，那就是一直以來的做法。」

我們也受到「**現狀偏差**」（status quo bias）的影響，這是一種天生「對變化的厭惡……」[10]即使有令人信服的論據，要你重新開始，人類的本能還是保持原狀。」這可以概括為「與你所知道的魔鬼為伍」。停滯是如此普遍，我們都受到這些惰性傾向的影響，即使這些傾向對我們明顯沒有益處。

推特的聯合創始人威廉斯（Evan Williams）從未讓他只是內布拉斯加州的一個少年影響到他的成功機會。[11]在一九九〇年代初期，在人們還不知道網際網路是什麼的時候，他就製作了一段使用這個新的全球資訊網的教學影片，並開車四處兜售，試圖賣給當地企業。幾年後，他在一本行銷雜誌讀到一篇人物介紹，主角給他留下深刻的印象。他做了所有年輕人在那種情況下，都會做的事情：他開車去見那個人，並要求一份工作，而且是開車到大老遠的佛羅里達州。

威廉斯最終向西前往加州，在那裡他開始在網路上寫作，他稱為「寫部落格」。[12] 他和一群朋友擠在一間小公寓裡，幫忙發起了自助出版革命，最終導致了推特的誕生。這些步驟的共同點是威廉斯掌握了他目前的情況，這並不是說要等待天時、地利、人和齊備，是他自己創造了這三個條件。威廉斯最終開發了一種工具，可以使世界各地的許多人能力更加強大，這並非巧合。他明白，透過專注於他能控制的事情，每一步都這麼做，他不僅可以擴展自己的世界，還可以展大其他人的世界。

三個問題，確認遇到的是天花板還是珍珠板

到目前為止，我們已經討論了停滯是失去控制和被習慣所控制的結果。我知道你們有些人在想什麼：「我明白你的意思，但是我的老闆不讓我進步，我的主管不讓我發揮我的長處，我的工作不給我機會！」

毫無疑問，那些在傳統企業架構中工作的人可能會覺得，他們的成功有所局限，但我希望你首先考慮以下問題：

一、你確定這些界限是什麼嗎？你已經測試過嗎？
二、你是否在這些範圍內把你的成長做到極致？
三、你有沒有採取步驟，來擴大這些界限？是哪些步驟？

在傳統的朝九晚五的生活中，當你有了角落的辦公室和獨立的頭銜後，很容易陷入停滯。如果你在一個按部就班的文化中工作，你可能無法控制自己的進步情況。在這些情況下，你必須採取主動。嘗試與你的老闆或主管安排一次會面，並跟他們講類似以下的內容：「我知道我可以為這個團隊增加價值。我熱愛這個組織，我想有所貢獻，但我在目前的職位上沒有進展。這個工作無法激發我的熱情，我想知道公司是否有我可以擔任不同職位的機會。」

以謙卑和誠實的態度對待這個會談，任何稱職的領導者都會聽你說完。如果沒有，那麼你就知道你已經嘗試過了，是時候進行更徹底的改變了。

無論你在公司的哪個位子上，都要想一想你可以行使自主權的方式。正如作家和商業顧問馬克斯．白金漢（Marcus Buckingham）所說：「人們不是找到自己理想的工作，而是要自己創造出來。」[13] 你不能坐在那裡抱怨你的才能怎麼或為什麼沒有得到重用，那是你的責任，「只有當我們運用自己的獨特才能，並找出方法使其派上用場時，才能獲得持續的成功，」白金漢解釋道。如果我們不致力於此，也不會有其他人在意你的事。

對於我們這些自己當老闆，或一直在接不同案子的人來說，規則是不同的。嚴格說來，你可能對自己的日常生活有更多的控制權，但這並不意味著你就不會面臨停滯期。自由工作者、遠距工作者、企業家和其他不受典型辦公室界限所束縛的人仍然會被自己的習慣所困。在這些工作中，停滯不前的情況比較容易解決。你無需獲得許可，即可進行改變或冒險。如果你陷入停滯，那只是你的錯，所以問題變成了：你有勇氣嗎？你想留在簡單和安全的事情上嗎？或者你想把事情提升到一個新的水準？

每日自我對話，與自己對焦

Instagram創始人克里格（Mike Krieger）和史特羅姆（Kevin Systrom）不只是因為他們的成就而成為人們的榜樣（該公司目前市值一千零二十億美元），他們如何達程目標——以及他們繼續看待工作的方式，也很有啟發性，他們沒有讓惰性或財富帶來的舒適感，引導自己陷入停滯的陷阱。

克里格告訴一位採訪者，過去他日復一日地經營Instagram時，每年年初他都會問自己，「這還是我想要學習的東西嗎？」克里格把這問題描述成學習的問題，這說明了他的很多情形，他的搭檔也有同樣的心態。當他們兩人決定是時候離開Instagram時，史特羅姆說：「**我想要做困難的事情，我想再次做不好某事**，也許不會像Instagram那樣的大事業，可能不會……但也許在學習的過程中會同樣有趣。」[14]他想要事情做不好，這樣他就可以享受隨著自我提升，所帶來的進步和自我發現。

這不是說說而已。當克里格和史特羅姆第一次從臉書獲得十億美元的收購提案時，Instagram只是一家十一人的公司，但最終讓他們同意出售的原因的並不是錢。「對我們來說最重要的是，他們希望我們繼續像以前一樣獨立地經營公司，」[15]史特羅姆說。如果你認為這些人很自以為是，可以去看看他們拒絕的天價，因為若接受了收購，意味著放棄對Instagram的全部控制權。他們知道自己的工作幸福感從何而來，再多的錢也不值得為此放棄。

喚醒自我控制權的方法

記得有一次我在中學打籃球，我一直抱怨球場太滑，以此做為自己打得不好的藉口，幸虧我的教練制止了我。「是的，我知道地板的情況並不理想，」他說，「但其他九名球員也在應付這個問題。他們在進行調整，而你在找藉口。坐板凳那裡就不那麼滑了。」

這個教訓深深烙印在我心中。

今天，我討厭抱怨，並努力避開那些一直抱怨的人，那並不意味著我從不抱怨。我是人，犯錯是難免的，但我專注於盡可能清除生活中的抱怨。

抱怨只是說「我的問題不是我的錯」的另一種方式，只是合理化自己推卸責任的藉口。事情是不是你的錯並不重要。那有差嗎？任何花在指責上的時間和精力都會消耗你應該做的事情，也就是尋找解決方案。

大多數人抱怨自己的工作——他們的老闆、同事、客戶等，但歸根結底，我們對自己負責。社會工作者和臨床心理學家艾美・莫林（Amy Morin）在著作《告別玻璃心的十三件事》（*13 Things Mentally Strong People Don't Do*）中，討論了我們需要喚醒自我控制權的方式。

在工作和個人生活中，我們常常「放棄我們的控制權」，無論是透過責備、抱怨、情緒失控，還是不為自己的處境負責。我們可以重拾控制權的一種方法，是重新調整我們的語言和我們對情況的看法。

莫林在二十多歲時經歷了母親和丈夫相繼去世的沉重打擊，她必須早早地學會不讓自己的負面情緒主宰自己的生活。在經歷了必要的時間悲痛之後，她選擇要更堅強地重新投入生活，但更堅強並不意味著不去想痛苦或忽略她痛失的親人。正如她所說：「我必須體驗痛苦，同時積極主動地幫助自己療癒。」[16] 莫林教導我們，心理力量不是「壓抑我們的情緒」，[17] 而是接受我們所有的感受，以便我們能夠理解這些感受在告訴我們什麼事情。

力量常常被誤認為是冷漠或剛硬，而莫林的目的是要顛覆這種思考方式。在我們的採訪中，她告訴我，我們不應將心理力量視為強硬的問題，而應開始將其視為「在接受挑戰時，採取積極行動……現實地思考，並知道你可以管理自己的情緒。」心理力量意味著向前邁進，即使是進入未知的領域，也要懷抱那種在最大程度實現成功的態度和觀點。這可能看起來有風險，但我認為，留在你現在悲慘的處境才是更大的風險，我們只有一次的機會。

贏，不該是終點

當我還小的時候，即使是最優秀的ＮＢＡ球員對他們為哪支球隊效力，也沒有什麼發言權：柏德是波士頓塞爾提克隊，喬丹是公牛隊，派翠克．尤因（Patrick Ewing）是尼克隊，情況就是這樣。從來沒有人談論過喬丹在洛杉磯加入魔術強森，聯手組成一支超級球隊，那根本就是無稽之談。

但是，特別自從詹皇在二〇一〇年決定加入邁阿密熱火隊以來，情況發生了變化，球員對自己的比賽地點、球隊和隊友有了更多的自主權。這種情況從明星球員開始，但已經滲透到幾乎所有的球員，這開啟了所謂的球員掌權時代。對於高績效人士來說，就像NBA中的每個人一樣，停滯和自滿如同死亡一般。體育賽季很艱苦，每天晚上出場的動力不是自然就有的。這與錢和受到關注無關，大家想要掌控自己的情況，這是普遍的現象，NBA的演變可以讓我們了解自己的主動權。

二〇一六年夏天，凱文．杜蘭特選擇離開奧克拉荷馬雷霆隊，加入金州勇士隊，此舉震驚了籃球界。勇士隊在前一年贏得了總冠軍，並且在那一年距離再次贏得冠軍只差一場比賽。杜蘭特加入一支實力雄厚的球隊，而且正是這支球隊剛剛在西區冠軍戰中將雷霆隊淘汰出局，此舉激怒了很多籃球迷。我的意思是，球迷很不爽。

因為我之前和杜蘭特有過交情，所以人們詢問我對他的選擇有何看法。我讚揚他掌控了自己的職業生涯，他仔細討論出對自己最重要的事情，不是以身為公眾人物的角度，而是以身為個人和球員的角度。這是他做出的決定，他不在乎別人怎麼想。他知道他會在媒體上被罵得狗血淋頭，但他並沒有讓這樣阻止他。

同樣的道理，推特上的酸民不用承受杜蘭特的決定，是他會為自己的決定負責。在受到批評之後，杜蘭特開始扮演壞人這個新角色，甚至在訓練營露出了一個饒舌歌手圖帕克（Tupac）[18]的紋身。杜蘭特不受影響，發揮他的熱情和勇氣，我覺得他的直言不諱令人欽佩。

他在二〇一九年又與凱里．歐文一起轉戰布魯克林籃網隊。杜蘭特對待他的職業生涯，不是視為發生在他身上的事情，也不是由其他人主導的事情，更不用說是他根本不認識的人的事情了。他總是在問：「我怎樣才能不斷發展和成長？我怎樣才能成為我能力所及的最優秀球員？」他選擇讓自己沉浸在其他優秀的球員身邊，而不是擔心自己是否是占據主導地位的領袖人物。[19]「這需要以球員的身分不斷進步，」他說，「還有願意去適應。」[20]

杜蘭特知道停滯是一種有毒的力量，身為地表最好的籃球運動員之一，他繼續對抗這種力量。他為贏得第一個總冠軍而非常努力，但當他實現了這個目標（兩次）時，他意識到不可能就到此為止，必須還有更高的目標。

他告訴ESPN，「我意識到，我對比賽的看法實際上是關於發展的，比如，我可以做到多好？這並不是說，我們去拿下總冠軍吧。我想贏得總冠軍，是為了體驗那種感覺，但這不是我打球的最終目的。」[21]杜蘭特的故事顯示，停滯不是你所處情況的問題，而是你對自己所在情況有何感受。以他的情況而言，即使獲勝也可能看起來像是停滯。所以，他給自己創造了一個更好的局面。

在成就之前，能否保持謙卑？

在現代，個人運動員透過加強場外訓練，將訓練提升到新的水準。在聯盟排行前二十名的球員中，就有五名球員與我的前搭檔、超級明星訓練師德魯．漢倫（Drew Hanlen）合作，當中包括布萊德利．比爾（Bradley Beal）、傑森．塔圖姆（Jayson Tatum）和喬爾．恩比德（Joel Embiid）。德魯盡可能親力親為，當這些NBA球員在比賽投籃表現失常時，他們會聯繫德魯，然後他會坐上飛機，在幾個小時後抵達球員所在的城市，並在體育館與他們見面。

除了對比賽的熱情外，德魯說，最優秀球員的共同點是他們不僅僅是「樂於達成目標，他們渴望進步，而且他們都能接受教練的指導。」他說，在這些最高水準球員身上，看似很小的差距，實際上是一個極大的差距，可以把明星球員、板凳球員和NBA－G聯盟[22]的球員區分開來。所以德魯的球員不僅會忍受批評，他們還渴望批評。「他們想知道，什麼時候最細微的細節有問題，」他告訴我，「大多數處於職業巔峰的人，都不想要那種程度的詳細指導和批評，」這就是為什麼非常優秀和最優秀的球員之間的差距如此巨大。

在我們的採訪中，德魯告訴我布萊德利．比爾在巫師隊單場狂砍生涯新高六十分，卻仍輸球的反應。當比爾聯繫德魯時，比爾的第一個反應是對輸球感到失望。接下來，比爾列舉了三件他原本可以做得更好的事情。我看得出來，連德魯都對此感到震驚。「想像一下，一名球員在一場籃球比賽中都得到六十分了，還能這麼謙卑，」以及做出這種自我反省的反應，「而不是把責任推給隊友，他本來大可這麼做的。」這就跟杜蘭特的總冠軍一樣，比爾在輸掉的比賽中得分很多，但感覺就像是一種停滯狀態，這不符合他的價值觀和目標。

永遠不要害怕站出來表達意見

早在一九九八年，前杜克大學明星球員和新手廣播員傑伊．比拉斯接到了一通電話，這將永遠改變他的職業生涯。傑伊做的是播報地方的中等職業水準比賽，但ＥＳＰＮ邀請他在籃球界最大死對頭的賽事中擔任場邊記者：由他的母校對陣北卡羅來納大學，當時分別排名第一和第二。

這場比賽將由「大學籃球先生」迪克．維塔爾（Dick Vitale）親自主持，所以傑伊很高興能有這個機會。

在開賽前一週，ＥＳＰＮ製作人召開會議，制定行動計畫。維塔爾因演講活動出城，雖然傑伊不需要參加，但他還是決定去參加。他認為他不妨現身，以證明他有多認真對待這份工作。製作人宣布，維塔爾建議在廣播中大量介紹北卡羅來納大學後衛沙蒙德·威廉斯（Shammond Williams），因為維塔爾一直堅持認為他是比賽中值得注意的球員，總製作人問傑伊是否同意。我想在這種情況下，一百個人中有九十九個人會直接同意。我是說，幹嘛在你工作的第一天就反駁大學籃球界最知名的人物？

但傑伊恰好就這麼做了。

「恕我冒昧，我有不同的看法，」傑伊說，「我認為我們應該注意的球員是北卡羅來納大學的前鋒安托·賈米森（Antawn Jamison），他是大學籃球界最有效率和能發揮效果的球員。」身為會議室中的新人，在被問到的第一個問題上，傑伊決定提出與名人觀點直接相反的見解，他還提出了一個大膽的說法。製作人有些驚訝，要求更深入的解釋，傑伊解釋說：「儘管賈米森實際上持球的時間很短，但他的數據卻很驚人。我敢打賭賈米森整場比賽持球的時間沒有超過一分鐘。」

如果是真的，這將極為罕見。大學籃球比賽的時間有四十分鐘，有哪個值得注意的球員只會持球不到一分鐘？然而，製作人對傑伊的自信印象深刻，並決定採納他的想法。他們甚至指派了一名實習生拿著碼錶，記錄賈米森實際持球的時間。在比賽中，北卡羅來納大學以九十七分比七十三分擊敗了杜克大學。賈米森最終得到職業生涯最高的三十五分（二十球裡，投中十四球），並搶下十一個籃板，他確實是值得注意的球員。

而球在他手中的時間有多長？五十三秒。賈米森曾是大學籃球中最有效率和最能發揮效果的球員，但他並不是唯一一位在那場比賽中表現出色的人，還有傑伊・比拉斯也表現出色。傑伊抓住了機會，鞏固了他從那以後學到的重要寶貴經驗：永遠不要害怕站出來表達意見。

練習「適應不適」

我認為舒適圈實際上是一個牢籠，因為它讓你困在原地。二〇二〇年真正考驗了這個想法，因為每個人的日常習慣和生活方式都被耽擱了。在疫情期間，當我採訪馬里蘭大學女子籃球教練弗雷斯時，她向我顯示了為什麼她是這個領域的佼佼者。她沒有拘泥於失去的那一年，而是選擇把這段時期視為一個機會。

她談到，當我們練習「適應不適」時，我們始終可以受益的，這應該是所有高績效人士的口頭禪。弗雷斯告訴我，她是如何用這種心態養育孩子的，並確保也把這種心態傳授給她的球員。幾乎大家都會去做自己舒適圈內的工作，我甚至不確定我會稱那為工作，因為成功的方法，是突破我們的習慣和覺得輕鬆的界限。

二〇二〇年，我們都受制於大環境，在日常生活中受阻，被迫改變思維。有些人他們能夠專注於自己能做的事情，並發展出方法，把這種思維帶到大環境裡，因此經過那段時間之後，這種人會變得更加堅強。請記住：利用機會的第一步，是能夠看到機會。

整理你的工作環境

實體環境在停滯的感覺中也扮演著重要的角色：它控制著我們的情緒、聯想和自我對話。[23]要打破停滯，你可以做的最關鍵的事情之一，就是**改變你的環境**。正如詹姆斯·克利爾所說，「環境是塑造人類行為的無形之手。」[24]這既是一種祝福，也是一種詛咒，取決於你是否能掌控局面。在工作空間的方面，有很多細微的變化可以幫助打破停滯。在我寫本書之時，仍有百分之二七的人仍在遠端工作（其中有些人將永遠不會回到傳統辦公室的生活），我們有機會完全重新設計自己的工作環境。

你會希望身處在可以把你嘗試做的事情給慣性化的環境中，一個可以讓你成為最好的自己的地方，任何你可以做來啟用新的自我（並停用舊的自我）的事情都是有用的。克利爾建議你調整你的環境，為你的壞習慣「增加摩擦」，並為你想要實行的新習慣「減少摩擦」。他提供了一個看似簡單的點子：在一天結束時，在你的筆記型電腦上留下一張便利貼，上面寫著下次你需要使用筆記本電腦時完成的三個重要事情。[25]這份簡單的清單可以幫助你預覽第二天的工作，並在你回到工作崗位時，立即開始工作。你不必在開始工作之前，打開筆電，然後猶豫不決，而是已經有了一條預先設定好的軌道。

沒有人是在空無一物的環境中工作，「想想你希望成為什麼樣的人，」組織心理學家史都華．傅利曼（Stewart Friedman）建議說，「**如果你能找到一個實物，能以某種方式代表你的未來自我形象，把它放在你經常能看到的地方**，比如你的辦公桌，這個東西就會在你的腦海變得突出。」[26]我會保留小孩的東西，以提醒我哪些事我的優先事項，還會保留我與成功的運動員在一起時的紀念品和照片，提醒我曾經達成的事情和我的能力。

你可能沒有意識到你所看到的一切，但「你大腦的三分之一，是專門處理視覺訊息的」。[27]你的大腦正在吸收所有的視覺訊息，無論是凌亂的收件匣、雜亂無章的辦公桌（這會導致拖延）、[28]或鼓舞人心的海報或照片（自然風景的效果最好），你的工作空間會影響你的行為。我怎麼強調都不為過：只是因為你沒有意識到某個物品，並不意味著它不會影響你。

我們的環境可以簡化，以提高注意力和生產力。對於那些密集的工作專案，《極度專注力》作者克里斯．貝利推薦「無干擾模式」，即用減法來做加法。「若有物品可能比你打算做的任務還更刺激和更有吸引力，請一律收走，這樣讓你的大腦別無選擇，只能專心處理要做的任務。」[29]這也是阻擋某些網站背後的理念，少即是多。

如果你在家**工作缺乏自律，你可以添加或刪除什麼，以使你的工作區域更適合專注工作**？如果你被困在一個單調的隔板辦公室，有沒有辦法給桌上的屏風帶來一些動力？對於那些要坐飛機出差的商務人士，也可以這樣做：你可以在旅館床頭櫃上或包包中放什麼東西，甚至可以在身上戴什麼東西，給自己一個提示，幫助你發揮最佳水準？

去洗澡吧，或是關掉網路

我們的環境充滿了太多分心的事物，以至於我們根本都沒有注意到它們，其中一些分心的事物是我們隨身攜帶的東西。你上一次走路到某個地方是什麼時候？你當時戴著耳機嗎？你有帶手機嗎？你有多久，沒在長途旅行時看風景，或聆聽周遭的環境了？《三步決斷聖經》（*Farsighted*）一書的作者史蒂芬．強森（**Steven Johnson**）認為，淋浴仍然是我們想出好點子的地方，原因很簡單：我們無法把手機帶進淋浴間，我們在淋浴間裡會天馬行空地亂想，這是在其他地方不會有的情形。[30]

我們不只是人待在實體空間裡，還花費了大量的時間待在數位空間上。[31]想想你的電腦：上面是否有些你可以輕易接觸到東西，會不利於高績效的表現？是否有你可以刪除的遊戲？你能斷網來實現極度的專注嗎？

如果你停滯不前、無聊或注意力不集中，組織心理學家哈迪寫道，「可能是因為你的環境與你的目標背道而馳。」[32]你的環境不是中性的，它可以是動力或障礙，具體取決於你對環境布置的用心程度。

- **改變你的實體環境：**更換身邊的物品。例如，扔掉垃圾食品，晚上把手機放在臥室外）。
- **改變你的心理環境：**改變你餵養思維的東西，以及你選擇觀看、閱讀、收聽的內容。
- **改變你的情緒環境：**使用已被證明為有效的技巧，來改善情緒和觀點。例如，冥想、運動、沖冷水澡。
- **改變你的人際環境：**保護你的核心圈子或個人「戰隊夥伴」（見第八章）。

【建立奪標心態的行動步驟】

- **精簡**：仔細查看你眼前的工作環境，你能找出兩到三件不利於高績效的事情嗎？有辦法去除，或改變它們嗎？
- **從小地方做起**：詹姆斯．克利爾教給我養成新習慣的「兩分鐘法則」。不要說我想開始跑步，先從穿上跑步鞋開始。一旦這個動作內化後，那麼你就可以繼續往建立新身分（例如成為跑者）的道路前進。
- **把事情慣性化**：你是否可以在一天中的某個關鍵時刻，例如起床時、到工作場所的第一件事、午休時間，實施慣性，來幫助你打破停滯？
- **接受新挑戰和勇於拒絕**：**有些人陷入了一種模式，覺得必須答應**某些事情，而對另一些事情卻**習慣性地拒絕**。接受新的事情，你可能會有什麼發現嗎？拒絕了別人，你會有時間做什麼？

第七章 重塑自我

重塑一詞引人爭議，但這並不意味著全部砍掉重練，從頭開始。它指的是一種冒險、適應和進化的過程，意味著允許自己改變，用新的眼光看你的世界，用新的眼光看待自己。我喜歡動詞重塑的地方是，它提醒**最早一開始的時候就是你塑造了自己。**因此，我們向來都有資格能夠重新創造自己。

重塑自己從單純傾聽自己開始

一九九三年，喬丹在他的職涯巔峰宣布退役，震驚了全世界。幾個月後，當他出現在阿拉巴馬州的一個小聯盟棒球場揮舞球棒時，大家都跌破眼鏡。喬丹已經失去了對籃球的熱情，加上他父親剛剛去世，他想要實現童年時代與父親相關的夢想，不過，這個故事背後還有很多內容。

現在很難想像，喬丹第一次退役時只有三十歲。身為一名身價數百萬美元的成功運動員，他必定是被某種強大的力量所吸引，以至於他會選擇乘坐狹窄的巴士、住在廉價的汽車旅館、吃速食、早起進行打擊練習，所有這些都是為了參加他在高中就放棄的一項小聯盟運動。但對喬丹來說，他已經多年來一直是世界上最受矚目和被解析的人，這段經歷讓他充滿活力。

在看《最後一舞》時，我很驚訝地發現，這個決定在這麼多年後看起來並不瘋狂。在喬丹轉型為棒球選手的訪談中，我發現他的願望是多麼的合乎人情，甚至可以說很正常。他只是想成為團隊的一員、其中的一份子，並重新學習新東西。儘管他已經達到了籃球運動的絕對巔峰，但對他來說，這感覺就像是停滯不前。喬丹的故事顯示了這些感受是多麼的關乎個人和因人而異的。

史提夫．麥格尼斯（Steve Magness）曾經是一名競賽等級的跑者，後來成為著名作家、演講和績效教練，他對重塑自己有所了解。「身分看似固定的，但實際上是可塑的，」[1]他寫道，「我們似乎被困在自己的身分中，但我們的人生故事是可以改變的。」我非常理解這個想法，因為我也經歷了重塑自己。

十五年前，當我在美國國家籃球協會球員工會百強訓練營工作時，就埋下了我想成為主講者的願望。訓練營邀請了前NBA球員和勵志演講者邦德（Walter Bond）來向大家演講，我被他精彩的故事、震撼人心的寶貴經驗，以及他讓觀眾思考、發笑和感受的天生能力給迷住了。我記得當時在想：有一天，我也想做那種事。

十年後，身為一名績效教練，我開始體驗到停滯的感覺，並認為可能是時候嘗試一下那種事了，這樣的念頭也逐漸浮現在我的意識中。月復一月，這個聲音愈會來愈大，直到我知道自己已經準備好轉移到新的階段。重塑自己並非一帆風順，到現在還沒有結束，但如果我沒有邁出那一步，我不知道自己會是什麼情況。重塑自己從單純地傾聽自己開始。

我試圖學不同的說話方式、適應新的聽眾、與其他許多勵志演講者、作家和商業領袖會面，並向他們學習，並不斷提高我的技能，這是一個學習的過程。我一直是一個「籃球人」，但我沒有讓別人，甚至我自己的過去來告訴我我是誰，這個選擇由我自己決定。

邊摸索邊前進，別太早定下來

以人的角度來看，不斷成長是活著的一個重要環節。簡而言之，如果你在四十歲時和二十歲時一樣，那麼你就浪費了二十年。在我們的社會中，對於職業軌跡的問題之一是，年輕人在沒有任何現實世界經驗的情況下，就被要求選擇職業，如果你想一想，這真是瘋狂。

想想你目前的工作，或你從事的行業。你是什麼時候選擇的？甚至可以說，你是自己選擇的嗎？還是，你更像是誤入了這一行？你是因為大學主修了這個領域而進入這個行業的嗎？因為你的父母鼓勵你這樣做嗎？因為某個朋友認識一個人，是那個人帶你進入這一行嗎？當時你是一個沒有經驗的人，做出沒有經驗的決定，這個決定可能在當時是完美的，可能有一段時間情況都很好，或者它可能是一場災難。儘管如此，現在你不必一直被它所困。

舉一個很棒的比喻，就是寫作過程。在開始的時候，通常只需要把一些東西寫在紙上，雖然並不完美，甚至可能不是很好，但是你需要有個開始。我的同事喜歡說：「你必須先寫下來，才能加以修改。」一旦下筆的人意識到文章的走向，他們就會回去修改開頭的部分，來呼應文章。即使開頭的部分被完全刪掉，這下筆也是很重要，因為開頭導致了文章最終的走向。你不會困在你開始的地方，你在那裡度過的時間也不是浪費，一步一腳印，每一步都是有意義的。

在過去的三十年裡，職業的概念已經發生了變化。在一份工作上打卡數十年，那種世界對我們的祖父母是理所當然的，現在已經不是唯一的選擇。我們不需要待在同一個地方做同樣的事情，才能覺得我們有一份「穩定的職業」。甚至在一個地方工作的想法也過時了：零工經濟、自由職業、創業、彈性工作時間和成人教育都構成了新的現實。人們可以創造他們想要的職業，甚至是現在還不存在的職業。

尋找適合你獨特技能的工作是一個自我發現和自我發明的過程，會帶來持久的正面影響。美國全國經濟研究所（National Bureau of Economic Research）發現，「在年輕時嘗試更多職業的人——把每次跳槽視為找到最滿意工作的機會——他們在三十、四十歲時往往在財務上更成功。」[2]有很多實用的方法可以「腳踏多條船」，並探索其他的領域。這種探索會讓你對自己的選擇有更好的認識，也會帶給你滿足感，因為你知道你已經找到了適合自己的東西。

撰寫自己的進化故事

在二十一世紀，我們不再需要遵循傳統的道路。我們不必再按照一定的順序在某些年齡達成相同的里程碑，無論是在我們的工作、人際關係、生活狀況、興趣、技能組合，還是教育方面。在《人生就是轉折》（*Life Is in the Transitions*）一書中，作者布魯斯・費勒（Bruce Feiler）宣稱「不再有線性人生」。[3]我們不再需要「經歷一系列設定的人生階段」，而是可以「在我們的整個人生歲月中體驗慶祝、挫折、勝利和重生的複雜漩渦。」你可以按照任何你選擇的方式來生活。

平均每個美國人一生會搬家十一・七次，並且有兩倍的機會住在與故鄉不同的地方。[4] 在五十歲之前，平均會擔任過十二種不同的工作。[5] **千禧世代（出生於一九八一年至一九九六年之間）換工作的次數會更多，平均每個工作待四年**，大學畢業後的頭十年裡有過四個不同的工作。[6] 疫情前的調查發現[7] 六〇%的千禧世代「目前正在尋找新的就業機會。」[8] 以後的人進入勞動力市場將愈來愈不會像祖父母那一代的人那樣，願意長期從事同一工作或職位。

我並不是建議你在沒有計畫或目的的情況下，從一個行業跳到另一個行業，從一個工作跳到另一個工作。**你的履歷表不應該看起來像在吃自助餐那樣**，你在隨意選擇職業。然而，**你的履歷表應該看起來像是一個人在進化的故事**，累積經驗，磨練新技能。經歷過的每份工作都是發展、連結和探索的機會，來發現適合你的角色。

我的合著者喬恩・史坦菲爾德從教高中英文，到成為作家經紀人，再到成為出版社的編輯，最後成為作家，每一步都讓他更接近他最終到達的地方。他說他不可能在二十二歲時就決定成為作家，並將其變成一個成功的職業（儘管那是他在大學的主修）。

他必須**穿過一連串的門，才能找到適合他的位置，在透過其他步驟後**，才發掘寫作這個工作。那些早期的工作是必要的踏腳石，幫助他磨練自己的技能，並了解他想成為什麼樣的人。就像電玩一樣，如果他沒有先通過所有其他關卡，就無法挑戰最終關卡。

如猛禽般尋找機會，如海綿般吸收學習

重塑自己不是單一的選擇或行動，而是一系列的。如果你在同一領域中向上爬的過程中感到停滯不前，那就朝橫向移動，試試與你目前職位相關的角色，或附近的機會。作家費勒建議我們應該「對現在所做的工作相鄰事物，培養本能的好奇心。」[9]這可能是為其他部門的專案工作到很晚、承擔一個沒有額外報酬的角色、擔任志工或實習，或與你想了解的職位相關的人建立關係，並提供幫助。想辦法和一個做你想做的工作相同的人相處，並成為「猛禽和海綿的某種組合，敏銳地尋找學習和吸收的機會。」[10]

與前幾個世代相比，這個世代另一個變化是，如果你願意付出努力，你不再需要在穩定和熱情之間做出選擇。經濟學家戴維森的《熱情經濟》談到，未來的勞動力不是主張「非此即彼」，而是可以主張「兼而有之」。我們可以擁有安定的生活，並且對我們的工作充滿熱情。之前世代的人無法想像這一點，但許多人現在可以找到方式來做自己喜歡做的事情，並獲得報酬。事實上，戴維森認為，「要在財務上取得成功，我們必須擁抱自己獨特的熱情。」[11]我們不會一開始就知道該怎麼做，也可能不太容易，但如果願意冒險，就有可能。

跨出第一步，自然有下一步

我的朋友里克．西蒙斯（Rick Simmons）成立了泰若斯機構（Telos Institute），這是一家與組織合作的全球諮詢公司，致力於目標、策略變革和領導力發展。[12] 里克是一個才華橫溢的人，心胸開闊。他教給我許多東西，其中之一就是「閾限空間」的概念。

閾限空間指的是，你所處的位置和目的地之間的過渡地帶，這通常是讓人不舒服的地方。當你站在新事物的門檻上，但還沒有開始時，你就處於閾限空間之中。想一想空中飛人：除非他鬆開目前的把手，否則他無法伸手去抓下一個把手。根據不同的思考角度，這可能感覺像墜落，也可能感覺像飛翔。當他在空中時，那就是閾限空間。

這些都是我們生命中令人害怕，但也能振奮人心的時刻，需要你來冒險，因為如果不放開現在的把手，你就無法去抓下一個把手。你必須放手。你必須可以在半空中，你必須在沒有安全保證的情況下，伸出手來。

我讀過一個比喻，把閾限空間比喻為電影《聖戰奇兵》（*Indiana Jones and the Last Crusade*）中的一個場景。[13] 為了找到聖杯，拯救他垂死的父親，印第安納．瓊斯必須跨過巨大的峽谷，向虛無中邁出一步，然後他腳下才會出現橋梁。這是一個完美的比喻，因為必須先踏出一步；**只有在邁出第一步之後，橋梁才會顯現出來**。在我們的生活中，有很多時候，無論是工作、人際關係，還是經歷，要等到我們邁出第一步之後，下一步才會出現，是我們自己的行動讓下一步出現了。如果我們坐以待斃，橋梁永遠不會出現，我們就會被困在另一邊。

感到不安，反而更好

即使有正確的心態和計畫，也會遇到被拒絕和吃閉門羹的情況。當你知道的比周圍的人都少時，會沒有安全感：那很好，這意味著你沒有謹慎行事，這意味著你在擴張你的能力，這就是你成長的方式。如果你只喜歡在安全和熟悉的情況下，那麼你注定會停滯不前。

當我在二〇二〇年與退役足球明星班．奧爾森（Ben Olsen）交談時，他剃了個光頭，留著濃密的鬍鬚，底部剛剛開始變白。跟他以前孩子氣的模樣相比，我幾乎認不出來，他曾經是華盛頓聯隊（D.C. United）的明星球員，最近開始在場邊擔任總教練。在我們談話的時候，他的教練生涯剛剛正式結束，正處於反思的情緒中。最讓我印象深刻的是歐森的誠實，這個人在競爭激烈的行業中登上頂峰——還兩次獲得MLS盃——但他仍然謙虛地談論他在試圖重塑自己方面時的失敗和停滯情況。

二〇〇九年，當奧爾森在華盛頓聯隊的傳奇球員生涯，因受傷而不可避免地結束時，他曾付出一生努力的俱樂部聘請他擔任助理教練。六個月後，當總教練被解僱時，他們把棒子交給了班。他是第一個說自己是機緣巧合，才得到了這個職位的人，起初他並沒有真正贏得這個職位，他被安排在這個職位上，擔任過渡時期的角色，是為了讓球迷高興。當時球隊的總裁稱班為「華盛頓聯隊的心臟和靈魂」。

如果你願意向失敗請益

在我們的談話中，奧爾森承認從球員轉型到教練既不是計畫好的，也不順利。儘管從事他熱愛的運動總是自然而然的，但在當足球教練的方面卻做得很辛苦。「現在還為時過早，」他談到獲得總教練職位時說：「我還沒準備好。我裡面甚至還沒有基礎或內部架構，沒有準備好來指導成年的球員，我不知道自己是個什麼樣的領導者。」

值得讚揚的是，奧爾森花時間去了解「我是什麼樣的人，我擅長什麼，我不擅長什麼，我需要讓自己沉浸在什麼樣的東西裡，使自己成為一名健全的教練和領導者。」這個過程花了很多年。有些人會認為自己若是頂級足球聯賽總教練（而且還使足球聯盟史上最年輕的總教練）就證明了他們已經成功了。但班把它當作一個挑戰，他想贏得這份工作，儘管他已經擁有這份工作，這就是他與眾不同的地方。

這並不容易。奧爾森的球隊很早就成績跌入谷底，成為聯盟史上最差的紀錄，這是一記警鐘。「每個週末都輸得很慘，看不到任何曙光」，這讓他有機會重新啟動、重新評估，並盤點自己是什麼樣的人。奧爾森把這種眾所皆知的失敗當作契機，他求助於曾經指導過他的大學、職業和國家隊教練們，其中一位導師阿里納（Bruce Arena）教他「要確保他能從這慘敗的一年中汲取到好東西。」我們的失敗總是會教給我們東西，可能比我們的成功經驗教的東西更多，前提是如果我們從中學習的話。

工作三年後，奧爾森把自己重塑為一名職業足球教練。二〇一四年，也就是他的球隊墊底的一年後，他被評為MLS年度最佳教練。他繼續擔任總教練的工作長達十年，這在職業體育中算是一段相當長的時間，因為在出問題時，教練往往是第一個被汰換的人。奧爾森最近被任命為美國女足職業聯賽（NWSL）華盛頓精神隊（Washington Spirit）的總裁，這是又一次重塑。他的態度是像上次一樣，保持開放的心態，願意投入工作。

何時該為預防停滯採取行動？現在

創造出新的故事需要時間，這意味著計畫和採取步驟，慢慢走向那個新版本的自己。

確保你留出時間來計畫重塑，這不會在一夜之間發生。**用你現有的資源開始準備退場的問題**，不要等到為時已晚。如果你走到了那個地步，辭去目前的工作或離開目前的狀況，是你最後要做的事，而不是第一件事。

一、以**目標**為出發點。弄清楚你想要達到的目標，然後從目標反推回來工作。

二、與那些做你想做的事情的人**交談和傾聽**。

三、不要為自己著想，想一想你可以怎樣為個人、組織或客戶群**增加價值**。

可以懷抱夢想，仍需穩健前進

正如諺語所說：未雨綢繆。在你做出任何重大轉換之前，你需要在相當長的一段時間內打好基礎。**想一想：大跳躍之前，要先跑起來**。約翰（Daymond John）在創立嘻哈服飾品牌虎步（FUBU）時，還在連鎖餐廳紅龍蝦餐館（Red Lobster）當服務生。那時他想買一頂特別時髦的針織毛帽，他媽媽責備他選擇花二十美元買了一件他可以用二美元自己做的東西。這句話讓約翰蹦出了一個點子，那正是他要做的事情。奈特（Phil Knight）在創辦後來的Nike之前，當了多年的註冊會計師，拿自己的薪水來注資他的新事業。[14]歷史上充滿了這些故事，重要的是，我們不要僅憑一個夢想，就讓自己脫離穩定的工作。

金州勇士隊總教練史蒂夫・科爾（Steve Kerr）擁有體育界最好的工作之一，但他並不是僥倖得到的，他成就了這一切。科爾的球員生涯結束後，他擔任ＮＢＡ轉播的籃球分析師，並規畫自己退役後的職業生涯。科爾在我最近主持的一次領導力活動中說，他會花時間「與自己正在播報比賽的兩隊教練交談，並研究比賽的影片，為電視轉播做準備」。

科爾隨後在鳳凰城太陽隊擔任一段時間的總經理，雖然表現不是很理想，但這是一次很棒的學習經歷。這讓他明白自己確實想當什麼角色：總教練。他返回分析師的工作崗位，為教練生涯打下基礎，那些年為他未來數年後的教練工作鋪路。他告訴我們，為了做好準備，他「不僅向自己的教練導師尋求建議，還跟不認識的教練請教，」例如比爾・帕塞爾斯、皮特・卡羅（Pete Carroll）和傑夫・范甘迪（Jeff Van Gundy）。同時擔任過教練和分析師的范甘迪鼓勵他開始思考如何管理他未來的球隊，范甘迪告訴他：「開始把想法寫下來，因為當你準備好面試一份工作時，你應該能夠把所有的想法都寫在紙上。」

科爾採納了這個建議，告訴我們，「我真的花了兩年時間寫一份文件，準備在教練面試時表達出來。」文件中包含了對進攻和防守的預期想法，但也有管理、領導和文化問題，他真的花了很多時間去考慮。科爾會定期回顧這份文件，整理他的想法和計畫，以便在面試時，他說話和思考都不像一個教練候選人。他說話和思考的方式就像一個教練！

甚至在他沒有球隊之前，他就堅定地了解了自己想要的球隊。「我是為了考試而讀書的，」他開玩笑地說。

以科爾的模式為例，想想你未來希望擔任什麼角色。你可以在哪些方面做準備？你可以和誰談談？你現在可以做什麼計畫，以便在機會來臨時做好準備。

首先，找一塊跳板或親手打造

強恩．高登（Jon Gordon）是我所知道最成功的重塑故事之一。高登身為一名勵志教練，曾與MLB、NBA和NFL球隊、大學活動、大型企業和學校合作過，他是一位廣受歡迎的演講者，會感染人心，並具有獨特的能力，可以激勵眾多不同類型的人和組織。強恩最振奮人心的事情之一是，他的職業生涯開始時與他現在的角色相距甚遠，他最初是一名餐館老闆和經理，但懷抱成就大事的願望和使命。

在二〇二〇年封城期間，我用Zoom採訪了高登，他的活力和熱情簡直可以穿越螢幕。他在一間純白的房間裡，穿著一件簡單的黑色T恤，完美地坐在畫面的中央。他的書小心整齊地擺放在他身後的書架上，並展示出書的封面；一頂印有「文化」（CULTURE）字樣的純黑色棒球帽被掛在角落的三腳架上。

高登是一個很好的例子，說明了如何以正確的方法和態度，成功地重塑自己。在快四十歲時，高登決定他的目標是寫作和演講，「去激勵和鼓舞他人，就像那些我所讀過的書一樣激勵了我。」

隨著他的餐廳開始賺錢，他用這筆錢開始了他的新事業，投資在自己身上。高登拿起電話，自我推銷，打給了一位著名的演講者，這位演講者建議他演講自己熱衷的事情，並「到處去演講，即使不收費也要去演講。你做得愈多，人們就會看到你，並想跟你預約演講；你做得愈好，你就會得到愈來愈多的邀約。」他完全照做了，免費演講，以獲得粉絲、聲譽和經驗。高登估計他做了約八十場免費演講，在這個過程中建立他的品牌和業務。現在，他是社群中的傳奇人物，也激勵著許多希望改變生活、但可能因害怕或迷惘而無法開始的人。

取消定速巡航

我知道有些讀者在想：我做這個工作二十年了。我是公司的副總裁，收入達到六位數。你是什麼意思，說我停滯不前嗎？首先，撇除錢的事情，因為這與你滿不滿意無關。

但也許你已經習慣了一種舒適的節奏，你已經太習慣了自己的角色，陷入了困境，像是在自動駕駛狀態下運轉，也許你害怕承認。你必須打破停留在這種**心理定速巡航**的誘惑，因為現狀適應得太好，以至於你沒有意識到自己已經停止成長。

史蒂芬・柯瑞在十幾歲的時候，就一直是一名優秀的籃球射手，但他的父親——NBA球員戴爾・柯瑞（Dell Curry）知道，當他的兒子長大後，他的非正統的姿勢將成為一個問題。[15] 史蒂芬・柯瑞從一個非常低的出手點投籃，他的父親知道更厲害或更高的球員很容易封蓋他的投籃，所以在升高三之前的整個暑假都在重新學習如何投籃，改變他的出手點。這個過程需要他在他曾經非常擅長的事情上，一次又一次地失敗。

想像一下：在多年精於某事之後，十五歲的史蒂芬・柯瑞心甘情願地改變了他的出手方式，以讓自己未來有更大的進步空間。這是我能想到的最好的離開舒適圈的一個例子。如果柯瑞當年沒有做出這件困難和情感上痛苦的事情，他就不會成為現在的自己。他原本可以保持他的低出手點——到目前為止一直有效——並且仍然是學校裡最好的籃球射手。但他看到了更大的世界，為了有一天能達到那個境界，付出了努力。

卡爾・威克（Karl Weick）是一位著名的組織理論家，他使用「察覺心念」一詞來描述組織自我整頓的能力。威克在一項研究中，發現有太多的消防員在試圖逃離火場時，因為不應該再拿著工具不放而受傷或死亡。

在研究這個現象時，他看到了一個適用於其他所有人的原則。**我們都有舊的工具和策**

略，在它們早就沒有用之後，甚至是對我們自己不利了，我們還是堅持使用。「為了應對陌生的挑戰，沒有任何工具不能被丟棄、重新構想或改變用途，」[16]威克寫道，「即使是最神聖的工具，甚至那些被視為理所當然的工具，也都變得微小到不顯眼了。」

重塑需要放棄曾經是你身分中不可或缺的東西，但現在不再是了。無論是恐懼、習慣，還是守舊的懶惰，你都需要放下你的舊工具，讓自己擺脫束縛，並學習新的工具。

繼續寫下自己的新故事

我們都會告訴自己一個故事，描述我們是什麼樣的人，久而久之，這個故事會變得更加堅定。這不一定是壞事，要取決於故事和你對它的感受。對某些人來說，這可能是一種激勵，正如鮑勃．羅特拉（Bob Rotella）博士分享了他與詹皇合作時的故事。在他職業生涯的早期，詹皇不僅想要成功，他的目標是成為有史以來最優秀的球員。羅特拉明白詹皇自我敘述的力量，所以他沒有加以阻止，「我知道他渴望成為最優秀的球員，這個渴望會賦予他力量，」[17]羅特拉寫道，「他選擇看待自己的方式會驅動他……這是為什麼他看待自己的方式，就是他最重要的天賦。」詹皇無論得時不得時，在起起伏伏、被視為英雄或狗熊的時期，他的所有行為都是被這種渴望成為最佳的所優秀的球員所驅動。

不過，身分可以有雙向的作用。如果描述你是什麼樣的人的故事不再奏效——如果它是你停滯不前的根源——那麼你需要一個新故事。企業家兼作家詹姆斯・阿圖徹（James Altucher）在他的一生中屢次崩潰和失敗，從富有到破產，再重新站起來，他正是因為如此而聲名大噪。在描述他的成功和失敗的紀錄片《選擇自己》（*Choose Yourself*）中，他鼓勵大家「不要被社會試圖奴役我們的常見故事所挾制，這些只是社會告訴我們的故事，我可以選擇不相信。」[18] 身分是我們告訴自己我們是什麼樣的人的故事。你還在講什麼故事？它為什麼不再對你有益了？你想告訴自己哪種故事？

商界有很多例子，可以說明公司透過改變故事而受益。如果十年前你告訴我，漢堡王將提供素食漢堡，而且會大賣，我會認為你瘋了，但世界變了，所以漢堡王也改變了。

馬克・祖克柏在一開始，把臉書當成常春藤盟校專屬的社群媒體網站，但是，最初的臉書團隊拒絕了這樣的計畫，讓公司成為了一個完全相反的開放平台：成了人人都可以進入的俱樂部，結果臉書大受歡迎。

Twitch是一款電玩應用程式，目前是全球最熱門的應用程式之一，[19] 實際上最初是一個二十四小時的直播平台，其中電玩只占很小的一部分。團隊通訊平台Slack最初根本不是給大眾使用的；它是由一家陷入困境的線上遊戲公司的員工所發明的，只是用來讓他們能夠互相交流。

另一方面，也有一些品牌因為過於緊守自己的故事而失敗了。柯達（數位底片）、黑莓（智慧手機）和Zune（音樂播放器）都比別人更早就擁有了自己的一片天。他們在各自的領域，有足夠的先發優勢，成為的長期領導者，但他們拒絕隨著時代和客戶的要求而改變。他們不肯放棄舊故事，因此客戶也放棄了他們。

儀式的科學力量

有時候，比起實際的真相，改變你的故事與你相信為真的事情更有關。聖路易藍調隊（St. Louis Blues）在經歷了一連串的敗仗之後，在二〇一九年決定採用一九八〇年代流行歌曲《Gloria》做為他們的非官方隊歌曲，他們一直在ＮＨＬ墊底，但不知為何，自從他們在更衣室開始播放這首歌的那一刻起，他們就不再輸球了。

隨著每一場勝利，他們就不斷地灌輸這種信念，相信這首歌引領他們贏得勝利。很快的，當地媒體、球迷、甚至連體育場的公共廣播系統都開始相傳這種信念，直到他們贏得史坦利盃（Stanley Cup）總冠軍。

是這首歌幫助他們贏球嗎？原唱布拉尼根（Laura Brannigan）爆發力強大的流行旋律有特殊的力量嗎？最重要的是**球隊相信它有力量，所以它就有力量**。

體育運動，尤其是棒球，充斥著奇怪的迷信：從球員在特定日子穿什麼顏色的球衣，到賽前的飲食，如韋德・博格斯（Wade Boggs）多年來一直吃雞肉，再到他們用球棒敲擊鐵釘鞋的次數和順序。你不必相信魔法就能看出這些儀式的力量不是來自任何超自然力量，而是來自**相信這些儀式會有效，它們提供了一種能掌控環境的感覺**。[20]

這就是為什麼，相信某事會使它更有可能發生，因為你在不知不覺中讓它發生了。

成為形容詞

我非常喜歡喜劇，尤其是單口喜劇，我經常為我的演講來研究單口喜劇，我認為這是公開演講的縮影，沒有音樂、沒有投影片、只有喜劇演員、麥克風和觀眾。喜劇演員必須只用口述文字去打動觀眾，讓他們笑、思考和有所期待。他有一個目標：讓一群付了錢並期待大笑地陌生人——通常是喝醉的人，有時還脾氣暴躁，能夠大笑。我從口頭（語氣、語調、速度、停頓、音量、節奏）和非口頭方面（面部表情、手勢、肢體、走位與站位）來研究喜劇演員。我的目標不是講笑話，而是掌握我的技藝，模仿最有效的技術，來影響觀眾的心理和情緒狀態。

在一九八〇年代初期，賈德・阿帕托（Judd Apatow）是一個熱愛喜劇的有趣小子。他從小就研究喜劇大師，甚至在長島念高中時就採訪過幾位大師。年輕的阿帕托非常機智，可以為職業喜劇演員編寫一些絕妙的笑話。但是當他自己上台時，台下竟是……悄然無聲，他對喜劇的熱愛，沒有使他成為一名出色的單口喜劇演員。我相信對他這位年輕人來說，這是一個殘酷的領悟。他夢想著、付出了所有的努力、去見了大師，但卻無法實現。

但阿帕托沒有放棄，而是重塑了自己。在電視編劇部門裡打拚多年之後，他有機會創作自己的電視節目——《怪胎與宅男》（*Freaks and Geeks*）。這是一齣經典熱門影集，擁有一批年輕才華橫溢的演員——詹姆斯．法蘭柯（James Franco）、傑森．席格爾（Jason Segel）、塞斯．羅根（Seth Rogen），但僅播出一季就被取消了；然後他又創作了另一個影集《主修未定》（*Undeclared*），但播出兩季後也被取消。同樣的，阿帕托並沒有沮喪，他適應了另一種形式，並嘗試了新的東西：電影。

在電影中他找到自己的方向，執導或製作了一系列非常成功的電影：《40處男》（*The 40-Year-Old Virgin*）、《好孕臨門》（*Knocked Up*）、《男孩我最壞》（*Superbad*）、《伴娘我最大》（*Bridesmaids*）。現在，阿帕托是好萊塢最有影響力的人物之一，他執導了這個時代幾部最成功的喜劇片，發掘了一批新的明星，而且幾乎獨力推廣了「兄弟情」。透過改變自己的故事，他改變了喜劇的走向。阿帕托有很多模仿者，他甚至成為一個形容詞：阿帕托式的（*Apatovian*）。順帶一提，我也很想成為一個形容詞，該叫史坦式的？還是，史坦般的？

如果阿帕托在職業生涯一開始，就計畫拍攝改變電影走向的開創性喜劇電影，他可能不會成功。他必須跟隨自己的熱情、研究大師、付出努力，並從失敗中吸取教訓，才能自然而然地實現目標。當然，阿帕托的成功是因為他的才華，但也因為**他願意接受重塑的力量**。

賈伯斯在二〇〇五年史丹佛大學畢業典禮的著名演講中說：「你無法預先把現在所發生的點點滴滴串聯起來，只有在未來回顧今日時，你才會明白這些點點滴滴是如何串在一起的。所以你現在必須相信，眼前現在發生的點點滴滴，將來多少都會連結在一起……這種方法從未讓我失望，反而改變了我的人生。」[21]

建立奪標心態的行動步驟

- 現任NBA紐約尼克隊總教練錫伯杜（Tom Thibodeau）曾經說過：「在我們調整任何事情之前，我們必須首先確保自己是在按照學過的方式去做。」[22]在你全力以赴重塑之前，請確保你把當前的策略發揮到極致。

- 想一想在你的工作中擅長或喜歡的部分，有沒有辦法沿著這條線索進入新職位或全新的工作？
- **寫一個新故事**，當作是個練習，描述一個關於你自己的新故事，這個故事將在未來五年或十年內發生。它可以很簡短，但是要寫下來，放在一個地方，可以定期查看。
- 對於那些想自己創業，但不知道從何開始的人，請先去**找出世界上的問題**。電台製作人蓋伊．拉茲（Guy Raz）說：「個人熱情和解決問題的交匯點是好點子的誕生地，也是建立專業之處。」[23]

第八章
找到戰友

在猶他州的一次活動中，我遇到了賴瑞・亞奇（Larry Yatch），他是一位曾在中東工作過的資深海豹突擊隊隊員。在菁英團隊工作了十年後，因為一次受傷而退役，現在他擔任領導力顧問，發表演講。我們向相同的聽眾演講，他從最高風險領域的實戰中學到了一些寶貴的經驗。

他分享的一點讓我印象深刻，那就是海豹突擊隊成員必須互相配合。計畫必須同步到毫米和毫秒，這種精確度是大多數人無法想像的，他在談到自己海豹突擊隊的經歷時說：「成功完全取決於你與他人協調行動的能力。」那些簡直就是生死攸關的情形。儘管我們沒有面臨同樣的危險，但我們的成功和失敗也取決於我們在團隊環境中的工作表現。在本章中，我將介紹如何運用你的團隊，以及他們如何幫助你打破你的停滯期。

如果你看過NBA比賽，你就會注意到當一名球員走上罰球線投籃時會發生的事情。在第一次投籃後，不管是投進與否，排隊搶籃板球的隊友通常會走進禁區，和投籃者互相擊拳或雙手放低擊掌，這個儀式化的時刻是團隊概念的完美體現。

想一想：球員站在罰球線上，尤其是在高風險、高壓力的情況下，是一種孤立的經歷。此時球員是孤獨的，他在比賽中的任何其他時間點都未曾如此過。罰球線「這個地方感受到孤立的重量足以讓你倒下」，[1]所有的目光都集中在罰球員身上，這是一個「無人防守的」投籃機會，也因為沒有人防守，所以人們以為會比實際情況更簡單。球迷會特別為那名球員歡呼或噓聲，試圖分散球員的注意力。此時此刻，與隊友肢體接觸的儀式，傳遞出一個強而有力的訊息：我在支持你。

我喜歡這種簡單的手勢，並認為它可以應用於其他地方。**當你的隊友處於孤立或緊張的情況時，你是否有辦法為他們做到這一點？**這是一個強大的連結時刻，對接受者和給予者都有幫助。

人際定優劣，互動決勝負

在二十一世紀，人們很容易在工作中感到孤立。根據你的情況，你與同事、客戶、上級和下屬的互動可能有限。你可以透過電子郵件交流，透過螢幕交談，而且每天在電腦前吃午飯。所有這一切可能很方便，但也可能讓人覺得乏味、孤獨和疲憊。

新冠肺炎的疫情使這個議題成為我們生活中的焦點，長期的封城導致在那個時期幾乎每個人都必須在家工作，但也引發了更廣泛的討論，辦公室到底是什麼，以及辦公室應該是什麼樣子。我相信這段時期將證明對人們的工作方式和地點產生長遠的影響。

隨著視訊會議、協作文檔、開源運算和遠距工作文化的興起，數百萬員工現在將自己視為獨立運作的衛星。儘管這樣帶來了便利，但這種遠距工作文化正在使人們之間的距離愈來愈遠。

這種情況也發生在社交方面，我們在網上可能有更多的「朋友」，但我們真正的朋友有多少？社會學家發現，我們傾向於把網上的其他人視為「物體」而不是人，[2]這顯然會傷害我們感同身受的能力，這也是網路上評論會如此殘酷的原因。我們可能在社群媒體意義上，更「有歸屬感」，但我們在情感和精神層面上是否與他人有所連結？給你部門的某個人發一封電子郵件，和與他坐下來談五分鐘一樣有影響力嗎？難道我們不需要這種實際碰面的連結嗎？

獨自工作時，你可能會一整天都見不到任何人，從而錯過了使今天與昨天不同的偶然互動。辦公室帶來了與親密同事相處的機會，也帶來了與人即興互動的機會，像是一起在休息室喝咖啡、在停車場下車，或者在走廊上停下來與同事聊天，這些被稱為實用的不便。[3]賈伯斯曾經將整個皮克斯公司（Pixar）的所有洗手間，都放在一樓的中庭，以鼓勵來自不同部門「人與人之間的偶然碰撞」[4]，因為他相信這會激發創造力。

我們在工作中的互動，不僅僅是在辦公室的副作用或困擾，它們也是有益處的。在對美國五十個最佳工作場所的研究中，只有一個特徵是所有前五十名組織都有的——「優質的人際關係。」在所有行業中，讓大多數人對工作場所感到滿意的，是與同事的關係。想想你做過最喜歡的工作：同事難道不是使工作變得如此出色的部分原因嗎？

還有證據顯示[5]這些關係有助於提高我們的工作滿意度，並讓我們專注於工作，[6]這兩者都能提高工作績效。我們不應該因為有了其他選擇，就放棄這一切。隨著世界朝著自動化、數位化和人工智慧的方向發展，有情感連結的關係比以往任何時候都更有價值，不要低估它們。

人與人之間的連結有益健康

「社交連結是人類經驗的基本特徵，當我們被剝奪社交連結時，我們會感到痛苦，」[7]作家和科學家倫納德．姆沃迪瑙（Leonard Mlodinow）寫道，因「社交痛苦」受到的傷害，與身體疼痛一樣，會影響大腦的相同區塊。當你說某人「傷害了你的感情」時並不是在比喻，而是身體實際上也感受到同等程度的疼痛。

此外，缺乏社交連結的危險很顯著，與「吸菸、高血壓、肥胖和缺乏運動的影響」相當。[8] 那些表示自己社交連結比同齡人少的人，更有可能早逝，[9] 而且孤立與抑鬱、焦慮、疾病、免疫系統衰弱、肥胖和壽命縮短有關。[10]

不僅僅是其他人的存在對我們是有益的，其他人還讓我們感覺到自己是有用的人。幾年前加拿大的一項研究，給一組患有高血壓的老年人每週四十美元，然後追踪他們的選擇對血壓的影響，結果令人震驚。僅在幾週內，那些選擇把錢用於他人身上的人與那些為自己購買物品的人相比，前者的血壓明顯降低，他們健康狀況的改善也不小，這樣的改變與飲食改變一樣有正面的效果。[11] 其他研究發現，捐錢[12] 比花在自己身上，更能改善情緒，這被稱為「助人的快樂感」，而且那些花時間當志工的人更長壽。[13]

格蘭特研究（Grant Study）是關於社交關係正面影響最著名的（也是最長的）研究之一，目前由哈佛精神病學家羅勃特・沃丁格（Robert Waldinger）主導。這項研究在大蕭條時期開始追踪一群學生，並記錄他們的一生。[14] 沃丁格的結論是，我們的心理、生理、情感和精神健康都與我們的人際關係密切相關，遠遠超過我們所意識到的，甚至我們的生理選擇[15] 也會受到人際關係的影響。建立起人脈，當中包含關心你、激勵你、並讓你感到有價值的人，這並不是奢求，而是一個生死攸關的問題。

清理好友、斬除孽緣

累積「好友」和「粉絲」已經變成了一種數字比賽，這很奇怪。我們的價值現在是透過我們擁有多少網路上的人脈來衡量，儘管在拓展人脈之外，我不確定這到底有多大好處。你的核心圈子應該保持在可管理的小範圍內，這樣可以建立更深入、更有意義的關係。就像你需要注意自己吃進體內的東西一樣，你需要小心允許進入你核心圈子的人。

我們只有有限的時間和精力，如果我們在人際關係中過於分散心力，我們就無法從中受益。這就像在一心多用，你做的事情太多，以至於什麼都沒做。問問你自己，你是否在網上和兩百個人「當好友」，但真正的朋友卻一個也沒有嗎？

最後，你是否出於習慣而與朋友維持友誼？如果你判定某個人對你的生活造成了負擔，請不要只是怨恨他們，或在背後談論他們，請採取行動。史考特・葛伯（Scott Gerber）在《哈佛商業評論》中，建議主動出擊：「從制定計畫開始，**對於那些造成沉重負擔的人，要減少在他們身上投資的時間，直到你能全身而退。**」[16] 你的社群網絡應該像一個花園——培養正面的成長，並清除枯死的植物。我們都有都有一些人際關係在枯萎，如果你把那些耗費心力的關係給除掉，對你們雙方都有好處。

這聽起來可能很殘酷，但它會給你們雙方為新的事情和新的人，騰出時間和精力。

我們認為戀情是我們有意識地開始和結束的關係，而友誼是開始和結束時都更加微妙的關係，但沒有理由這樣想！我不是建議你必須一刀兩斷地與朋友分手，但你可以做出有意識的決定，拉開與朋友的距離，並找到尊重對方的方式來處理。最好清理一下雜草，以便有位置長出新的東西。

「近朱者赤」的真正意義

拉克亞尼（Vishen Lakhiani）在《佛陀與惡棍》（*The Buddha and The Badass*）中建議，「讓自己與實現願景所需要的人結合起來。」他稱之為「吸引你的盟友」。[17] 雖然在需要時能夠依靠他人是很重要的，但你生活中的人也應該激發和強化你最好的部分，即你努力在培養的部分。如果你覺得自己停滯不前，可能是你的社交團體或同事促成了這種惰性。我們必須與那些鼓勵我們成為自己的人，建立更牢固的連結，這一點極為重要。

正如詹姆斯．克利爾所說，「加入一個把你想要的行為視為常態的團體或族群中。」[18] 找到一個能挑戰你的圈子，因為你將吸收和反映那些與你相處的人的行為。你會因為渴望有歸屬感，而有目的地這樣做，也會漸漸出於習慣而不自覺地這樣做。我們從朋友那裡，吸收了話語、情緒、信念、行為和其他朋友的模式。想一想，除了你的家人，你花最多時間陪伴的人。他們各自在你身上帶出了什麼行為？這些行為是可取的，還是不可取的？是否能讓你成為最好的自己？提出這些問題最終會讓你更認真地決定與誰相處。

我的前商業夥伴、培訓師漢倫告訴我，每個人都應該「找幾個人來鞭策你、挑戰你、鼓勵你，並且無論你的情況好壞，都一直支持你的人」。他建議讓自己圍繞在「也會告訴你真實情況的人」。德魯與一些全球最厲害和知名的球員一起工作，他看到了核心內圈會有好處，也會有缺點，誰能給你額外的助力？誰又是你停滯不前的另一個負擔？

成為團隊一員，最大好處之一是擁有內建的問責制度。你的**團隊可以幫助你看到你的盲點，對你提出很高的要求，並且指出你的錯誤**。這些人非常關心你，能夠告訴你你需要聽到的話，即使不是你想聽到的話。不要讓自己與那些告訴你真相的人隔絕開來。「每位億萬富翁都遇到同樣的問題，」[19]企業家和發明家馬克·安德森（Marc Andreessen）寫道，「他們周圍不會有人說，『嘿，你剛才那個愚蠢的想法真的很蠢。』」

我曾經仰慕過一些運動員、商人和藝術家，他們顯然相信了那些往臉上貼金的公開宣傳，而沒有長進，可能是因為從來沒有人挑戰過他們，這是任何職業的喪鐘。對於那些周圍都是應聲蟲的人來說，這也是一個警示，這些應聲蟲就像是包覆在他們生活周圍的隔熱墊，他們永遠不必聽到批評或接受新想法；他們感到受到保護，但實際上是在同意終生停滯。

我們的朋友和同事也可以當作鏡子。加州大學洛杉磯分校棕熊隊（UCLA Bruins）籃球教練珂莉・克洛斯（Cori Close）建議，你應該「向周圍的人多問問題，這會讓你窺探到自己的內心世界。」[20]與你相處最多時間的人深刻地洞察到你的行為，這是非常寶貴的。在某些方面，他們比你更了解你自己。

你的朋友或同事可以透過成為問責夥伴，來強化你最好的一面。如果你想養成新的正面習慣，請讓他們知道，恭敬地請他們參與這個過程，這個策略已經被證明是有效的，[21]也主動提出要為他們做同樣的事情。記住：追究某人的責任不是你對他們做的事情；而是你為了他們好而做的事情。這是愛的一種形式。

想要有威力強大的方式來讓某人勇於當責嗎？

在開始對話時說：「我相信你，我知道你比你所表現出來的要好。」這種方法會增加機會，讓他們以正面的方式，接受你的反饋。

負面能量就像二手菸

你必須像保護你的家庭和財產一樣，保護好你的心理和情感資源。在你自己周圍築起一道籬笆，不要讓任何有意或無意地汙染你、危害你或削弱你的人進來。

我們受到自己圈子中人的影響，比我們意識到的還要深刻。社會心理學家福勒（James A. Fowler）和克里斯塔基斯（Nicholas Christakis）認為，「如果你變得更快樂，那麼方圓一英里內的朋友都有六三%的機會也變得更快樂。」[22] 這個原則尤其適用於負面情緒，因為相較於正面情緒，負面情緒會更難擺脫。[23]

我們甚至會在生理層面上受到朋友和同事情緒的影響。壓力過大的人會釋放出一種氣味，其他人會在不知不覺中聞到，這會導致他們焦慮。[24]「我們也會像吸到二手菸一樣，接收到消極情緒、壓力和冷漠，」[25] 尚恩・艾科爾（Shawn Achor）寫道，「只要去觀察壓力大的人就會接受到那樣的情緒，尤其如果對方是同事或家人。」

我們圈子裡這些「有感染力的」的人，對我們的影響是如此不明顯，因為我們甚至沒有注意到他們，我們吸收他們的行為就像我們呼吸的空氣一樣。情緒感染理論[26] 顯示，你透過反映生活中的人的語氣、身體姿勢和情緒，來與他們保持一致，因為他們也在模仿你，所以你們兩個陷入了一個難以打破的反饋循環。

我們都知道，如果我們看到有人笑或打哈欠，我們更有可能跟著笑或打哈欠，但所有其他行為也是如此。這種影響發生在我們甚至沒有注意到的層面上，這就是情緒滲透我們的方式。

找出你的最佳隊友

當然，我們無法一直控制與什麼人一起工作。但是，意識到他們的影響，並在可能的情況下做出調整，這一點仍然很重要。丹尼爾．高曼（Daniel Goleman）這位推廣情商概念的心理學家發現，「在不同行業的七十個工作團隊中……坐在一起開會的成員最終會在兩個小時內，擁有相同的情緒，無論是好的，還是壞的。」最令人驚訝的是，這種同樣的情緒與會議的主題完全無關！這只不過是他們帶進房間的情緒，而同事會自然而然地模仿彼此的情緒狀態。

高曼也在體育界發現了這種動態的例子，「撇開球隊排名起伏不談，」[27] 他寫道，一支球隊的「球員往往會在幾天和幾週內同步他們的情緒。」球隊會因為勝負之外的因素而情緒上下波動！我們認為會滿足是因為勝利，這可能是真的，但反過來也是一樣的：勝利是隊友彼此有積極情感連結的結果。

真正優秀的球員也在尋找能夠激發自己最佳狀態的隊友（和對手！），他們知道，提升到下一個層次不是靠自己做到的。

【建立奪標心態的行動步驟】

- **重新評估你周遭的人：**「讓自己圍繞在會提醒你未來，而不是想起過去的人當中。」[28]心理學家哈迪建議。你的朋友或熟人是你環境中不可或缺的部分，列出那些你認為能為你的生活增添價值的人。如果你生活中的某個人不是在那個名單上，你能找到減少與他交往的方法嗎？
- **社群媒體審核：**看看你在社群媒體上的關注者；這些人是你心理環境的部分。他們是否用激勵人心、有益、和有意義的內容填滿了你的內心？還是他們發布八卦、負面意見和無用的垃圾？取消關注和刪除任何不能為你的心態增加價值的人。

第九章 擴大連結

熟悉的人並沒有什麼問題，但如果熟悉的人完全是由同一群人組成，而且在過去十年、二十年裡一直都是如此，那可能是導致你停滯不前的原因。在你核心圈子裡的人要像你一樣致力於持續成長和發展，這一點極為重要。如果你在生活的各個方面不斷努力向前邁進，而你的朋友卻沒有，那麼這些關係可能會以你根本沒有注意到的方式阻礙你。

會不會有可能……

- 你在為那些朋友扮演一個角色，因為這是你們大家習以為常的。
- 你因為害怕他們的評論而不敢嘗試新事物。
- 你回到第一次見到他們時的自己——有時我們會和老朋友一起成長，但有時我們不會。
- 你們的相似之處或共同經歷讓你們走在一起，但那是很久以前的事了。你還是你們

兩個相遇時的那個人嗎？

同溫層如何而來？我們通常會尋找自己的版本。在人生的早期，以及在新的環境中，這是我們的主要驅動力之一：**誰和我一樣？我怎樣才能與他們建立交情？**但是我們的社交生活可以自成一種同溫層。正如組織心理學家梅儂（Tanya Menon）所解釋的那樣，「當我們遇到麻煩、需要新想法、需要新工作、需要新資源時，這才是我們真正為生活在小圈子裡付出代價的時候。」[1]有時候舊的事物意味著久經考驗，值得信靠；有時候它只是意味著破損和沒有用處。

我們社交生活的舒適圈可能會讓人受限，這並不意味著我們的朋友有問題，或我們需要把他們全部排除在外。社交關係是個人成長的重要領域，但卻被人忽視。經濟專家提姆·哈福特（Tim Harford）寫道：「現代世界比以往任何時候都為我們提供了更多機會，讓我們可以與那些外表、行為或想法與我們不同的人建立關係。」然而，我們做了什麼？「我們透過尋找像我們一樣的人，讓我們的社交人脈整齊劃一。」[2]

想一想網路世界如何按照相似的群體和信仰體系對自己進行分類。光是接觸新的人和想法是不夠的，尤其是當我們尋找的都是鏡子。這就是為什麼尋求族群、種族、年齡、性別、思想和觀點的多樣性是如此重要。

我們常常會抵制新面孔進入我們的生活，因為他們看起來不像「我們這種人」，但這正是我們應該讓他們進來的原因。我們不知道這種關係可能帶來什麼情況，而這是件好事。為我們的社交圈注入新的活力，可以帶來有形和無形的收穫。

有形收穫的一個例子是，[3]大多數人會透過「微弱關係」獲得工作，比如透過朋友的朋友或間接關係。為什麼？我們的緊密關係，即我們最親近的人，認識我們認識的人，並且聽說過我們聽說過的機會。我們不太了解的人，更有可能聽到我們不知道的事情或認識我們不認識的人，所以新的人增加了我們的機會。然而，還有一些不太明顯的收穫：新的人向我們介紹了嶄新的想法、新奇的體驗，還有——更多的人。

但是，你要獨立思考，不用聽信我的話。

杜蘭特的朋友圈

當我採訪凱文．杜蘭特時，他坦率地談到了他的核心交友圈對他成為一個優秀的人和球員所發揮的價值。這並不是因為他的核心交友圈組成，都是一群和他一樣，或者讓他舒適的人，那些不是他要找的人。杜蘭特強調要交往的是「從不同角度看待生活的人、遭受過苦難的人、與不同的人一起經歷過不同人生情況的人」，他告訴我，「我喜歡那些去過世界各地的人，我也想聽聽他們的看法。」

很多處於杜蘭特等級的人可能（甚至是真的）讓自己封閉在泡泡中，以滿足他們的自尊心，但杜蘭特是一個真正的探索者。他把進入NBA視為旅程的開始，並且他一直這樣看待這件事。他不希望自己的世界保持狹小，因為他知道這會導致停滯，最終將阻礙發展、破壞情緒和扼殺職業生涯。

我不禁想起《最後一舞》中的那個場景，喬丹被困在旅館房間裡看電視，除了他的保鏢，沒有人可以交談。這就是他在巡迴比賽路上的生活，他的世界必須保持無一疏漏和可以控制，雖然這不是他的錯，但我敢肯定他的情緒受到了影響。另一個好奇是，他倒底能和他的保鏢一起賭到多大？[4]

聽著，喬丹是喬丹，他那個時候是不同的時代，但這是一個有啟發性的比較。杜蘭特刻意努力讓他的世界保持新鮮和多樣化，這使他成為一個非常迷人的人物。他希望獲得資訊、驚喜和挑戰。這讓凱文·杜蘭特成為傑出運動員，一個令人敬佩的人物。

有很多人「成功了」，然後把所有的時間都花在舒適的泡泡裡。但真正優秀的人知道，身為表演者和個人，他們都可以從突破自己的舒適圈中獲益。

找「烏鴉」加入你的團體

當我們都待在與自己相同的團體時，也會養成危險的習慣，比如**團體迷思**。在這種狀態下，我們不再獨立思考，更在意自己是否合群，而不是有所貢獻。然後所有的差異都消失了，變得平淡無奇，所以「團體成員在不知不覺中談論他們共通的資訊，而不是每個人獨有的資訊。」[5]當我們害怕做自己或表達異議時，就會發生團體迷思。在我剛開始擔任教練時，我記得聽過一句格言：「如果這個**團隊中的每個人都在想同樣的事情，那麼他們當中有些人實際上並沒有在思考**。」那就是團體迷思。

這不僅對個人來說是危險的，而且對團體來說也是無效的。事實上，在團隊中解決問題的最佳方法根本不是透過腦力激盪：而是透過表達不同的意見！沒錯：異議和辯論比直接開會腦力激盪能產生更多的創造力和生產力。[6]這就是為什麼在軍方或中央情報局批准一項行動之前，領導者會帶來一組代表敵方的「紅隊」，這個小組會試圖在計畫中找出漏洞，看看有哪些地方沒有被考慮到。[7]

這種內置「故意唱反調的人」強化了任務，因為它確保在計畫過程中，不會發生團體迷思。正如前撲克冠軍和顧問杜克（Annie Duke）所說：「我們已經知道為什麼我們是對的，我們需要的幫助是，為什麼我們是錯的。」[8]

聽好，這並不意味著你應該無緣無故地與同事爭吵，但這確實意味著你應該對不同的意見和觀點持開放態度，因為好主意就是這樣出現的。科學突破在實驗室中發生的次數比我們想像的要少，我不知道你是否和我一樣，但我總是想像偉大的科學發現發生在一個無菌的白色房間裡，有一個比我聰明好幾倍的人穿著實驗室外套從顯微鏡旁跳出來，並說「啊哈！原來如此。」

雖然我確信這種情況確實會發生，但比我們想像的要少。這些發現最常出現在會議中，[9]特別是研究人員必須為自己的工作辯護時。在幾乎所有的科學領域，發現都不是透過獨自完成的實驗室研究產生的，而是「成群結隊的研究人員聚集在一張桌子旁，討論他們的工作，因為他們被迫回應來自其他研究人員的挑戰和批評。」因為科學是關於了解真相，而不是達成一致或討好，所以捍衛你的工作是這個過程的一部分。這就是為什麼科學比其他學科，比如政治，發展更快的原因。[10]各種想法和觀點的摩擦會產生火花，若你要這樣說的話，這是一種化學反應，而這種火花本身會帶來發現。

我們必須避免的另一件事，是陷入自己的「同溫層」（filter bubble）。[11]同溫層曾經指的是我們在網上消耗的資訊和新聞，但現在它可以指我們所有的互動和曝光。我們只會遇到像我們一樣的人，閱讀我們認同的內容，並聽到與我們自己相同的觀點。我們在各自的同溫層中停留的時間愈久，就愈難打破它們，我們就愈有可能停滯不前。我們應該在生活中為新奇事物留出空間，即使它以某種令人不舒服的形式出現。請記住，正是擴張自己的能力才使我們成長。

專業的障礙

企業家和暢銷書作家喬許・林克納（Josh Linkner）說，在工作中「埋頭苦幹」並專注是很重要的，但別忘了要有「抬頭」的時間，來觀察周圍的世界，[12]因為我們可能會從自己通常不會去注意的地方獲得靈感。

記者大衛・艾波斯坦（David Epstein）在他的著作《跨能致勝》中，將知識工作者分為兩類：一是通才，他們廣泛涉獵各種學科；二是專家，他們只了解自己的領域，而其他一概不懂。無論他從哪種情況來看，都發現通才最終變得更有效率、更快樂、更有創造力。問題是「專家可能會變得非常狹隘，以至於他們隨著經驗的增加，他們變得更自信，但實際上是變得更糟，這是一種危險的組合。」[13]

《跨能致勝》中充滿了有趣的例子，說明只精通一件事可能會令人停滯不前，而涉足其他領域可能會激發靈感。艾波斯坦提到了一項對會計師的研究，發現在稅法進行改革時，出現適應困難的是資深人員，反而是新手能夠很快地適應。為什麼？經驗更豐富的會計師想法過於僵化，幾乎被卡在原地，無法把新的想法納入他們目前的框架。同樣的事情也發生在經驗豐富的橋牌玩家身上，當他們熟悉的撲克牌比賽引入新規則時，他們會遇到問題。[14]

我們沉浸於自己的專業領域，深深陷入泥沼中，無法再前進。打破這種局面的方法是在我們不熟悉的領域嘗試，這可能有助於增強我們在自己原本領域的技巧。涉足到新的領域，那些我們不是權威者的領域，有助於我們在智力和情感上成長，提醒我們始終有更多的知識可以學習。

我曾在健康、醫學、商業、飯店、學術、科技、體育等領域發表過主題演講、研討會和團隊培訓，並從這些領域中獲益匪淺。我們愈是投入、涉足新的世界，擴大我們願意學習的範圍，我們就愈不可能陷入困境。為了提高我的演講能力，我學習了單口喜劇和嘻哈音樂，以改善我對時機、節奏的掌握和舞台表現力。如果我只研究其他勵志演講者，我就只能在自己的同溫層中原地轉圈。

最好的教練和球員不只是研究他們自己的運動。艾瑞克．穆塞爾曼擔任過近二十個不同的籃球教練工作，他告訴我，他使用游擊手的影片來教球員反應時間；使用網球運動員的影片來教橫行步法；使用外接手的影片來教精準的空切。他願意從任何地方汲取靈感，這正是他的優勢所在。他告訴我，當他擔任助理教練時，他會和他媽媽談論他的工作，以及他是否滿意自己的情況。當他覺得可能是時候做出改變時，她會問他：「你從這個系統中學到了東西嗎？」

如果他回答，「有的，」她就會說：「繼續前進，去向別人學習吧。」

找尋初心

關鍵是要用新的眼光看待自己的工作。在佛教中，這種能力被稱為「初心」。我喜歡這個詞，因為它接受自己對某些事物是新手的想法，而不是去掩蓋那些不足。初心是擺脫我們自認已經知道的東西，回到自認已經都會之前，那種處理事情的開放方式和孩子般的態度。

我最喜歡的例子之一是：一九四〇年代，埃德溫・蘭德（Edwin Land）受到他三歲的女兒的啟發，發明了獨特的拍立得相機，因為他女兒不明白為什麼她不能立即看到他剛拍的照片。她的問題讓他開始思考：是啊，為什麼不能呢？孩子們不害怕跳出框框思考，因為他們甚至不知道有框框的存在。根據哈佛兒童心理學家保羅・哈里斯（Paul Harris）的說法，五歲左右的孩子提問的頻率達到高峰（到那時，孩子已經提出了約四萬個問題），然後頻率開始下降。其中一個原因是？學校不鼓勵提問，而是鼓勵答案！

要回到這種好奇的狀態並不容易，最好的方法之一就是教書。教學有助於讓我們進入懂的比我們少的人的思維方式，迫使我們拆解、解釋和簡化我們的技能。研究顯示，如果你把兩個數學能力不同的學生放在一起學習，不僅較差的學生表現會更好（顯然），而且更強的學生也會表現得更好。教學迫使你以新的方式思考舊事物。[15] 盡可能地尋找機會傳授你的專業知識，你會驚訝於你在這個過程中學到的東西。

另一種重新看待事物的方法，是引入具備新觀點的人。籃球發明於一八九〇年代，但跳投直到一九五〇年代才成為流行的得分方式。籃球界沒有跳投竟持續了六〇年的時間！即使在那個時候，還有人持反對意見。一九六三年，波士頓塞爾提克隊的名人堂選手的鮑勃．庫西（Bob Cousy）說：「我認為跳投是十年來籃球界發生最糟糕的事情。」[16] 公平地說，庫西還沒有見過史蒂芬．柯瑞，他還要再二十五年後才會出生。

籃球運動發生了幾件事情，促使跳投的採用和普及，但關鍵是進入聯盟的年輕一代的球員喜歡跳投。因為老一輩的人學習打球時都是使用定點出手（雙手投球，雙腳站在地上），他們認為這就是打球的正確方式。他們看不出跳到空中有什麼吸引力或好處，從現代的角度來看，這聽起來很荒謬。[17] 正如尼克．格林（Nick Greene）在《如何像天才一樣看籃球》（*How to Watch Basketball Like a Genius*）這本非常有趣的書中所說，「第一批跳投運動員的每一次跳躍都衝擊著傳統智慧，隨著他們愈來愈願意忽略前輩的意見，這種動作逐漸融入到比賽中。」

新的觀點是所有事物演變的方式。一項研究發現，在一個基本上同質的團隊中引入外人，實際上會使團隊解決具有挑戰性問題的機會增加一倍。[18] 這不是因為外人帶來了摩擦，而是因為有了摩擦才解決了問題。[19] 每個人都來自相同背景的小組「效率不彰且自滿」，[20] 會在同樣的地方打轉，納悶為什麼他們沒有任何新進展。

當我從籃球訓練領域轉向企業演講領域時，我非常依賴這個概念。每當有組織認為我缺乏企業經驗是負面因素時，我都會自信地扭轉局面。我會告訴他們，「我沒有在企業經歷過，這是一項重要的資產，因為我會用新想法、新觀點和新策略幫助你們徹底改變現狀！」我認為太多的人，尤其是那些處於領導地位的人，更關心自己顯得聰明，而不是實際做出明智的決定。因此，他們避免那些自己沒有在主導的情況。這對成功具有破壞性，

能教給你東西的人不是威脅，而是禮物。

善用來自競爭對手的激勵

你還可以從競爭中學到很多東西。在《零偏見決斷法》（*Decisive*）一書中，奇普・希思（Chip Heath）和丹・希思（Dan Heath）舉了沃爾瑪（Walmart）主席山姆・沃爾頓

（Sam Walton）的例子，沃爾瑪是全球最成功的公司之一，他本可以表現得好像他已經完全掌握了他的業務，但他並沒有。希思兄弟解釋說：「在沃爾頓的職業生涯中，他一直在注意好點子……沃爾頓說過：『我打賭我去過的Kmarts分店比誰都多。』」[21]

在他的職業生涯中，沃爾頓一次又一次地自問，『還有誰苦於類似的問題，我能從他們身上學到什麼？』」沃爾頓藉此來找到巧妙的解決方案，儘管他已經稱霸業界，他並沒有排除他的競爭對手可能知道一些他不知道的事情。

如果你放眼大局，你的競爭對手實際上是一個合作者，你們彼此督促自己做到最好。競爭可以激勵我們，因為我們最終「把競爭當作我們動力的燃料」。[22]研究競爭的社會科學家加文．基爾達夫（Gavin Kilduff）發現，當長跑選手眼中的競爭對手人參加比賽時，他們會表現得更好，出現其他的跑者會促使每個人跑得更快。與平常訓練相比，「耐力運動員在比賽中可以忍受比在訓練時更大的肌肉疲勞」。[23]出現競爭實際上使他們發揮最佳能力。

基爾達夫在職業籃球、棒球和美式足球中也發現了類似的結果：球隊在賽季結束時的戰績與他們主要對手的表現存在正相關的關係。[24]想想一個拳擊手與各種對打搭檔的訓練，搭檔愈強，訓練就愈強，表現就愈好。至於嘻哈音樂？儘管它們今天沒有那麼流行，但一九九〇年代和二〇〇〇年代初期的說唱大戰讓說唱歌手維持堅強的實力，並成為各自領域中的佼佼者。

甚至有一種東西叫做「給予幫助的競爭」，它是有目的地建立競爭，來讓每個人變得更好。如果掌握得不當，這可能會導致負面的衝突，因此要使其發揮作用，需要一個要素：互相尊重。挪威奧林匹克滑雪隊在給予幫助的競爭模式下取得了驚人的成功。雖然這是一項個人運動，而且只有一個人才能獲得獎牌，但該隊的滑雪運動員願意彼此分享賽道的詳細資訊。儘管在這種情況下，給予者會損害自己獲得獎牌的機會，例如因為隊友得到更好的成績會讓他被淘汰，但這樣付出的文化會繼續影響到每個人身上。[25]

今天的給予者就是明天的接受者，每個成員都知道這一點。瓊斯教練在招募年輕球員到德瑪莎天主教高中時，把競爭作為主要的賣點：「如果你的目標是打一級籃球，或者更好的是要打進職業比賽，那麼你需要每天在練習中與菁英球員競爭。」除非你是跟著堅強的對手進行磨練，否則沒辦法提高自身的技巧。

學無止境，會問者成大事

前塞爾提克隊助理教練伊士曼現在擔任各類球隊和組織的顧問，是一個真正的終身學習者。他與我分享了他鼓舞人心的方法，他試圖不做一個萬事通，而是一個「學無止境者」。任何接觸過伊士曼教練的人，都知道他在這方面是真心的。每次我見到他，不管在什麼情況下，他都會拿出筆和記事本做筆記。他甚至在我採訪他的時候，也這樣做了！想像一個思想如此開放的人，在被問問題時還要做筆記。

如果伊士曼教練與其他教練和演講者一起參加論壇或講座，他會像聽眾一樣做筆記。他告訴我，這個過程確保了他的注意力，並且寫下來可以讓他更容易記住。「這就像我聽到了兩次，」他向我解釋道，「這樣更有機會記牢。」伊士曼也有一個WILT筆記本，也就是記下「我今天學到了什麼」（What I Learned Today），他每天都堅持把學到的東西寫在筆記本上。當我問他如何防止停滯不前時，他告訴我：「我知道，我並不知道自己需要知道的一切，我只是有好奇心。」他的默認狀態是一直在問問題，而且永遠學不夠。「我從不浪費可以思考和學習的環境，」他解釋說，從飛機到醫生診間，到處都是學習新事物的地方。

伊士曼分享了一個他為一支NBA球隊提供顧問服務時的故事，當時他與歐巴馬政府的一名官員一起上台講話，當團隊管理小組向兩位演講者提問時，伊士曼（在台上）舉手問了第一個問題，他轉向歐巴馬顧問，詢問用什麼方式來形容歐巴馬總統最好。「知識方面的好奇心，」這位國防官員說，「他是會場最好的提問者。」這是伊士曼做事方法的縮影。我們在學校裡被教導，給出最好答案的人將會成功，但美國最有成就的人卻被貼上了完全相反的標籤：他提出了最好的問題。

從反向導師制，促使你加速躍進

如果你想在任何事情上做得更好，找一個教練或導師。他可以看到你還看不到的東西，追究你的責任，知道你不知道的東西，並教導你甚至不知道自己不知道的東西。當我成為演講者的時候，我找了一位演講教練。在我簽下出版合約的時候，我找了一位寫作教練。在我開始賺到足夠的錢來儲蓄的時候，我就聘請了一位財務教練。導師就在我們身邊；我們只需要願意找到他們，並願意傾聽。

「很多時候，」執行長教練康利（Chip Conley）寫道，「導師是一面鏡子，因為（理想情況下）他（或她）與你幾乎有一種神奇的連結感，可以幫助你更了解自己。」[26] Airbnb創始人切斯基（Brian Chesky）多次談到他一直在尋找學習的方法，他說：「我試圖找到該領域的頂尖專家，[27]並詢問他們是否願意給我建議。」我們可能無法接觸到切斯基的人脈，如臉書前營運長雪柔．桑德伯格（Sheryl Sandberg）、蘋果設計師強尼．艾夫（Jony Ive）和中情局前局長喬治．泰內特（George Tenet），但我們可以從這種請益的心態中獲益。

我們也可以透過成為別人的導師而獲益。正如布蘭登．布夏德（Brendon Burchard）

所解釋的那樣，「導師制把你塑造成榜樣，而擔任這個角色會激勵你喚起自己最好的一面。」[28]雖然有導師可以幫助你成為最好的自己，但是自己成為導師會鼓勵你真正成為那個人。

研究顯示，種族和性別多樣性尤其是在領導職位上，可以使每個人更有生產力。[29]各種類型的多樣性是有益的，其中包括年齡多樣性。不要假設導師必須是比你年長，甚至更有經驗的人。漢倫教練比我小十四歲，但他是對我影響最大的導師之一。

隨著工作場所夾雜著不同世代，出現了反向導師制的趨勢，年輕的員工向老一代傳授科技、社群媒體和青年文化方面的知識。我建議任何在工作中感到停滯不前的人嘗試與年輕同事交流。智慧不應該只由上而下，由老到少傳遞，它需要雙向發展。

尋找導師需要顯示出脆弱的一面。你要敞開心扉，承認你不知道接下來該怎麼做，柯比．布萊恩是這方面最厲害的人。當他高中畢業被選入NBA時，你會認為他會覺得自己已經到達了頂峰。但在他心中，那只是第一步。然後，在最初的幾個賽季裡，他找到了願意與他交流的球員。柯比在他的第一場全明星賽上堵住喬丹，詢問喬丹的轉身跳投。喬丹給了他詳細的答案，並說如果他需要任何說明，可以給他打電話，柯比照做了。

「我問了很多問題，」[30]柯比曾經說過自己在早期會做的事情，「我很好奇。我想精進、學習，並用籃球的歷史來充實自己的頭腦。無論我是和教練、名人堂成員，還是隊友在一起；無論在比賽、訓練、還是度假的時候，我都會不停地提問。」有人會幫他，有人嘲笑他，有人覺得惱怒——這小子以為他是誰啊？——但柯比不在乎，他願意顯出脆弱的一面，因為他相信成為聯盟中最年輕的球員是一個機會，而不僅僅是一個成就。

在大華府地區（包含華盛頓特區、馬里蘭州、維吉尼亞州，簡稱DMV）孕育出許多高中籃球運動員而聞名，其中許多人後來成為了職業球員。當中最著名的是凱文·杜蘭特，他一直把指導DMV球員進入NBA做為他的使命。這個群體的成員，已經在更大的NBA社群中形成了一個小圈子，為其他人提供幫助。

其中一個杜蘭特幫助的球員是前勇士隊隊友奎恩·庫克（Quinn Cook），我在奎恩上小學時就認識他了。當我第一次開始訓練高中生諾蘭·史密斯（Nolan Smith，為杜克大學獲得全國冠軍、NBA第一輪選中的球員）和麥可·畢斯利（Michael Beasley，二〇〇八年十大年度最佳球員、選秀大會第二順位球員）時，奎恩·庫克就會跟著我們，他在場外走動，注意每個練習項目。年幼的奎恩會在場邊模仿我們的動作，直到他年紀夠大了可以參加訓練。

十四歲那年，奎恩意外地失去了父親，這對任何孩子來說都是一個痛徹心扉的經歷，但他已經把他父親的過世當作強大的引導力量。身為一名高中球員，他會隨身攜帶他和他父親的照片，並在熱身期間在制服外面穿一件印有他父親照片的T恤。從小學到高中，我持續培訓奎恩，我看到他如何把他父親留下來的東西作為引導他前進的北極星：奎恩希望他所做的每一個決定，都能讓他父親引以為豪。

奎恩在高中時成為麥當勞全明星球賽的球員，在杜克大學獲得全國冠軍，然後……選秀卻落選。他雖然很失望，但他拒絕讓此事成為終點。正如他從小就表現出的毅力和決心，他從G聯盟中崛起，進入NBA，並成為勇士隊和湖人隊贏得冠軍的關鍵球員。

當我採訪奎恩時，他熱烈地談到了DMV球員之間的社群和兄弟情誼，即使他們彼此不認識，這種聯繫仍然存在。他告訴我，能夠與他崇拜的資深球員一起成長是多麼寶貴，比如杜蘭特、諾蘭．史密斯和麥可．畢斯利，以及他「盡可能地利用了這個機會」。

他看到十幾歲的杜蘭特「以身作則……早上起床練球，而他們的朋友卻出去玩樂。」他看到畢斯利和史密斯留在體育館裡做出犧牲。我們無法成為我們沒有看過的那種人，而奎恩有機會看到最優秀的球員。

「如果沒有那種指導和我的那些導師，我不會有機會達到我現在一半的成就，」奎恩告訴我，「我知道這些幫助我能有今天的成績，所以我盡我最大的努力回饋社群，因為我知道這有多麼重要。」奎恩努力接觸社群中的其他人，無論他們是否與籃球有關係，他就是那樣的人，所以他在每個層面都贏得了勝利，而他謙虛地歸功於他的教練，和他們教導的團隊合作觀念。「我向來都能得分，」他說，「但獲勝讓我感到自豪。」

大多數年輕運動員——我見過數千個——都專注於個人表現，因為他們認為這會讓他們受到注意，但奎恩很特別。當他還是一名大學競相招募的高中生時，奎恩選擇了杜克大學，儘管教練麥克．薛塞斯基（Mike Krzyzewski，外號「K 教練」）沒有承諾會有什麼樣的榮譽或上場時間，只有答應會每天指導奎恩。奎恩年紀輕輕就非常成熟，在大家都想給他東西的時候，他體認到有老師就是最好的禮物。

請教的時候，先說你能給對方什麼

我曾經禮貌而熱情地詢問興趣濃厚的人是否可以「跟他們討教學習」。現在我很幸運，我的程度到了人們會來問我這個問題，然後我才意識到這是一個多麼可怕的問題。「你說什麼？你想請教我？是在東問西問，然後拿走你想要的東西嗎？」

這個問題的問題不在於意圖，而在於表述方式讓它變成了一種單向的交流。你讓它變成了關乎你和你的需求，這意味著別人只是你可以挖掘東西出來的一個碗，而不是一個交換經驗的對象。尋找那些做你渴望做的事情的人很重要，但要確保你也提供對方價值，伊士曼教練稱這為「贏得詢問」。

此外，**不要使用「我」來表達**，例如「我想和你交流十五分鐘」。如果你以你想要的東西作為開場白，你已經把重點放在了你身上，那對他們有什麼好處？給他們一個交換經驗對你們雙方來說都很重要的理由。

與其一開始表明你的需求，**不如用你能提供什麼來引導**。例如，「在我的研究中，我發現你目前正在做X，我可以盡可能把這個樣本調整到與你的研究相關，你能分享一些關於你是如何做X的更多見解嗎？」這裡有三個你應該遵循的步驟，而不是「討教詢問」的方式。

一、盡可能了解他們和他們面臨的挑戰。

二、確定你（或你的產品或服務）如何能夠為他們增加價值。

三、在你的推銷中清晰地傳達這一點。

一九九九年秋天，我從大學畢業後回到老家華盛頓特區，開始從事籃球績效教練（當時稱為肌力和體能教練）的職業。當地有一位著名的教練凱文·馬塞爾卡（Kevin Maselka），他曾與派翠克·尤因、艾倫·艾佛森、阿朗佐·莫寧（Alonzo Mourning）、卡梅羅·安東尼等眾多NBA球員合作。

當時，我的第一個目標就是要訓練最好的球員。由於我剛剛起步，缺乏訓練NBA

球員的經驗和專業知識，我認為理想的途徑是替那些訓練NBA球員的人工作，所以我說服馬塞爾卡讓我為他工作。

我非常勉強地使用「工作」一詞，我基本上是一個無薪實習生，不過我更視自己為學徒。我告訴馬塞爾卡，我願意做他需要做的任何事情，從掃地到擦拭設備，只為了能跟他學習，並觀察他的訓練課程。我的目標是為他（以及他的球員）增加價值，以換取知識，這種策略得到了很好的回報。在一年的時間裡，我從清理工作到協助訓練，再到帶領熱身，最後到訓練球員。我承擔了一個最初需要付出很多犧牲的角色（主要是體力勞動，而且沒有報酬），希望之後能獲得機會。當然，事情並不總是那麼完美，但如果你不至少嘗試一下，我保證機會絕對不會發生。

來自貢獻的非預期報酬

如果你專注於索取，你永遠都不夠。但是，如果你專注於給予，你將取之不盡。我的父母從我小時候開始就給我樹立了這種榜樣，他們都是三十年的小學教育工作者，我媽媽是一年級的老師，我爸爸是老師，然後當了校長。他們喜歡與年輕人交流，並為他們的成長、發展和完善付出心力。他們很高興有機會成為榜樣，提供服務，並為他們的社區和整個社會做出貢獻。

我的父母在二〇〇〇年初退休，搬到南卡羅來納州的默特爾海灘（Myrtle Beach）。幾年後，他們覺得缺少了什麼。他們彼此相愛、有充足的空暇時間和財務保障，那麼還缺少什麼呢？**貢獻的感覺。**在他們的一生中，讓他們感到滿足的是能參與更大的理念，所以他們尋找理念。

二〇〇四年，我的父母成為「培育希望」（Fostering Hope）這個非營利組織的全職志工，該組織為他們所在地區的寄養兒童提供學習用品和衣物。他們沒有退休，而是找到了一份全職工作，但是沒有獲得任何報酬，因為他們想回饋社會。在他們開始教書近五十年後，他們仍在為改善社區做出貢獻，並以積極的方式改變人們的生活。雖然許多退休人員從修理舊車、打高爾夫球或參加賓果之夜中獲得快樂——當然，這些都是完全值得敬重的活動，但我的父母則從做出貢獻中獲得真正的快樂和滿足感。

顯然不是每個人都能像我父母那樣做到這一點。然而，我們每個人都可以以自己的方式有所貢獻。教育家和作家湯瑪士．默里（Thomas Murray）透過分享和貢獻獲得滿足感，他告訴我，雖然他確保給予家人充分的關注，但他會把握（並創造）那些特別的時刻，為他人的成長做出貢獻。

「每一天都是改變他人生活的機會，」他告訴我，「如果我們夠努力地去尋找，這些機會是無限的。」他認為這是一種服務的方式，但這不僅僅是無私；他把這看作是自我成長的途徑。儘管商界經常說時間就是金錢，但其實不然。正如湯瑪士對我說的那樣，**時間是產生影響的機會。**你如何看待你的時間？它是否符合你的目標？

別掏空了你的桶子，或滿到溢出來

我們每個人都有一個看不見的「桶子」，我認為它結合了我們的能量、快樂和滿足感。我們與某人的每一次互動，無論是面對面，還是在線上，都會填滿（＋）或耗盡（－）我們的桶子。要真正快樂和成功，我們需要裝滿別人的桶子，並與裝滿我們桶子的人共度美好時光。當我們的桶子裝滿時，我們處於最佳狀態，而當我們的桶子是空的時候，我們處於最差狀態。

雖然給予是高尚的，但請確保不是以犧牲自己的健康和滿足為代價。**你必須先填滿你的桶子，然後才能填滿別人的桶子**，這不是自私。優先考慮你自己和你的幸福，這樣你才能成為最好的自己。如果你不照顧好自己，對任何人都沒有好處。請記住：空的桶子倒不出東西來。

那些在社群媒體上關注我的人可能聽過這個，但我還是想再說一遍。在我看來，這是一件很重要的事情，而且是最重要的事情之一。很少有事情比你是否在離開大賣場時歸還購物車更能展現出你的品性了。當你把買的東西放入後車箱後，大約需要三十秒的時間把購物車推回去。沒有人想這樣做，因為這有點不方便，但實際上並不那麼困難。這個簡單的動作透露了很多關於你的資訊。

為什麼？首先，這是一個不成文的規定；沒有執行機制，也沒有員警或商店員工會叫你這樣做。沒有人會錄下你把購物車扔在一旁的畫面，並發布到臉書上，所以怎麼做完全取決於你。

其次，你看不到那些因你的行為而受到影響的人，無論是必須追著購物車跑的店員，還是車位被購物車擋住而停不進去的駕駛，但是你的行為都一定會影響到他們。把你的購物車放回原處，只是你為生活在社會中付出的小小代價。把購物車扔在一旁是自私、懶惰和耍大牌的行為。你在購物後如何處理購物車，代表了你在更大的社會體系中如何看待自己。這個世界是為了服務你，還是你在這裡為了服務他人？」我堅信，當沒有人看的時候，你的行為就代表你是什麼樣的人。

許多年前，研究人員對普林斯頓的神學院學生進行了一系列測試，揭露了人們在認為沒有人在看時的真實行為。測試如下：先對每位神學生一個接一個進行訪談，了解當一個好撒瑪利亞人的必要性。訪談結束後，他們被派到街對面的一棟大樓就這個話題發表演講，並被告知他們要遲到了，所以他們最好快點，其實整個過程都是設計好的。研究人員實際上在街上安排了一名演員，假裝需要幫助，要麼痛苦地躺在地上，要麼明顯生病了。在這個快速穿越馬路的過程中，每個學生都必須經過這個需要幫助的人，這些未來的宗教老師會如何應對？

整整九〇%的學生，請注意，這些人即將成為神職人員，剛才還在談論好撒瑪利亞人，竟然完全忽視這個需要幫助的人！他們就這樣從他身邊跑過去了！這項研究之所以出名，有很好的理由：很多人說一套，做一套。如果我們的內在和外在自我不一致，沒有朝著相同的方向，我們就無法成為更好的人。

我從「無薪工作」當中獲得的成長

不久前，在擔任了幾年的私人績效教練後，我的工作是與球員進行一對一的訓練，但我渴望成為團隊的一員。我回想起我在高中和大學打球的歲月，同伴之間的友誼是讓這些經歷如此正面的原因。雖然我很喜歡與個別球員建立的關係，但我需要知道，自己正在為比自己更重要的事情做出有意義的貢獻，並從中獲得滿足和成就感。

我決定把目標定得高一些，瞄準我所在地區傑出的籃球校隊學校：蒙特羅斯基督教學校。該校享有盛譽、名人堂教練，幾乎是一家生產一級籃球球員的工廠，但要進入蒙特羅斯基督教學校並不容易。

從二〇〇〇年到二〇〇三年，我每個月都給司徒・維特教練寫信和留訊息至語音信箱；所有這些都沒有得到回信和答覆。然後在二〇〇三年春天，我終於有了突破。我每月例行地打電話到蒙特羅斯籃球辦公室，出乎意料的是，終於有人接聽了！這是我打過去第一次與真人交談。維特的助理大衛・艾德金斯艾德金斯（David Adkins）[31]粗聲地接起電話說：「喂！」

有人回答讓我太震驚了，以至於我花了一點時間才讓自己冷靜下來。在感覺像是暫停了很長一段時間之後，我做了自我介紹，並告訴艾德金斯教練我多麼想為他的訓練計畫做出貢獻。我不是想要一份工作或機會：我想貢獻一己之力。艾德金斯教練一定是從電話中感受到了我的熱情，因為他立即邀請我去他的辦公室談。

正如那句話，運氣就是當準備遇到了機會。幸運的是，幾天前，維特教練讓艾德金斯教練帶領蒙特羅斯的季後訓練計畫。他承認自己對肌力和體能訓練所知甚少，所以他很想知道我能幫上什麼忙。在我們聊完並進一步熟悉之後，他告訴我他會帶利納斯・克萊扎（Linas Kleiza，後來成為NBA和立陶宛的奧運選手）過來進行一次私人訓練，他說：「如果利納斯喜歡你的訓練，你就加入我們。如果他不喜歡，就當我不認識你。」

這下壓力來了。

這是成為蒙特羅斯籃球計畫成員的一次徵選。第二天下午，我帶利納斯進行了一個小時的訓練，並使他受到了很大的打擊。我覺得很順利，儘管在訓練期間他很少給我口頭反饋。這當然是正常的，因為根據我的經驗，大多數青少年需要一段時間才能熟悉他們不認識的大人，所以我必須依靠閱讀利納斯的肢體語言和面部表情，但這些沒有透露出太多資訊，因為他相當沉著冷靜。

大約一個小時後，艾德金斯教練把利納斯接走了。他告訴我他們會談談，然後再讓我知道。二十分鐘後，艾德金斯教練打電話給我。「你被錄取了！」艾德金斯教練說，當利納斯上車時，他說：「那是我有過最好的訓練，我什麼時候可以再做一次？」

那次徵選使我在蒙特羅斯擔任了七年的績效教練，並有機會為一個全國排名前茅的籃球隊貢獻心力，並與凱文．杜蘭特、泰隆斯．羅斯（Terrance Ross，奧蘭多魔術隊）和賈斯汀．安德森（Justin Anderson，費城七六人隊）等球員一起合作。那次訓練是我生命中許多機會的起點，而這一切都始於對貢獻的渴望。前四年的工作完全是自願的；我從未得到一毛錢的報酬，但我所擁有的經歷、建立的關係，以及做出貢獻所帶來的滿足感都是無價的。

【建立奪標心態的行動步驟】

- **願意從任何地方學習。**我學習單口喜劇和嘻哈音樂，來改善我的演講能力。為了在自己的工作中獲得優勢，你還可以參考哪些論壇和學科？
- 如果你覺得閒聊或拓展人脈很困難，請準備一些**創新的問題**來避免典型的陳腔濫調——**你去過最難忘的地方是哪裡？你在學校印象最深的老師是哪一位？**這也有額外的好處，那就是使你更容易被人記住，並吸引人。**記住要為每一次交流帶來反饋。**

第十章

調節積極

「還沒有！」跟著我說出這句話來。

「還沒有！」

還沒有力量，還沒有學會飛翔。「還沒有」就像在你滿是灰塵的舊自畫像上鋪上一塊新的空白畫布。它可能是最有力的詞，為什麼？**因為「還沒有」如同一種挑戰的聲明，**它讓現在活躍了起來，並重新塑造一番，還重新定義了失敗。這是強而有力的一個詞，足以把過去與未來區分開來。

在本書的第二部分是關於克服你工作和生活中的停滯。前四章是關於你可以做出哪些可行的改變，來打破你的困境。**最後一章是改變你的觀點，引導你了解要如何看待那些困境。**

你不必費力尋找消極情緒，因為它無處不在。有些人認為犬儒和悲觀主義是聰明或智慧的表現，請不要相信他們。他們在自己的圈子裡打轉，處理自己的停滯。因爲消極是如此普遍和容易出現的情況，所以你必須努力防止它感染你。是的，我用「感染」這個詞，因為這就是它的特點。它會進入你的血液，汙染你的信念、情緒和行動。

只是稍微認識我的人自然而然地認為我一向樂觀、積極和熱情，這是可以理解的，因為這是我選擇公開展示的一面，而我大部分時間也確實是這樣的。但我並非無時無刻，一年到頭都這樣。**我也會感到難過、失望、暴躁和沮喪；我有恐懼、問題、會情緒低落和感到不安全，但是我承認和接受這些情緒是真實的，是我的一部分，這有助於我保持積極。**請注意，我雖然不是每時每刻都做得到，但積極卻時是我的基本態度。

追究和計較，也需要投入精力與時間

我像皈依者一樣熱衷於倡導積極的態度，因為我並非一直是一個真正積極的人。我曾經懷有極大的悲觀、憤世嫉俗和蔑視的情緒。我很容易沮喪、惱怒和煩躁，我總是找藉口、責怪別人和抱怨。然而，我生活中的大多數人都不知道我內心的憤怒，因為我大部分時間都躲在「小丑面具」後面。我懷恨在心的習慣加劇了我的痛苦。坦白地說，如果有人得罪了我，我永遠不會忘記。我把他們列入我心中的黑名單，我不僅將他們拒之門外，還把這種委屈的感覺帶入了我生活中的其他面向。

不知從何開始，我終於意識到，**抱持這些感受只會傷害一個人：我自己**。有一句老話很能表達這個想法：「怨恨就像吃下毒藥，等著別人死去。」[1]你對世界的所有消極情緒只會讓你感到沉重，然後你最終會四處抱怨事情有多沉重。

我也非常努力地改掉我給人打分數的傾向，這與懷恨在心很類似。給人打分數會毒害還在進行中的關係；更糟糕的是，它會鼓勵你把負面情緒埋在心裡，並不斷惡化。你只需在腦海中錄下你的怨恨，然後像鞋子裡的石頭一樣拖著怨恨到處走。這可能是針對你的配偶，計較誰在家裡做的事更多；可能是針對你的同事，計較誰獲得更多的榮譽；或者是針對一個不善於給予而只擅長索取的家人。

當你把所有這些加起來時，你得到了什麼？什麼也沒有。事情永遠不會變得平衡，放棄斤斤計較。相信我：你會發現你的心情變好，你的動力也增加了，**你會有更多的精力去做重要的事情**。

當你這樣做的時候，你會發現沒有什麼理由去記恨和計較，因為你在這個世界上所做的事情會反過來影響你。我們的內在情緒反映了我們的外在環境，我們可能感覺自己無法控制事情的發生，有時候不幸的事情確實會發生，但是我們日常的情況呢？那是我們創造的。

積極的態度並不是天真無邪，也不是對事情的實際運作方式一無所知；也不是只是假笑，假裝世界是純樸美好——以上這些都是有毒的積極態度。積極的心態是選擇以盡可能最富有成效的方式面對世界。

找到你的積極引擎

我和其他人一樣感到憤怒、失望和嫉妒，但我一直在努力培養有效管理和處理這些情緒的技巧，以免它們侵蝕我的觀點或心態。我透過一個我稱之為APD的過程來做到這一點：**承認**（acknowledgment）、**允許**（permission）、**抽離**（depersonalization）。

一、我承認，並接受我的感受，我不會忽視、抵制或壓制它們。

二、我允許自己有這種感覺，**我憐惜自己。我不會氣自己會生氣**，讓情緒變得更糟。

三、我抽離情緒。我知道我不是我的情緒，我是我情緒的覺察。[2] 情緒是瞬息萬變的：可以這一分鐘很開心，下一分鐘很生氣。我把自己的感受視為資訊，我不讓它們決定我的行為。

許多年前，我參加了傳奇教練摩根·伍頓（Morgan Wootten，曾在德瑪莎天主教高中任教）的籃球訓練營。他向我們灌輸的一個防守概念是「守住你的領域」。如果你在防守持球者，你需要防守你右邊一碼和左邊一碼的範圍（這意味著你不會讓進攻者輕易從你身邊突破重圍）。你的領域是你個人負責保護的區域，你的隊友指望你能堅守自己的守備範圍。

我在球場外也有類似的心態，我的「領域」是我周圍的環境、我的同事和我的家人。我守護我的環境，我守護我允許進入我區域的人和資訊。在我試圖影響他人之前，我需要確保在我的領域裡一切都是安全、豐饒且受到保護。

分辨哪些真正與你相關

我盡量不對我無法控制的事情做出反應，我盡最大努力專注於自己的內在，追蹤與校正自我的努力和態度，其他一切就順其自然。雖然每天發生在我身上的很多事情都不在我的控制範圍內，但我對這些事情的反應，是完全取決於我的選擇。

我只在意我能夠影響的事情。當有人說粗魯、貶低或負面的話時，我知道到那表現出他們，以及他們正在經歷的事情，而不是表現出我本人。所以我只是置之不理，然後繼續向前邁進。除非是由我尊重的人所說出來的話，否則我很少注意不請自來的批評。記住：沒有人能讓你有任何感覺，你的反應決定了你選擇的感覺。[3]

第十章將分為三個部分，每個部分都圍繞著一種方法，**讓你可以在保持真實情緒的同時，為你的生活帶來更多積極態度。**

一、對過去感恩（對已經發生的事情的積極態度）
二、對現在熱情（對正在發生的事情的積極態度）
三、對未來樂觀（對將要發生的事情的積極態度）

感恩能幫助你擁有的事物增值

我們從感恩開始，因為它是一種與迄今為止發生的事情相關的情緒。感恩與你擁有什麼無關，**而是關於你對自己所擁有的東西的感受。**

在我生命中的低谷和巔峰，當事情順利和事情來襲時，我一直保持著**感恩的態度**，我這樣做有三個不同的原因：

一、感恩單純就是讓人感覺很棒。感恩的心態可以為我生活中的一切增添色彩，而且通常是在我最需要的時候。試著刻意地帶著感恩的心情來行事，你會驚訝地發現你的情緒會變得更加愉快。

二、感恩為你擁有的事物增值。長期以來，我一直奉行「人們會重複受到稱讚的事物」這句話。如果你想要更多需要感恩的事物，那麼更需要一有機會，就要感恩你已經擁有的。我的一位導師曾經告訴我，「你所欣賞的東西會增值」，愈欣賞，就會愈有價值。

三、感恩有助於保持健康的人生觀。我們很容易被我們沒有的東西所吸引，專注於我們已經擁有的東西可以讓你的思路清晰和平衡。

領導力教練高登是實踐感恩的典範，他不只是花時間感恩，他還把感恩融入了生活。高登明白態度的重要性，因為態度是成功的基礎，並見證了態度會在運動的最高殿堂上發揮作用，如NCAA、MLB、NFL。

他也言出必行，他是我見過最積極的人。你與他交談甚至只是看著他說話，都一定會感受到他的積極感染力。但關鍵是：他不是天生如此，他透過努力養成了這種心態，這也是他是這方面最好的老師的原因。

在我們的採訪中，高登告訴我，多年前，他在「痛苦和沮喪」的高峰期，他在某處讀到，你不可能同時心存感激和覺得壓力大。所以他進行試驗，並每天撥出時間進行感恩散步，有時是十分鐘，有時會走更久，但他會**花時間大聲說出他要感恩的事情**。

這個習慣創造了一個積極的情緒循環，「而不是產生壓力荷爾蒙和那些會逐漸消耗你、傷害你的壞東西、恐懼和懷疑。」他告訴我，這招很有效，因為「我用感恩的力量，把我的大腦從消極轉變為積極。」因為高登有過低潮的經驗，所以他現在的積極態度是努力得來和真實的。

高登把這些見解，帶入了他與高水準運動員和表演者的合作中，「當你練習感恩時，你會表現出更高的水準，」他向我解釋道，「如果你正在從事一項運動，並且專注於那一刻你所愛的事物和感恩的事物，你實際上會表現得更好。」

感恩是另一種投入當下的方式，因為你欣賞到現有的東西，而不是注意不存在的東西。最令人難以置信的是，即使在傳授這些概念多年之後，高登承認自己仍然不是一個天生積極的人。他必須努力做到態度積極，「這是一場每天都在進行的硬戰。」我尊重他對這場硬戰的坦率態度，因為這提醒我們，**積極態度並不是你被授予的超能力，而是你欣然接受的選擇**。

感恩的科學力量

心理學家埃蒙斯（Robert Emmons）是一位研究感恩的專家，長期以來一直教導說，感恩的行為具有強大的力量，他說：「只有當我們意識到其他人和代理人可以為我們做了我們無法為自己做的事情時，才有可能活出感恩的生活……當我們懷著感恩之情，我們才認識到幸福來自於我們之外的事物。」[4]當運動員為他們的成功感謝上帝時，有些人會嗤之以鼻——這就是那種消極的態度！他們會覺得如果上帝真的存在，祂會關心體育嗎？

感恩和宗教無關。重要的是運動員的感激之情，我認為這是運動員承認自身以外的力量。無論你是否相信更高的力量，我們都應該花點時間來感謝幫助我們的宇宙，即使只有感謝一下子而已。

感恩讓我們脫離自我，把我們與其他人聯繫起來，並連結到更廣闊的世界。人們低估了感恩的作用，因為它被視為一種禮貌的形式。小時候父母教我們說謝謝時，我們很少會想太多，那不過是你會去做的事情而已。但埃蒙斯對感恩進行了數十年的研究，發現「**有感恩之心的人能夠更有效地應對日常壓力，可能表現出更強的韌性……**體驗感恩會增加聯繫感，改善人際關係，甚至提高無私的精神。」[5]最重要的是，正如埃蒙斯所證明的那樣，「感恩並不取決於客觀的生活環境，例如健康、財富或美貌。」[6]

重要的不是你擁有什麼，你對自己擁有的東西的感受才是重要的。如果你只專注於你想要的東西，你永遠不會感到滿足，永遠不會。那種追逐只會造成空虛感，是的，還會造成停滯不前，因為你永遠不會到達你想去的地方。

寫一封感謝信吧

當我還是個孩子的時候，我的父母鼓勵我寫感謝信給那些想盡辦法幫助我的人。無論是朋友給我的生日禮物、在求學時期與賽季幫助過我的老師或教練，還是其他任何事情，我都必須這樣做。

我的父母也以身作則，我記得很多次看到他們當中的一個人，坐在廚房的桌子旁，親手寫感謝卡給學生、同事、朋友和家人。以前手寫的卡片很重要，現在變得更重要了，因為在這個充斥著電子郵件、簡訊和私訊的世界中，它們是一種值得紀念的個人創作。

我有一個箱子，裡面裝滿多年來收到的數百張卡片，我讀過、重視，並感激每一張卡片。作家馬歇爾．葛史密斯（Marshall Goldsmith）在著作《ＵＰ學》中，用了整整一章的篇幅描述感恩的重要性，「寫感謝卡會迫使你面對一個事實，那就是你的成功，不是靠自己一個人達成的，這能使你找回謙卑。」[7]

在我的前作中，我講了和杜克大學教練麥克・薛塞斯基「K教練」碰面的故事，當時他來到蒙特羅斯觀看我們的一名球員比賽。即使他不是為了我才來的，他仍然給了我十分鐘的時間聊天。因為我的父母教我這樣做，所以我給他寫了一封感謝卡。而且因為K教練人如其名，他給我回了一封信。直到今天，我都記得那個舉動給我的感覺，我一有機會就特別注意要去寫或回覆感謝卡。

感謝卡對寄送者也有好處。《另我效應》的作者赫曼告訴我，他已經每天照常手寫一封信，持續二十年左右，在過去的二十年裡，已經寫了大約五千封。這些信他都會用蠟油蓋上蠟封印章，通常是對親人、朋友、熟人，以及他根本不認識的名人或鼓舞人心的人表達感激之情。正如他所說，人們需要被看到，用小小舉動讓他們感到被人看到，這對你們雙方都有好處。

《哈佛最受歡迎的快樂工作學》（*The Happiness Advantage*）作者尚恩・艾科爾（Shawn Achor）對全美互助保險公司（Nationwide Mutual Insurance Company）和臉書的員工進行了大規模的研究，發現那些社交連結得分較高的人，會想盡辦法向隊友表達感謝，他們「在接下來的兩年內晉升或獲得加薪的可能性，增加了四〇%。」[8]

這當然不是浮誇地強調表達感激之情的理由，因為如果是出於自私的原因表達感激，那就不是真正的感激之情。不過，這顯示了這種積極態度能帶來很大的影響。

今日的付出成就未來的你

當我與前大學美式足球明星和勵志演講者英基．約翰遜（Inky Johnson）交談時，他首先對我表示感謝，感謝我進行這次訪談。聽著，對於其他任何人來說，可能太客套了，但從英基口中說出來，感覺是百分之百的真誠。這個人簡直是勵志的典範，他說：「我堅信一個人的生活和其表現形式，是他們處理生活交易的結果。」這裡的「交易」不是商業術語，它指的是我們接受和分享這些來來回回的過程，而這些交易構成了我們的生活，所以我們給予和接受的情況代表我們是什麼樣的人。

如果可以有一位感恩大使，那就是英基。二〇〇六年，英基是田納西大學的角衛，右臂遭受了嚴重傷害，使胸部主動脈破裂，撕裂了他的肩膀韌帶，需要進行大範圍的手術。這讓他身命垂危，右臂癱瘓，結束了他的球員生涯。

想像一下這種傷害對這位二十歲的年輕人造成的打擊，他原本還有大好的人生和事業。他已經到了NFL的大門前，他的大學生涯還剩下八場比賽，就這樣……他失去了一切。但英基沒有憤怒和痛苦，而是扭轉了這個悲劇。他根本沒有把它當作悲劇，他把內心這些感受轉化為感激之情，儘管他承認走到這一步是「我人生中最具挑戰性的部分之一」。

身為一名成功的勵志演講者，英基現在與各行各業的觀眾分享他的故事和重塑。直到今天，對那場終結他職業生涯又幾乎致命的傷害，他感謝受傷所帶來的結果。他告訴我，他很感謝傷害為他提供思考事情的角度、幫助他度過難關的支援系統、分享他的故事的機會，以及服務的機會。「我今天的生活方式有九〇％到九五％是我受傷的結果，對此我很感激，」他告訴我。

英基教我，積極的態度並不是不勞而獲的東西。雖然他的手臂癱瘓，失去他的事業和差點連性命也不保，他並不是沒什麼大不了似地就輕鬆就站起來。他必須努力達到一個心理境界，讓他可以感激生活所造成的一切。「你必須站起來，為幸福而戰，」他告訴我，「你必須為喜悅而戰。你必須努力從正確的觀點來看待事物。」

人們對他的態度感到驚訝，並問他是否看到負面的事情，他說：「我和其他人一樣會看到負面的事情，我只是不明白專注於負面的事情，這對我成為我每天努力成為的人有何幫助。」請記住：積極態度是一種選擇。

為什麼銀牌比銅牌更難過？

如果我告訴你有一種比賽你不必去玩，但如果你選擇去玩，它會讓你在大多數時候感覺很糟糕，而且最終你會輸掉，你會參加嗎？

這正是我們玩比較遊戲時發生的情況。感恩是一種永久的方式，可以讓我們擺脫把自己與他人進行比較的習慣，因為這種習慣既消耗心力又沒有效益。比較遊戲除了是在比無關緊要的事情之外，看誰比較厲害，比較遊戲也是受到操縱的。這是因為一種稱為「**可得性捷思法**」（*availability heuristic*）[9]的偏見，意味著我們會太容易被立即想到的事情所影響。想一想：當你比較自己的金錢和成功時，你會想到誰？**那些有很多錢和功成名就的人！**明白了吧？你被操縱了。

康乃爾大學的心理學家托馬斯．吉洛維奇（Tom Gilovich）已經顯示，當涉及到我們自己時，在客觀地衡量「很多」和「很少」方面，我們做得多麼糟糕。這與期望更有關係，而與現實較無關係。

這裡有一個我覺得很有趣的例子，吉洛維奇發現，奧運會銀牌得主對自己成就的滿意程度低於銅牌得主。這似乎沒有道理，銀牌比銅牌好，第二名比第三名厲害。那麼，到底發生了什麼事？期望！銀牌得主只注意他失去了金牌，而銅牌得主則注意他剛剛勉強得到了一面獎牌。在頒獎台上，贏家感覺像輸家，反之亦然。這只是觀點的問題而已。

對於自己所擁有的東西，我們並沒有根據某種客觀的標準來感激。我們根據自己的「參考點」來看待自己，這些參考點包括我們的朋友、鄰居和同事。我們太專注於這個參考點，想與別人一較高下，以至於我們做出違背自己利益的決定。[10]在一項研究中，吉洛維奇發現，如果要選擇賺五萬美元而其他人賺二萬五千美元（選項A）；或賺八萬美元而每個人賺二十萬美元（選項B），一半的人選擇了選項A。他們選擇賺更少的錢，因為這給他們帶來了比別人賺得多的滿足感。[11]

這種趨勢無處不在：失業的人如果認識更多失業的人，他們會感到更快樂；很多有錢人並不覺得自己有錢，因為他們把自己和其他與他們相處的富人進行比較。[12]如果他們碰巧和非常富有的人在一起，他們總是會認為自己是那群人中的底層。他們**深陷比較遊戲之中，以至於無法享受他們所擁有的一切**。

你是否無意識地填滿空衣櫃？

第一次完成某件事時，我們會強烈感受到興奮和實現目標的滿足感。第二次時感覺就不那麼強烈。時間一長，我們……就習慣了。這就是感恩的問題，或者我應該說，我們對感恩的問題：我們對事情習慣了，這並不是說我們被寵壞了，這只是人的本性。我們更有可能為曾經幫助過我們一次的熟人準備感謝的禮物，而不是送禮給幫助我們數十年的母親。

幾年前，我聽到了我稱做**空衣櫃的規則**，基本上是這樣的：無論你有多少東西，你都會填滿你房子裡的多餘空間，無論是房間、衣櫃，還是抽屜。

你會逐漸地、不假思索地，找到東西來填滿空間，我們大腦中生產失望的區塊似乎也有同樣的作用，這要靠我們自己努力去對抗它。感恩不是留給那些有最多東西值得感激的人，至於誰應該感恩，誰不應該感恩，沒有客觀的標準，那完全忽略了問題的關鍵。我們每個人都應該在生活中，找到表達感恩的空間、時間和精力。

如果不全力以赴，如何完成有價值的任務？

我一直很喜歡名言佳句，我在中學時就開始在黃色便箋本上收集名言佳句，直到今天還在這樣做（儘管我已經改用筆記型電腦上的文件記錄）。我最早寫下的名言之一，來自英國詩人柯立芝（Samuel Taylor Coleridge）[13]：「唯有熱忱才能成就大事。」[14]它是如此簡單，卻又如此深刻。如果不全力以赴，你怎麼能完成任何有價值的事情？

當你所愛、所相信和正在做的事情一致時，才會有真正的熱忱。儘管我們認為熱忱是一種從外在可見的東西，但這不是它的本質。這是一種內心的感覺，如果是真實的，很可能會流露出來。

就像感恩與你擁有的東西無關一樣，熱忱也與你正在做的事情無關，**熱忱就是你如何做你正在做的事情。**

觸發積極投射的關鍵行動

把熱忱想像成一種隨時可用的可燃材料，你可以在任何情況下注入熱忱。這是你在做任何事情之前所準備的東西。從積極的感覺開始，而不是期待在事後才有這種感覺，你會讓自己擺脫自滿。不再等待某件事情發生，讓你興奮起來。你的興奮是邀來興奮的原因。

績效教練布夏德稱之為**積極投射**，這基本上意味著「你得到了你所尋找的東西。」[15] 有了熱忱，你喜歡做的事就會變得更豐富精采，而困難的事情就會變成一種成長的經歷。這值得再強調一遍：**並不一定會先有熱忱感覺**，有時你必須採取行動，才能喚醒感覺。

前企業家和暢銷書作家賽斯．高汀是這樣解釋的：「我們的行為方式決定了我們的感受，而不是我們的感受決定了我們的行為方式。」他把這比喻為入睡，你首先要假裝自己已經睡著了。[16] 有些人用「弄假成真」來解釋這個想法，但我不喜歡這個說法。你不是在假裝，**是真的，你只是在創造它**。你不是在等待外部起因來觸發它，你就是那個觸發的因素。

沒有熱情，就沒有機會贏

幾年前，在女子四強賽期間，美國國家大學體育協會的傳奇教練吉諾・歐立瑪（Gene Auriemma）就他目前在年輕球員中發現的熱忱落差發表了評論，引起了轟動。他毫不隱瞞地表示：他把缺乏熱忱解讀為自私。他說，對於自己的成功，保持興奮很容易，但當球員不是矚目的焦點時，他們會如何表現？你可以從中知道他們是什麼樣的球員和隊友。

歐立瑪說：「現在招募有熱忱的孩子比以往任何時候都更難，因為每個孩子都看比賽，他們看到的是運動員真的很酷的一面。」[17] 如果球員對她所做的事情沒有全力以赴——從練習場到球隊會議，再到板凳上，「她們永遠無法進入比賽狀態，永遠不會。」歐立瑪執教的時間足夠長，他知道作為一名球員、領袖、隊友，把快樂帶到球場上是多麼重要。要對團隊的成功充滿熱忱，他說：「我寧願輸球，也不願看孩子們像某些孩子一樣打球……總是想著自己。」缺乏熱忱觸動了歐立瑪教練的神經，我明白了原因：這反映了一個人的價值觀。

NBA名人堂球星凱文・賈奈特（Kevin Garnett）在場上和場下都從不缺乏熱忱。賈奈特的能量和熱忱水準是無與倫比的，也許在所有體育界都是無人能比的。塞爾提克隊的廣播員西恩・格蘭德（Sean Grande）寫道，「凱文・賈奈特打籃球的方式就像生活應該有的方式，充滿喜悅、熱情和目標，他在場上的每一分鐘都用心去感受。」[18]沒有人能比凱文·賈奈特一樣，他會拍打地板、大喊防守、坐在板凳上時大聲歡呼，還有——著名的「嘴炮功夫」。[19]球員喜歡和他一起打球，對手喜歡和他比賽，隊友喜歡和他一起旅行，球迷喜歡為他加油打氣。

「我要和願意向我表現感情的人一起打球，」賈奈特曾經說過，「而且是流露真實情感，對任何事情都充滿熱情。」[20]這是塞爾提克隊的隊友格倫·「大寶貝」·戴維斯（Glen "Big Baby" Davis）在一場艱難的比賽中，被人發現坐在板凳上哭泣後，賈奈特所說的話。雖然有些人可能嘲笑戴維斯，當時山姆·卡塞爾（Sam Cassell）就試圖用毛巾蓋住戴維斯的臉，但賈奈特為他的隊友挺身而出。眼淚來自對比賽的熱愛，所以賈奈特都會支援，他明白：哭泣也是一種熱忱。

賈奈特自己的熱忱在這歡樂、充滿活力的熱情中表達出來，並影響了每一個人。賈奈特的關鍵在於他總是如此：比賽第一節、季前賽、訓練、更衣室裡、飛機上都如此。他知道熱忱是燃燒的蠟燭，他從未停止過。這就是讓他成為這項運動最優秀的競爭者之一，並持續有影響力的原因；即使在他的身體開始崩壞之後，他的心也從未停止。

「防守致勝」這句格言之所以成立的原因之一，是**因為防守是努力和熱情的結果**。要打出強硬的防守，你不需要球以某種方式彈起，也不需要事情順心如意，**大多數防守取決於**

你對它的投入程度。這就是為什麼防守是冠軍的衡量標準，防守也是衡量球隊熱忱的標準。

幸福，不必等待

蘿莉．桑托斯（Laurie Santos）在耶魯大學教授一門廣受歡迎的課程，每個學期都會立即招滿。門課程現在有一千名學生在一個音樂廳裡上課，並且還有候補名單，耶魯大學大約有二五％的學生會嘗試報名這門課程。[21]

主題是什麼呢？總體經濟學？才不是。古希臘？也不是。

每個二十歲的大學生都更想知道的是什麼？

除了「那個」以外啦！

這是一堂關於幸福的課程。沒錯，美國最負盛名的學校的學生、美國未來的領袖和天才，他們想要找到幸福的方法。由於學生選課踴躍，桑托斯後來在線上上課，這樣即使非耶魯大學的學生也可以旁聽。[22]

桑托斯說，我們對幸福的假設長期以來一直是錯誤的，「我們經常會陷入這樣的思維模式……當其他所有事情都解決了，才需要來考慮幸福，」桑托斯說，但「數據實際上顯示相反的情況，也許專注於幸福可以讓我們在生活中想要獲得的其他東西變得更容易一些。」[23]這就是為什麼熱忱是如此必要的原因，它是開始的起點，是你從內心收集起來，並向世界展示出來的東西，然後世界就會做出相應的回應。幸福的人更健康、更長壽、有更好的工作和更高的薪水。[24]但我們假設幸福來自那些東西，但事實是：幸福會帶來這些東西。

熱情會變成磁鐵，吸引好事找上門

熱情就像感恩一樣，是你創造的東西，這是一個向下的斜坡，會創造出動能。溝通專家海蒂．瑞德（Heidi Reeder）建議，我們應該以積極的態度來迎接今天和即將面臨的挑戰。她指出，「以好心情開始新一天的員工，他們受到同事負面事件的影響會小一些……預先就有的積極狀態為我們遇到的麻煩增加了一點緩衝，並在積極事件發生時，增強了我們對積極事件的欣賞。」[25]

瑞德稱之為「**積極的幻想**」你可能沒有證據顯示你這一天會成功，但積極態度的意義在於，這種感覺可能會導致結果，而不是相反的情況，原因之一：積極的情緒會吸引人們接近你，這本身會增加你成功的機率和機會，因為「樂觀的情緒促進合作、公平和業務績效。」[26]積極熱忱的人是磁鐵，好事似乎會找到他們。如果你不從一個快樂的地方開始，然後把快樂帶到這個世界上，我不明白你為什麼期望會有更多的快樂。

辨識真正的樂觀

根據我的經驗，表現最好的人是那些學會成功地平衡樂觀與現實的人。對我來說，這是力量的典範。樂觀是對未來充滿希望和信心，堅信事情最終會變得更好，這並不意味著宇宙會神奇地眷顧你，而是無論情況如何，你仍參與其中。請記住：消極態度很容易產生，選擇樂觀需要付出努力，這也是一種勇敢的表現。

樂觀主義者接受不幸事件的發生和負面情緒的出現。他們不會否認、儘量減少，或否定這些情緒；他們**承認失望，但相信自己有能力繼續前進**。樂觀者承認恐懼，但相信自己有能力克服它，那就是**真正的樂觀**。正向心理學之父馬汀．塞利格曼（Martin Seligman）發現樂觀者「總是在尋找他們可以控制的情況」。[27] 他們的樂觀不是被動的，認為好事會掉進他們懷裡，他們正在積極尋找自己可以掌握的按鈕和開關。

《為你的人生充電》（*The Charge*）作者伯查德（Brandon Burchard）寫道：「儘管存在普遍的誤解，樂觀主義者並不單純是看不到世界現狀的夢想家。事實上，樂觀者更有可能看到世界的現狀，並採取行動解決問題，那是因為悲觀者不相信問題能夠被解決。」[28] 樂觀者相信行動的力量。

我在想，這是否是我總是注意到，我認識的那些積極的人，比如強恩・高登也同時是最有活力的人的原因。**樂觀實際上可以節省我們的資源**，[29]這就是為什麼樂觀也與長壽有關。[30]二〇一九年發表的一項大型研究指出，樂觀者的壽命比平均水準高一一%到一五%，而且更有可能活到八十五歲或更長壽。[31]

信念，帶你奪標

悲觀主義的問題在於它是一種自我實現的預言。「你的大腦根據你對世界的期待來建構一個世界，」[32]作家和心理學家艾科爾在《開啟你的正向天賦》中解釋：消極的人四處尋找消極的事物，所以他所注意到的就是消極的事物。為消極事務做準備，實際上會產生那些非常消極的事物，因為「消極的人實際上看到更狹隘的機會和可能性。」[33]因為**確認偏差**（confirmation bias），我們傾向於看到支持我們信念的證據，所以我們總能得到我們所尋找的東西。

悲觀者不自覺地想要確認事情會很糟糕，所以他找到了那種情況。這又回到了強納森・費德博士想像有停車位，然後找到一個停車位。你根據你預期發生的事情調整你的行為，這最終創造了那件事。這就是為什麼三分射手必須不斷在三分線外投球，即使他們連續了幾次都沒中。他們仍然相信球會進，因為他們相信它會進，所以就進了！

你感受到的東西，你就會把它帶到世界上。然後當你進入這個世界時，你猜會怎樣？你感受的東西就會出現，這就是信念的力量。

特別是對於運動員，從游泳選手到摔跤選手，研究顯示，樂觀者「實際上可能會以失敗做為動力，在未來表現得更好。」[34] 同樣的，一項關於業務員樂觀情緒的研究發現，「認為杯子是半滿的保險業務員……遠比他們悲觀的同事更有能力在被拒絕的情況下堅持不懈，因此他們的業績更好。」[35] 這些推銷員把挫折視為建設性的事情，而不是世界末日，這有助於改善他們下一次的機會。

「因為樂觀者期望他們的努力得到回報，」社會心理學家強納森．海特（**Jonathan Haidt**）在《象與騎象人》（*The Happiness Hypothesis*）中指出，「所以他們會立即開始解決問題。」[36] 樂觀是相信我們有能力影響自己的生活。為了對抗停滯，也許最重要的，就是相信我們自己可以讓情況變得更好。

【建立奪標心態的行動步驟】

- 在《UP學》一書中，心理學家葛史密斯建議列出二十五位在你的職業或生活中幫助你成長的人。然後，針對他們每個人親自手寫一封感謝信，表達你對他們所做事情的感謝之情。[37]
- **寫感恩日記**。用一個星期的時間，在你的手機上或記事本上，記錄所有你感激的小事和大事。這樣做的目的不是為了列出事項，而是要訓練你的大腦**注意這些事情**，給予它們與錯誤和挫折相同（或更多）的注意。研究發現，那些記感恩日記的人「比不記日記的人快樂二五％」。[38]
- **進行抽離式自我對話**，是一種建立樂觀情緒（或至少減少悲觀情緒）的方法，是用心理學家克洛斯（Ethan Kross）所說的「抽離式自我對話」，[39]以「第三人稱」（用「他」或「她」代替「我」）談論你自己和你的現狀，這將有助於你「創造情感距離」。看看這個練習是否讓你更加清醒和客觀。
- **釐清逆境的源頭**，了解你目前在個人或職業上面臨的最大逆境是什麼？試著深入挖掘，並找到真正問題的根，是什麼原因造成的？**你是如何造成這種事？**

承認雖然你可能無法控制逆境的情況，但你絕對可以控制自己的反應。列出一份不同反應的清單，這些反應可以推動你前進，改善你的情況。

PART 3

以紀律自我調節、擊退倦怠

接下來的內容是我在二〇二一年春寫成的，此時全球新冠病毒疫情已經過去一年多了，儘管有曙光的跡象，但人們已經筋疲力竭，大家都擔憂倦怠的問題。甚至在疫情爆發之前，倦怠的情況就在上升，超過七五％的員工聲稱在工作中，經歷過倦怠。[1]人們在經過一年多某種形式的隔離之後，情況只會變得更糟。事實上，儘管在家的時間更長了，美國工作者在疫情期間每天多工作三個小時。[2]而我想我知道原因，請繼續看下去。

倦怠被廣泛使用來表示疲憊不堪，但它實際上是一個技術術語，被定義為「一種特殊類型的工作相關壓力，這種身體或情緒疲憊的狀態，還涉及成就感降低和個人身分認同的喪失。」[3]雖然倦怠經常被用來描述工作情況，但它也可以用來描述人際關係、承諾、曾經尋求快樂的活動，以及我們參與的歷程。倦怠一詞描述了的情況是，你付出的比你得到的還更多。

倦怠是不一致的長期影響。當你全心投入的活動，不再像過去那樣符合你的價值觀時，倦怠就會發生。快樂可能會從你曾經喜歡做的事情中消失，如果這種感覺持續存在，可能是時候重新審視你從事這件事的方法了。有時候，度過倦怠需要重新調整你的觀點；其他時候，這是一個訊息，告訴你是時候繼續前進了；當然還代表其他的情況。

第三部分是關於**戰勝倦怠**，這是**壓力**和**停滯**的累積。倦怠意味著把你的全部（壓力的部分），投入對你來說不夠重要的事情（停滯的部分）。我們有多在意一件事情，這是影響我們能付出多少的主要因素。倦怠是如此普遍，似乎誰能解決這個問題，誰就找到了重大突破。但我認為與其說是要找解方，還不如說是找出在最終獲勝的方法，戰勝倦怠。

你是否也陷入倦怠綜合症？

倦怠一詞大約在一九七〇年左右首次被用來描述情緒力量的耗盡，現在被世界衛生組織正式承認是一種綜合症，與多種症狀相關，包括「免疫系統虛弱，甚至心血管疾病」。[4]儘管每個人的表現都不一樣，但倦怠綜合症的官方描述包含三個部分：**筋疲力盡**、**憤世嫉俗**和**無能為力**。[5]

- **筋疲力盡**可以是情感和精神上的疲憊，也可以是身體上的疲憊。
- **憤世嫉俗**指的是對你的工作、你的上司和你的同事持負面或疏離的情緒。這是一種脫離感。
- **無能為力**意味著你的工作效率下降，你不再相信自己的技能，並且你不認為你做的事情有價值。[6]

以下是一些發人深省的統計數據：美國上班族平均每週工作四十七小時（四九%的人工作五十小時或更長時間，二〇%的人工作六十小時或更長時間）；[7]只有三分之一的人有實際的午休時間。[8]四分之一的美國上班族在夜間工作（晚上十點到早上六點），這是全世界最高的比例，而且二七%的人至少有部分時間在週末工作。在過去三年中，員工壓力上升了二八%，焦慮上升了七四%，抑鬱上升了五八%。[9]倦怠蔓延的原因之一是，由於將所有時間和精力投入到工作中，估計有七〇%的上班族對他們的工作沒有熱情。[10]

全心投入工作是一回事，全心投入到你不關心、不感興趣或厭惡的事情則是另一回事。這種時間和精力的高度投入，與低參與度和熱情的結合會讓我們疲憊（筋疲力盡）；然後我們就不再關心自己在那段時間裡在做什麼了，我們不喜歡與我們共事的人，或不喜歡替哪個人做事（憤世嫉俗）；結果我們不再覺得這有什麼意義（無能為力）。

人生的第一場倦怠期，讓我成為更有同理心的教練

倦怠也不只是會發生在年齡大的人身上而已，我在十九歲時就經歷了這種情況。

我是一名高中籃球校隊隊員，然後成為伊隆學院（Elon University，現為伊隆大學）的新生，籃球就是我的生命。我是一名非常投入的運動員，我的整個身分都圍繞著這項運

動展開，但是在我大二的時候，我對這項運動的熱情大大減弱了。我並沒有痛苦到要退出球隊，但我沒有享受到足夠的樂趣，也不夠投入，無法合理化我投入的所有時間。我到了一種地步，籃球感覺更像是一份工作而不是一種熱情。當然，我在高中時曾有過低迷期，尤其是在高三結束時，但我總是能克服這些困難，並重新站起來了。可是這一次發生倦怠，更像是一場危機。我必須面對現實：我已經筋疲力盡了。

我這個人和我正在成為的人都不再與籃球密不可分。不僅僅是時間和精力的問題，還有與籃球疏離的情況讓我筋疲力盡。因為我必須要打籃球，所以我開始對籃球有反感。我脫離了我從五歲起就熱愛這項運動的原因：挑戰、隊友情誼、決心、競爭。在心理上，我把我曾經熱愛和痴迷的東西變成了一份工作。我會想，我今天的工作是從兩點到四點去練習。我看著這個曾經給我帶來快樂的活動，感覺就像一個年齡比我大一倍的人，要去上班打卡，每天搭火車通勤去辦公室，眼巴巴地等著到五點可以下班了。

我只做了最低限度的事來保住我的獎學金，並留在球隊裡，理所當然的，我只能坐冷板凳，但我根本不在乎。我當時的不成熟和缺乏自我覺察讓我責怪教練，為我無法上場找藉口，抱怨整個情況。但殘酷的事實是，這一切都是我的錯。我放任的倦怠侵蝕自我達到這種地步，我是那個選擇躲在責備、抱怨和藉口後面的人。

儘管那段時間對我來說很艱難，但我很感恩這段經歷，因為它很有啟發性。後來，當我在德瑪莎天主教高中或蒙特羅斯碰到沒有動力的孩子時，我會說：「我懂，我曾經經歷過你現在的情況。你面臨著抉擇，但我不建議你走我當年走過的路。」從高中時每分鐘都在打球，到大學在伊隆學院坐冷板凳，這也讓我對那些沒有上場機會的人產生了同情，我會跟對方說：「我知道，要你每天都出現在訓練場上，被操得半死，這樣很辛苦，而且你知道，這樣也不能保證你會有更多上場比賽的時間。」從球員的角度來看那段經歷，這讓我成為了一個更好的教練和更有同情心的人。

倦怠的大火，燒出你的迫切

倦怠不僅僅與工作有關，因為它可以蔓延到我們生活的其他方面。如果我們在工作中脫節，那麼我們很可能不是最好的合作夥伴、最有耐心的朋友、有愛心的父母或投入的愛好者。倦怠就像一場大火，可以燒光我們生活各個方面的熱情、興趣和精力。

就像壓力和停滯一樣，倦怠是「一個訊號，而不是被下了長期的判決結果」。[11] 我們能為自己做的最好的事情，就是意識到倦怠正在逼近。如果我們能發現早期的危險徵兆，我們就可以在完全被耗盡之前，採取行動，可以進行內部調整和轉變。預防總是比解決更有效，所以在你閱讀時請記住這一點。

第十一章
投入過程

在過去的幾年裡，「信任過程」這個詞已經成為主流。如果你是籃球迷，那你肯定聽說過。「相信這個過程」從費城七六人隊的重建策略變成了隊上明星球星喬爾．恩比德的綽號，最後變成了一個流傳已久的笑話。「過程」對於一支已經輸了很長時間的球隊來說，是一種（對球迷來說）痛苦的重建策略。

對於我們其他人來說，這個過程意味著到達目標所需的步驟，有時令人不舒服，有時辛苦，但總是必要的）。我選擇使用動詞「參與」而不是「相信」，因為參與是主動積極的。**參與過程意味著將注意力和精力放在步驟上，而不是目標上。**績效技巧教練班．奧利瓦（Ben Oliva）解釋說：「根據結果來評判自己的問題在於，讓我們忽略了那些讓我們獲得最佳結果的事情。透過將我們所有的精力都集中在結果上，我們反而會得到更差的結果。」[1]

堅持方法，結果就會自然流露出來。

建造磚牆的過程是鋪設砂漿，小心地一磚一磚地堆砌；如果你相信這個過程，你最終會築起一道磚牆，除此之外不會有其他結果。

參與過程是本書第一章「專注」的結果，因為它意味著處理眼前的事情。績效教練和作家史蒂夫．錢德勒（Steve Chandler）建議我們，「從要做整件事情，轉變為單純的開始。從花幾個小時做某事，轉變為只花幾分鐘開始著手，這會讓你轉移到當下——唯一能創造未來的地方。」[2] 參與這個過程有助於戰勝倦怠，因為它把我們的世界縮小到一個可管理的範圍，這使我們專注、獲得勝利和信心。

再累都要做的就是夢想

柯比是最具代表性重視過程的人，即使他在成為世界上最好的球員之後，他還是如此投入——研究、練習、學習和取得優勢，成為一名學生！柯比小的時候住在義大利，會收到郵寄給他的NBA比賽錄影帶，他會「像大多數孩子看迪士尼電影一樣」來看這些錄影帶。[3] 身為一名球員，他不會省略任何步驟，這就是他宣揚基本道理的原因；[4] 他曾經說過，如果你「喜歡這個過程」，你就知道你發現了自己喜歡的東西。

柯比認為**練習和比賽一樣重要，甚至更重要，因為那是發生作用的地方**。他知道，沒有練習，就沒有比賽。他從不認為這是一種苦差事；他認為這一直是一種特權。「有些時候你不想努力，」他在《曼巴精神》中寫道，「你太累了，你不想逼自己，但你還是做了，**那其實就是夢想所在。**」[5]

加州大學洛杉磯分校教練伍登在十二年內贏得了驚人的十次冠軍，他知道過程的力量。當他在比賽中觀看他的球員時，他甚至不看比分，他會專注於「球員是否進行快速直線切入……或弧形切入。」[6] 因為他可以根據他們進攻時的敏捷程度來推斷他們的表現。伍登非常相信這個過程，在他看來，一個正確切入的球員也會正確地做其他事情，「重要的是小事，」他曾經說過，「小事會成就大事。」

「不甘預」學習法，引導高績效表現

在競技體育中，過程思維的先驅之一是網球教練和「現代教練之父」提摩西・高威（Tim Gallwey）。自從他於一九七〇年代出版了《比賽，從心開始》（*The Inner Game of Tennis*）一書以來，此書已成為眾多運動員、商人、企業家和各種追求者的聖經，從海鷹隊教練卡羅，到《魔球》（*Moneyball*）作者麥可・路易士（Michael Lewis），每個人都對這本書讚不絕口。

高威的核心策略是：**排除自己的障礙，這樣你能夠執行自己有能力做的事情。**高威的「不干預」方法讓學習者負責吸收資訊和執行，他的一位學生曾用一句話來總結這個概念，說得很好：「**問題不是我不知道該做哪些事；而是我沒有去做我知道要做的事。**」[7]

高威在擔任網球教練時，幾乎是不經意地發現了他的這個策略，當時他注意到，無論他告訴學生不要做什麼事，他們還是照做不誤。同時，他不斷提醒學生要做的事情，學生卻把全部的指示都給忽略了。他可以看到他們試圖記住他所有的指導，但這些指導並沒有被學生內化。因此，高威進行了試驗——盡可能少告戒他們要注意的事情。他會拿起球拍，默默地示範正確的正手動作，然後他會讓學生發現正確的過程。他教的不是網球，而是「覺察的指導」和專注。

令人難以置信的是，這個方式奏效了！他的學生開始學得更快了。不僅如此，學生們還會修改高威根本都沒有指出的錯誤！[8]一旦高威擺脫了他的自我，並且看到了有效的方法，他就開發了一個新系統。

高威為運動帶來幾乎禪意的學習方式，「要學習的第一項技巧，是放下人之常情，會想要判斷自己和自己的表現是好還是壞，這是一門藝術，」[9]高威寫道，「放下判斷過程是內在表現力的基本關鍵。」他的工作是消除運動員想下判斷和解讀正在發生的事情，如此一來，他們已經知道的自然動作，才可以有一條清晰的路徑，然後讓過程成為重點。

擁抱過程是累積卓越的基石

傅爾曼大學（Furman University）的總籃球教練鮑伯．里奇（Bob Richey）擁有難得的榮譽，就是他隊上的每名球員都順利大學畢業，拿到了大學學位。他不僅是一位出色的教練，還是一位優秀的嚮導和年輕人的老師。他對我說的一件事讓我難以忘懷，「你不能在獨木舟上發射大砲。」這是一個非常精準的比喻，我馬上就明白了。你需要一個穩定的起點來發射大砲，尤其是如果這個東西的目標是有影響力的。這是我們談話中的一個共同主題：確保你站穩腳跟。

鮑伯是一個熱衷於過程的專家，他將新員工分為兩種人：尋求利益的人和尋求成長的人。「為了持續保持高績效，」他告訴我，「你必須熱愛成長，而不僅僅是利益。你必須熱愛進步……不能只看結果。你必須熱愛學習，而不僅僅是取得資訊。」這就是參與過程的意義，不僅要重視完成的工作，還要重視整個過程中的所有環節。如果你只對登頂感興趣，那你爬山時一定會遇到很多困難。

只考慮最終目標，這一定會讓你筋疲力盡。為什麼？因為你只能完成一次！即使那樣，在你必須繼續下一件事之前，也只有一個短暫的時刻。結果是短暫的，但過程卻是永遠的。除此之外，**結果並不一定是在我們的控制之中。**如果我們參與了這個過程，但沒有取得勝利，我們仍然可以感覺到這項工作是有價值的。

參與這個過程意味著把失敗視為我們所做事情的一部分，而不是一個需要克服的障礙。我們常常忘記，失敗與工作是相伴相生的。如果我們積極面對錯誤，我們就可以從中吸取教訓。這個過程讓我們相信：即使我輸了，我也會有收穫。對高績效人士的分析發現，他們是「還沒有達成」的人，知道如何對失敗做出適當的反應。《哈佛商業評論》的研究發現，「即使是戲劇性的事業失敗，如果你以正確的方式反應，[10]也可以成為成功的源泉。」[11]把失敗視為反饋，這是區分優秀的人與極優秀的人之間的特徵。

撲克牌玩家對僅根據結果來判斷牌局有一個術語：「結果導向」(resulting)。結果導向是一種錯誤，因為你忽略了你的過程，而被困在發生的事情中。運氣可能、而且會降臨在任何人身上，但好的過程才是勝負的關鍵。[12]在撲克牌中，結果導向被認為是初學者的標誌。無論是否贏得底池的獎金，職業玩家都會遵循他們的過程。

注意你做了什麼，而非你得到了什麼結果

在寫這本書的過程中，我發現如果我關閉判斷的大腦，讓我大腦的過程部分自行運作——**我以前做過，我知道怎麼做，我相信系統和我的直覺**，結果一切都變得更輕鬆流

暢，只要完成這個段落，或這一頁，或這一章。我讓自己處於自動駕駛狀態，相信我的系統，事情自然而然解決了，我知道我會得到什麼樣的結果。

與聖路易紅雀隊合作的商業教練賽爾克博士和湯姆．巴陶用打擊手在本壘的例子：打擊手會注意什麼事，是要打出安打，還是擊球的基本原理？[13] 他會注意基本原理，因為「專注於結果或最終產物，實際上會使產生這些結果變得更加困難。」打擊手不去心想要擊出一個好球，而是專注於膝蓋、肩膀和後續動作，這就是過程。

史蒂芬．柯瑞專注於他的投籃姿勢，而不是球是否會投進：這就是為什麼球會中。正如籃球作家格林（Nick Greene）寫到關於史蒂芬和他的浪花兄弟（Splash Brothers）搭檔克萊．湯普森（Klay Thompson）的故事，「他們在ＮＢＡ總決賽第七場比賽中的投籃姿勢就像在無風險、無防守的投籃訓練中一樣完美無瑕。」他們致力於過程，因為過程並不太會改變。任何改變、強迫過程的努力，甚至是想得太多，都會讓你不順利。

眾所周知，賴瑞．柏德利用這種針對籃球射手的知識在比賽中取得了優勢。[14] 在一九八八年的三分球大賽之前，柏德走到他的主要競爭對手萊昂．伍德（Leon Wood）面前，問他是否改變了投籃姿勢。伍德感到困惑，說沒有改變啊。

柏德回答說，「嗯，你的出手動作看起來有些不同。」（好嗆啊）。就在柏德走開之前，他還提醒伍德要小心，因為紅白藍三色相間的球（獎勵球）很滑[15]（超嗆的）。結果柏德贏得了比賽。是的，他是當時最優秀的籃球射手，但他也讓他的競爭對手質疑自己的過程，這使對方的過程被打亂。讓一名出色的三分球射手在投籃時過分考慮自己的姿勢是削弱他的最好方法，而這位傳奇人物知道這一點。

WIN——現在什麼是重要的？

聖母大學足球教練盧．霍茲（Lou Holtz）讓這個WIN概念廣為人知，我把它作為我工作的核心。WIN是指「**現在什麼是重要的？**（**What's Important Now**）」如果覺察心念或冥想聽起來不像是你喜歡的東西，那也沒關係。活在當下就是努力讓事情變得容易管理。如果你想，也可以按照字面上解釋，在早上起床時，問問自己，**我今天需要做的最重要的事情是什麼？**把事情寫下來或輸入到手機。當你那天晚上頭躺在枕頭上時，確認已經把事情處理完畢。你有一個清楚、可證明的事情來說明你的一天，這也給了你一個小小的勝利來慶祝，而不是等待幾個月或幾年後的大勝利。這種感覺會給你帶來動力，激勵你第二天再做一次。很快你就會像這樣連續幾天慢慢累積起來。

專注於一步一步前進，讓你獲得即時的反饋和勾消一些方框的滿足感（以及增加多巴胺）。馬拉松選手不是透過考慮終點線來跑完四十二．一九五公里的，他們是一公里一公里地跑下去。沒錯，我們需要在頭腦中計畫一個大局，但有時我們需要一個狹窄的窗口，一個可以立即勾消的方框，來獲得成就感。你在生活中想要做的所有大事情都是由小事情組成的。

這需要花時間來審視自己，傑瑞·科隆納（Jerry Colonna）在電影世界中看到了相似之處。科隆納在《讓你的脆弱，成就你的強大》（*Reboot*）中寫道：「電影是騙人的，看似流暢、持續且始終在動的東西，實際上是一系列靜止的瞬間，用非常快的速度來觀看。就像生活本身一樣。」[16]一旦我們接受我們是一系列（動作的）選擇，我們就可以停下來，就能夠控制自己的工作、人際關係和生活。「放慢我們生活的電影，看看這些場景和它們是如何建構的，這樣揭示出不同的生活方式，一種打破舊模式的方式，並透過徹底的自我探究，來重新看待經驗。」[17]

在意你手頭上的工作，無論巔峰或低谷

喜劇演員拉里·戴維（Larry David）和傑瑞·史菲德的身價都接近十億美元。毫無疑問，他們都是從一無所有開始的表演者，這令人佩服。但更讓我佩服的是，即使在他們可以坐下來輕鬆度日之後，他們都一直保持著巔峰狀態，仍然在意自己的工作。

賽恩菲爾德對每一個新的單口喜劇節目都付出了同樣的努力，就像他在一九七〇和一

九八〇年代還是一名喜劇演員時那樣。他非常尊重這門技巧，而且他仍然有動力去製作傑出的作品。在最近的一次採訪中，他說：

我昨天去了長島，七點回到家，然後抓起一件運動夾克跑出家門。
我太太問：「你要去哪裡？」
我說：「我得去俱樂部。」
她說：「為什麼？」
我們都已經結婚十八年了，還是需要回答這種問題。
我說：「我需要試試一些新東西。」

真正的喜劇演員希望每天晚上都上台表演。[18]

二〇〇〇年代初，在他大受歡迎的《歡樂單身派對》（*Seinfeld*）下檔幾年後，他意識到自己想念他最初熱愛的事物，想再次成為一名單口喜劇演員。他當時面臨的一個挑戰是他給自己的，因為在一九九八年他公開宣布停演所有的舊段子，他把他的最後一個特別節目叫做《我最後一次跟你說》。

首先，讓我們花點時間尊重這個選擇。你能想像搖滾樂團這樣做嗎？同意不再播放他們最暢銷的歌曲？你能想像有人會這樣做嗎？創造一些令人難忘的東西已經夠難了，但要說，「我不會再依賴這些了，我還要再重來一次。」這是一個大膽的舉動。或者取決於你看待的方式，這也可以讓職業生涯自取滅亡！

關鍵是賽恩菲爾德對他的作品有足夠的信心，他不想交差了事，表演受歡迎的節目，然後回家。因此，他在五十歲左右，擁有大概是歷史上最優秀的情景喜劇，以及數億美元的財富，他選擇了重新開始。他和他的朋友克里斯．洛克（Chris Rock）談到了這個從頭開始的願望，[19] 也許是為了尋求一些同情，但是洛克給出他需要聽到的答案。「好吧，」洛克說，「至少你知道只有一種方法可以做到。」

一磚一瓦地建立。

「你要麼學會去做，要麼就會死在生態系統中，」[20] 賽恩菲爾德對他的過程有這樣的說法，「我很小的時候就掌握了在喜劇中的基本生存原則，你要學會成為一名作家。」雖然靈感無疑是任何創作的一部分，但賽恩菲爾德的視角更像是運動員那樣，不斷進行練習，而不像是藝術家，他說：「我的寫作技巧就是：你不能做任何其他事情，你可以不必寫作，但你不能做任何其他事情……那讓我持續下去。」[21]

他的《歡樂單身派對》共同製作人戴維早已放棄單口喜劇，他甚至曾經對觀眾大喊大叫，但他的創作方法也很值得借鑒。戴維繼續為他的作品保持令人難以置信的高水準。

儘管HBO希望每年推出新季作品，但拉里只有當他覺得有什麼好笑或值得一說的素材時，他才會製作《人生如戲》（*Curb Your Enthusiasm*）的新季。有時兩季之間相隔六年，因為他沒有必要去做。

當然，憤世嫉俗的人會說，嗯，他又不缺錢。沒錯，但這不是重點。重點是他很尊重工作和過程，只製作他可以引以為豪的作品。這兩個人都是我的榜樣，示範了你在成功後要如何行事。讓成功是一個幫助你成長的平台，而不是一個阻礙你的錨定點。不要用輕而易舉取得勝利來侮辱你所熱愛的技藝，尤其在你可以擺脫責任之後。賽恩菲爾德和戴維都知道，太過容易的成功會讓你筋疲力盡，所以他們從不會不尊重自己的工作，藉此來保持火熱的狀態。

維持卓越的唯一途徑：過程、過程，還是過程

「教練的藝術」公司（Art of Coaching）的創始人布雷特．巴塞洛繆（Brett Bartholomew）與頂尖運動員、美國特種部隊和財富五百強公司合作，他向我定義倦怠的意思是「一種緩慢的自我侵蝕……放棄自己，而不充實自我。」布雷特是一位迷人的演講者，他直接切入問題的核心。當我請他總結他的「心志教練」（conscious coaching）哲學時，他

回答說這是「強烈的自我意識，了解你自己的謊言，以及你要如何與他人互動得更好。」他告訴我他在他的電腦上貼了一張便利貼，上面有一張清單：

- 夫妻關係
- 智識方面
- 身體方面
- 社交方面
- 財務方面
- 休閒方面
- 靈性方面

每天他都試圖在某些程度觸及這些領域，這就是他判斷成功的方式。

把你的注意力轉移到過程、微步驟和漸進進步的具體標記上。沒有電梯，只有一步一腳印。你要努力營造積極向上的動能、贏得這一餐、贏得這次訓練、贏得這筆交易、贏得這次會議、贏得這通電話，你透過贏得盡可能多的關鍵時刻和機會來獲得成功。當一支球隊處於劣勢時，它如何大爆冷門，贏得勝利？首先，他們不會專注於贏得比賽。相反，他們專注於贏得這個籃板球、這個沒人看守的球、這個罰球、這個阻攔。過程總是在你面前，結果轉瞬即逝、又短暫，並且可能無法控制。

韋恩．格雷斯基（Wayne Gretsky）四歲時，曾拿著筆和紙來看電視上的曲棍球比賽。在比賽期間，他會練習在紙上跟隨球餅的軌跡，追蹤它的路徑。那些額外的時間觀看快速移動的球餅，在以前那種低解析度的小螢幕上，使他在冰上擁有卓越的視力。傑瑞．賴斯（Jerry Rice）以前會在完全黑暗的房間裡，把美式足球從一隻手扔到另一隻手中，用他投擲的手準確地感覺到球的落點，然後用他的接球的手做出反應。這讓他能夠看到十五公尺高的球，並確切地知道它會落在哪裡。羅傑．費德勒（Roger Federer）在熱身時，會試著把網球打到球童靜止的手上。史蒂芬．馬布里（Stephon Marbury）小時住在康尼島（Coney Island）的公共住宅裡，出身貧寒，用鐵絲衣架彎成籃框，掛在門的後面在室內打籃球。[22] 他還用延長線來跳繩，所以每次被跳繩打到都會痛得要命。他們都是注重過程的人，致力於每一個步驟，知道每個步驟都更接近他們想去的地方。

【建立奪標心態的行動步驟】

- 將你最新的大型計畫一系列**拆解成微小步驟**；並一一寫出來。當你勾消每個方框時，想出一個（內在的或外在的）小獎勵給自己。
- 即使一個想法「很大」，**不要迴避這個過程**。領英（LinkedIn）創始人、前PayPal主管和天使投資人里德．霍夫曼（Reid Hoffman）建議留出時間「做某些可能成為你備案的事情。[23] 如果你有一個你想追求的商業理念、一個你想學習的技巧、一段你想建立的人際關係，或者有其他好奇心或願望，把它當作正職工作之外的個人計畫，看看會有什麼進展。至少，要開始與人對談。」
- **在等待時繼續努力**。路易斯安那大學棒球教練湯尼．羅比肖（Tony Robichaux）創造了這個詞語來解釋青少年體育的問題，人人都可以參與體育項目，但這無法反映這些孩子在棒球和其他領域未來的發展情況。他試著鼓勵各行各業的人，確保他們在等待時，繼續努力，而不僅僅是機會來臨時才努力。**你還在等什麼？有沒有辦法在機會來臨之前努力？**

第十二章
持續成長

當你把人生拆解開來時，它只是一系列永不停歇的嘗試。我們所做的每一件事，每一天的每一分鐘，都只是另一次嘗試。另一次擊球；另一次練習。

有些嘗試感覺更大、更重要，因為我們在腦海中把它們放大而顯得更重要。但實際上，它們並沒有更重大，從大局來看並不是。

那次的面試？只是一次嘗試。

那個提案？只是一次嘗試。

那次訓練？只是一次嘗試。

那場演講？只是一次嘗試。

它們都是嘗試，僅此而已。

值得慶幸的是，每一次嘗試都是一次學習的機會、一次成長的機會、一次在人生的某些領域發展的機會。

那是因為每一次嘗試都會為我們提供反饋，我們可以選擇如何處理這些反饋，我們對它們的看法會影響我們的表現。我們可以選擇以對我們有利，並推動我們前進的方式對反饋做出反應；或者我們可以選擇以削弱我們，並讓我們退步的方式對反饋做出反應。目標是獲得盡可能多的嘗試，不斷學習，並朝著我們努力成為的樣式不斷邁進，這就是我所謂的成長。

投入過程和成長是一體的兩面。可見地：當大局是造成疲憊的原因時，投入過程是戰勝倦怠的策略。持續成長則相反：當日常事務給你帶來壓力時，要採取相反的策略，退後一步，專注於你要去的地方。換言之，**持續成長需要擁有大局的思維。**

打破天花板，或是直接無視它

在NBA球員選秀之前，其中一個討論的指標是球員的「天花板」。這是一個術語，表示如果一切順利，這個球員可以有多大的成就，這是一個假設，是對他潛力最樂觀的看法。一名球員的職業生涯是結合了他對比賽、對所效力的組織、與一同上場隊友的付出、以及發生或未發生的傷病等因素。頂尖球員透過在他們可以控制的方面努力，不斷挑戰這個天花板。無論他們的統計數據排行，或在合約中的哪個階段，他們都致力於成長。

「普通球員都希望不要被人管，」NBA教練多克．瑞佛斯說，「優秀的球員希望得到指導，優秀的球員想要聽到真相。」多克所謂的真相是指他們還需要做的事。NBA球員，尤其是那些優秀的球員，已經有太多的人在說他們有多厲害了，我相信那感覺很棒，但他們真正需要的是隊友、教練或導師，提醒他們現在所處的位置與天花板之間的差距，或者需要有人讓他們相信自己的「天花板」根本不是真的。

NBA頂尖教練羅伯．麥克拉納漢對此表示贊同，他說優秀的球員有一個共同點：「他們走進體育館是為了學習新的東西。」[1]尋找學習新的東西，尋找能給他們帶來優勢的東西。麥克拉納漢曾與包括詹皇在內等多名球員合作過，他說詹皇「一直想在自己的比賽中加入新的東西。」[2]不管他們是誰，也不管他們有多少天賦，「如果他們沒有不斷進步，他們將無法長期在體壇生存。」[3]

在籃球運動中尤其如此，一個球員自然狀態的下運動能力在到三十多歲的時候就無法維持下去，但此時他仍需要在球場上有所貢獻。他需要提高他的籃球智商，打造新的武器，並改善他的弱點，也許是他的外線投籃或控球技巧。

喬丹在第一次退役後於一九九五年回歸，那時他更加專注於中距離進攻的能力。他顯然依舊身手矯捷，但他選擇減少對身體優勢的依賴，更多用頭腦來比賽，這幫助公牛隊再贏得了三連冠，並將他的職業生涯延長到二〇〇〇年代。他的籃球智商取代了他的爆發力，成為了他的首選武器。我認為人們需要體認到喬丹強迫自己成長的決定是多麼令人佩服，以及為什麼這個決定是成功的。

就算跌倒，也要拾起一把土

一般人往往不會從失敗中吸取教訓，[4] 因為人們會有**「自利偏誤」**（self-serving bias）：當事情進展順利時，覺得這是他自己的功勞。當事情進展不順利時，覺得都是別人做不好。如果你覺得失敗是由於你無法控制的其他情況造成的，那麼你永遠不會從中吸取教訓。自利偏見的情況非常普遍，但在高績效人士身上，「干擾學習的自利偏見往往會減弱，甚至消失。」[5]

雖然大多數人都在尋求保護自己免受指責，但**高績效人士卻在尋求指責**。還記得布萊德利．比爾在得了六十分後，跟德魯．漢倫一一細數他原本可以做得更好的事情嗎？自利偏差可能會讓你免於尷尬的談話或情緒低落，但當那一刻過去時，你不會從這個經驗中獲得任何東西。那麼這個經驗真的是失敗的，因為你沒有從中學習到任何東西。

「對自己撒謊會破壞學習的可能性，」記者兼大英國協運動會桌球金牌選手馬修．賽義德（Matthew Syed）寫道，「如果一個人讓自己相信……實際上並沒有發生失敗，那麼他怎麼能從失敗中學習。」[6]這不僅僅是一個不成熟或新手的錯誤，賽義德引用了一項研究，顯示「隨著你的地位上升，否認錯誤的情況也會增加。」[7]你的地位升得愈高，你就愈能免受批評，這可能是因為你自己的選擇，也可能是因為你建立的環境。我認為每個人都承認，當你開始時，學習很重要。但是當你達到一定水準後，不是每個人都欣然接受學習。

當你自覺「未完成」，就能慢慢擺脫倦怠

我在第一部分中提到的績效研究人員威辛格和弗萊把承擔責任列為卓越績效的關鍵技巧之一，這是一種技能，他們發現，「前一〇%的人士有一項差異化因素，是能夠**在受到批評時，不會立刻反駁……**並且將批評視為可以幫助他們的資訊。」[8]我們有保護自己的天性，但成長需要對抗這種本能。

我們都是進行中的作品，你的實際自我（你是什麼樣的人）和你期望的自我（你正在努力成為的人）之間應該始終存在落差。你永遠不應該感到「完成了」，你永遠不應該達到你的「天花板」，你永遠不應該覺得你已經「達到」目標。一旦你覺得沒有前進的空間，你就會失去推動你前進的動力和成長的感受。

「我喜歡在場上訓練和進步，」杜蘭特告訴我，「我喜歡征服挑戰，不管當天的挑戰是

什麼，我覺得每一天都是新鮮的，這就是讓我每天堅持下去的原因。」我認識杜蘭特很久了，他一直都是這樣。他之所以出類拔萃，甚至在頂尖球員中也是如此，是因為他對成長的決心。

我記得杜蘭特在國家基督教中學（National Christian）高二那年開始引起大家的注意，他的學校是我執教的蒙特羅斯基督教學校的競爭對手。他剛剛經歷了抽高期，身高大約兩百零五公分，但擁有類似後衛的技巧。他當時相對尚未經過磨練（與他現在的程度相比），但據說他很受教，並且熱愛訓練，是一個真正的健身狂。整體而言，那天他在與我們的比賽中表現得很努力和聰明，但我們隊上更強壯、更有經驗的球員略勝他一籌。雖然我不知道他腦子裡在想什麼，但我相信他知道這場比賽對他在全國的聲譽有多麼重要。

蒙特羅斯助理教練大衛·艾德金斯在一年前曾與杜蘭特和他的家人會面，討論杜蘭特是否可能加入蒙特羅斯，但是艾德金斯教練直截了當地告訴他們：他還不夠好，不能在蒙特羅斯打球。（直到今天，我和艾德金斯教練仍在笑這件事。）所以我確信，杜蘭特想向場上和看台上所有人證明他不僅夠好，而且艾德金斯教練是大錯特錯了。

不幸的是（或者幸運的是，這要取決於你對成長的看法），杜蘭特在那次比賽結束前兩個關鍵的罰球都沒進，這讓國家基督教中學與勝利失之交臂。在那兩次失誤之後，杜蘭特執著於精進他的投籃。這麼多年後，他被認為是歷史上最優秀的高大射手之一，罰球命中率超過八五%。在他最近兩個季後賽中，當壓力最大時，罰球命中率超過九〇%。在研究這個段落的內容時，我發現雅虎網站上甚至還有一個問題：「凱文．杜蘭特有沒有連續兩次罰球不中？」答案是：很少。我從未和他談過多年前那場比賽的罰球表現，但我相信那些高壓下的失誤經驗讓他繼續前進。雖然他身高約兩百一十公分，但這個傢伙還在不斷成長。

倦怠感覺就像這一天、這個任務、這份工作已經達到極限，而你投入的時間和精力（投入）卻沒有什麼收穫（產出）。有時這是工作本身的性質，但很多時候是我們的心態問題。為了不在艱苦的賽季中筋疲力盡，像杜蘭特這樣的專業人士傾向於研究新的、不同的和缺少的東西，他在我們的採訪中說：「我覺得籃球運動總是在發展，我必須隨著它不斷發展，這才是有趣的部分。」

與團體一起成長

成長並不一定是個人的過程，有時成長是在團體當中經歷的，無論是體育代表隊、軍隊、商業組織，還是家庭。我有幸採訪聖安東尼奧馬刺隊冠軍成員丹尼．費里，他曾經獲頒年度最佳大學球員，一九八九年ＮＢＡ選秀第二順位新秀，也是ＮＢＡ總冠軍。退役後，他曾在四支NBA球隊的管理部門工作：馬刺隊、老鷹隊、騎士隊和鵜鶘隊。

費里擁有獨特的履歷，曾經效力於可能是有史以來分別是最優秀的高中、大學和職業教練：摩根・伍頓、麥克・薛塞斯基和波波維奇。他告訴我，這三位教練都有一個共同點。他們讓你感覺到「你參與了比你自己更重要的事情，並為比你自己更重要的事情出力。」他告訴我，關鍵是每個教練都得到了球隊的支持。這意味著球員們更相信球隊的成長比他們自己更重要。

費里告訴我，在他漫長的職業生涯中，最好的隊友並不是以數據成績而著稱，而是因為他們的無私行為，「表現出自己是團體一員，超越了個人。」他們不是為了自我榮耀而奮鬥，而是為了贏得勝利。成為團隊一員的最大好處之一，就是利用這種集體成長，這是一種強大的力量。

目標和成就一致

給倦怠者的建議：弄清楚是什麼原因引起了你的倦怠。你對目標不感興趣嗎？對步驟感到厭煩？需要休息一下嗎？渴望新的角色？底特律獅子隊的跑衛和名人堂成員巴里・桑德斯（Barry Sanders）提前退休，因為他厭倦了他的球隊輸球，而且他認為未來不會改變（這是在球員對自己所屬的球隊有更多控制權之前幾年的情況）。喬丹於一九九三年從籃球界退役，因為贏球已經不再是他唯一的目標。

許多運動員在巔峰時期退役，因為他們覺得自己的目標與成就不一致。印城小馬隊的四分衛安德魯・勒克（Andrew Luck）在三十歲生日前一個月退役，震驚了美式足球界。勒克一直被受傷的問題困擾，對康復過程感到厭倦，但他的退出肯定有更大的內在原因，我真的很尊重他聆聽自己內心的聲音。儘管大眾只知道安德魯・勒克是一名美式足球運動員，但他也是一個人，他已經準備好開始他人生的下一個階段，來延續成長的過程。

華盛頓特區身心醫學中心（Center for Mind-Body Medicine）的詹姆斯・高登（James Gordon）博士將倦怠分為兩種不同的類型：做自己喜歡的事情而產生的疲憊，以及從事「極度不滿意」的工作造成的更嚴重疲憊。

在你採取任何行動之前，弄清楚你正在處理這兩種類型中的哪一種。你害怕工作的哪些部分？哪些部分讓你興奮？想到一個美好的長假，你會立刻放鬆下來嗎？想到十年後做同樣的工作會讓你徹夜難眠嗎？這些答案是你為什麼感到倦怠的關鍵，也是避免倦怠的線索。

聚焦於面對目標的壓力和成長的需求

在嘈雜和干擾的環境中，高績效人士牢牢把握住自己為什麼要做正在做的事情。在二〇〇七到二〇〇八的賽季開始時，當波士頓塞爾提克隊透過交易，讓全明星球員凱文・賈奈特和雷・艾倫加入他們這一支已經擁有保羅・皮爾斯（Paul Pierce）的球隊，此時他們的壓力很大。人們的期望很高。在明星球員聯手還不普遍的時代，二〇〇八年的塞爾提克隊非常出色，是一支真正的超級球隊。人們的假設是，這些人必須贏得比賽。

他們的教練多克・瑞佛斯明白，這些高期望可以被當作工具，而不是把它們視為障礙，瑞佛斯告訴他們：「我認為你們不應該逃避壓力，我認為你們應該跑向壓力。」[9]他們球隊的訓練場上懸掛著十六面總冠軍旗幟，描述了塞爾提克隊在ＮＢＡ歷史上的傳奇地位。瑞佛斯決定練習「把聚光燈放在第十七面旗幟會掛的地方」。在整個賽季中，那盞聚光燈從未關過，空缺的那面旗幟成為這些球員的動力和成長的泉源。「壓力是一種特權，」瑞佛斯提醒他們，這幫助他的球隊更積極面對期望，球員都在思考人們的期望，所以他讓他們擁抱這個問題。在那個賽季結束時，他們確實在波士頓升起了第十七面旗幟。

我們許多人有一半以上的清醒時間是在工作中度過的。當然，外部獎勵很重要，但它們永遠不足以讓你每天早上起床，走上擁擠的火車或開車上擁堵的高速公路，在日光燈下坐上八個多小時，然後回到家裡，因為太累而沒有休閒時間，然後繼續又重複一遍，推動你的力量必須來自內心。

弗洛伊登伯格（Herbert Freudenberger）博士是一九七〇年代的心理學家，當時他觀察到醫護人員有一種特殊的壓力，所以他是第一個使用「倦怠」（burnout）一詞來描述工作上有壓力的人，他從描述藥物成癮者的常用術語中取用了這一詞。[10]他發現**疲憊只是倦怠的三個方面之一，另外還包括沒有歸屬感和無精打采的感覺，這種情緒會蔓延到你生活的其他方面**。

挖掘你對成長的需求是你必須定期做的事情，這是一種方法，提醒自己為什麼要做你正在做的事情，你的目標是什麼？你正在做的事情與達程目標有什麼關係？如果你能把聚光燈照在你生活中缺少的東西上，比如那面缺少的冠軍旗幟，那會是什麼？

先下坡，再上坡

當面對一項艱鉅的任務時，不要只是試圖咬牙熬過，而是要力求從中獲得成長。這個過程並不一定會一帆風順，很少會是輕鬆的，而且你可能覺得不會成功，但它會對你產生影響。不要在遇到困難的時候停下來，因為那正是效果發生的時候。請記住：拳王阿里根本是到了覺得疼痛，才開始計算仰臥起坐的次數。成長需要不舒服、壓力，有時甚至需要承受痛苦。

疫情發生大約六個月後，我（像許多人一樣）感到停滯不前，沒有進展，深陷無限輪迴的時間中。我意識到我需要有訓練的目標、可以期待的東西、會引起適度不舒服感覺的東西。

是會迫使我成長的東西。

我可以從小事著手，只是為了開始有個目標向前；或者從大事著手，希望能提高我的動力，所以我決定做一個極大的挑戰：去走橫越大峽谷南、北緣的登山路線。我的一個朋友邀請我加入他安排的一個團體，並為我爭取到一個名額，我只有不到兩個月的時間可以來訓練。

我沒有把這次旅行視為度假或冒險，我將其視為極限的成長體驗。首先，我把這次去亞利桑那州的旅行與戒除社群媒體和通訊結合起來，這對我來說很難。我已經習慣了時常使用社群媒體，但我覺得這種情況需要休息一下。這次旅行將是我努力擺脫自己會分心的問題和對「上線」的依賴。

經過五個小時的飛行到鳳凰城後，我和其他十五個人一起乘坐廂型車，經過六個小時的車程，來到峽谷的北緣。大家都有時差和舟車勞頓，並在距離峽谷邊緣約兩英里（一英里為一．六公里）的小木屋裡過夜。到了凌晨三點要起床的時間，我覺得自己才剛閉上了眼睛而已，然後在凌晨四點還一片漆黑時就上路了，我們要在凌晨五點日出之前開始健行，以便最充分利用到日光時間。有三名訓練有素的導遊幫助我們橫越南北緣，他們的排列方式分別為一人在前面，一人在中間，一人照顧後面的人。根據年齡、體能程度和經驗，導遊估計我們團隊中最慢的人大約需要十五到二十個小時才能完成。

前十五英里是沿著北緣的下坡路。週日晚上下了五到七公分的雪，我們出發時氣溫為攝氏零下十四度，外頭一片漆黑。我們每個人都戴著頭燈來看路，背著自己的背包，重達九到十一公斤。當然，在最初的一個小時裡，我內心一直冷到尖叫崩潰，但我只是選擇不去聽。在整個徒步過程中，每當我發現自我對話對我無益時，我都會改變話題。「**亞倫，這樣沒有幫助，所以我們為什麼不對自己說點別的，好嗎？**」這樣並沒有改變身體上的疲憊，但按掉那個小開關會有幫助。**我控制我的自我對話，我編寫、敘述，然後重複自我對話。**

每年有六百萬人造訪大峽谷，只有不到一％的人一路走到底，但我決定把這當作我的動力，而不是讓自己灰心喪氣，這相當於我的第十七面旗幟，整段路途本身格外具有挑戰性，身體的疲憊感在我不知不覺中襲來，因為我習慣了高強度的訓練，但這基本上只是在走路。當然，我走路的速度相當快，但並沒有引起像在短跑衝刺時的心肺疲勞，也沒有像舉重時那樣讓我肌肉疲勞。我用腳走了很久，穿越不斷變化的地形，這些地形在肌肉和思緒上累積了很多疲勞。那種疼痛告訴我，我正在進行身體和心理上的擴張，所以我積極地迎接。我歡迎這種不適感，因為我知道如果這很容易，每個人都會去徒步穿越大峽谷，所以它變成了一種要去贏得的經驗，而不是輕鬆就能擁有。

徒步旅行的第二部分是沿著南緣向上走十英里。徒步峽谷的獨特之處在於，你先走下坡，然後再走上坡，這跟登山相反，所以對身體和心理都是一種折磨。每年，有數百人需要從峽谷中被人解救出來，因為他們走了太遠，卻無法自行折返。峽谷的步道上有提醒徒步者的標誌，但每個人都認為自己做得到，很多人都吃了苦頭，才知道自己做不到。

我們一直補充水分，短暫停留補充能量和碳水化合物，但儘管如此，在走了大約七五%的路程後，我遇到了瓶頸。我的小腿繃得很緊，就像被繩子捆住了一樣。我的雙腿沉重，感覺就像兩邊都有一個小孩子掛在腿上。「**什麼時候會結束？**」的自我對話又再次報復性地出現，我需要更努力才能讓它緩和下來。我專注於自己的心跳、呼吸、雄偉的懸崖、峽谷中的深紅色、燦爛的藍天，以及團隊中不斷發展的情誼。我提醒自己這是一次成長經歷，而不是休閒經歷，但這並不容易。

可以理解的是，我們每走一英里的路，速度就更慢了一點，這讓我們在心理上變得難以克服。一開始，我們以二十分鐘一英里的速度行走。到最後，走一英里花了將近一個小時，這讓我很困惑。剩下的四英里感覺是可以走得到的，但當我計算了一下後，覺得很洩氣。值得慶幸的是，身體部分愈困難時，大家的談話就愈深入，我們運用情感的連結來激勵自己。

當我在九小時二十分鐘走完二十五英里時，我已經筋疲力盡了。我的身體被榨乾了，思緒被掏空了，但我感到欣喜若狂，我回到家有一種成就感。從開始這次峽谷旅行到現在，我已經成為一個不同的人。我現在有了成長的心態，[11]所以在下一件事情結束時，我也會成為一個不同的人。

持續奪標的兩個重要啟示

我第一次見到多倫多暴隊的籃球營運總裁（也是NBA冠軍）馬賽．尤基利（Masai Ujiri）是在十五年前。那時我剛開始在蒙特羅斯基督教學校擔任績效教練，而尤基利正在經營「雷達籃框」（Radar Hoops），這是一個招募非洲球員的網站。他為我們帶來了三名來自奈及利亞的年輕球員，他們後來為維吉尼亞大學、佛羅里達大學和澤維爾大學（Xavier University）效力。

在高中籃球界，有一群人被稱為「經理人」，他們發掘年輕的籃球人才，照顧他們，並為他們提供幫助。這包括支付他們的學費和提供住所，到提供運動裝備和接送他們去練習等。這些年輕球員通常來自兩個地方，弱勢的背景或別的國家。經理人把他們視為一種投資；這種投資帶有一個默認的承諾，如果這個孩子有一天「成功了」，經理人將在未來獲得回報。

老實說，這些經理人當中很少有人出於正確的原因來做這些事，像是希望為最需要的人提供機會和更好的生活。有幾個人確實關心這些孩子，並希望幫助他們找到出路（無論他們身處什麼樣的環境，他們通常與經理人來自相同的環境）。其中有個人，除了希望對年輕人的成長有所貢獻，從中得到喜樂之外，其他的都不想要，也不期望任何回報，那個人就是尤基利。

我的老朋友和導師大衛．艾德金斯介紹了我跟尤基利認識，「亞倫，記住我的話，」艾德金斯教練說，「這傢伙總有一天會管理一支NBA球隊，他知道怎麼做。」艾德金斯教練說得沒錯。尤基利來訪的時候，總是會想盡辦法跟我說話。我們會聊上幾分鐘，他總是很體貼、很感興趣。是的，我說很感興趣，而不是很有趣。他很好奇我的工作，以及我對他的球員在場內和場外表現的看法。他本質上是一個重感情的人，他總是那麼親切，那麼專注。我可以感受到為什麼這些孩子信任他，而且我在他身上感受到了深厚的愛心和理解。

我永遠不會忘記他教給孩子以及我的兩個重要啟示，都是關於專注於成長。

一、**在你的位置上發光發亮**：不要擔心你的下一份工作或下一個職位；專注於在你目前所在的位置上成為最優秀的人。如果你在現在的角色或工作中表現優秀，將會帶來……

二、**進步比晉級重要**：自我提升本身會推動你向前邁進。尤基利認為，你的職業生涯能否更上層樓，有賴於你本身進步、成長和拓展的速度。當你變得更好時，就會出現更好的機會。不要太擔心關鍵的「比賽」，專注於你能控制的事情。

刻意尋求拒絕

二〇一七年底，喜劇作家艾蜜莉．溫特（Emily Winter）陷入困境。[12] 因此，她在新年一開始時就下定決心要做一件大膽的事情：她要努力讓她的作品被拒絕一百次。她會向許多印刷和媒體機構推銷和投遞自己的作品，以此累積一大堆的拒絕信。她不是一個愛受到嚴厲對待的人，不完全是，但她認為這樣的經歷可以讓自己變得更強，她解釋說：「如果你從未經歷過拒絕，那麼你就沒有成長。」[13] 所以她進入這一年希望創造一種「創傷後的力量」，所有的拒絕都會創造出第二層皮膚，讓她變得更堅強。

然而，在一百次拒絕的過程中發生了其他的事情。當然，溫特按照計畫被拒絕很多次，但她也得到了肯定，有很多的肯定，在這一年結束時，「擁有了自己有史以來最好的簡歷」。溫特非傳統的過程給了她一種額外的動力；因為她的目標是累積盡可能多的拒絕，她必需把自己推銷出去——真的推銷出去，這是她一生中最多產且最重要的一年。[14]她的故事很有啟發性，因為它說明了一個概念：**變得更強就會取得成功**，它們是相同成長過程的一部分，兩者**都需要冒險和面對失敗的能力**。

艾瑞克．魏納（Eric Weiner）在《尋找快樂之國》（*The Geography of Bliss*）中談論地球上最快樂的地方，他去了冰島，發現那裡的文化鼓勵人們從小就隨心所欲地創作藝術，並繼續創作到成年。冰島沒有那種「不要放棄正職工作」的心態。「這種隨心所欲態度的結果是，冰島的藝術家製作了很多垃圾，」[15]魏納寫道，「他們是第一個會這麼承認的人，但是垃圾在藝術界扮演著重要的角色。事實上，它所發揮的作用與在農業領域的作用完全一樣，垃圾有肥料的用途，能讓好東西長出來。」

【建立奪標心態的行動步驟】

- 盤點一下，如果倦怠是因為你的價值觀與工作脫節，那麼可能是時候進行盤點了。在一張紙上，第一欄寫下你認為的價值觀，第二欄列出你的工作中與這些價值觀相關的方面。如果第二欄讓你感到很為難，可能是時候改變角色，建立新的第二欄了。

- 前塞爾提克隊教練凱文·伊士曼建議每年至少進行一次「**真相審查**」。[16] 誠實地了解你現在的情況、你想要的目標，以及是什麼「在阻止你實現目標」。
- 列出你人生中的五次失敗，你在當時感覺那個失敗很重要，或者現在仍有這種感覺。當你完成這個清單後，回顧一下，思考這些失敗帶來了什麼經驗（如果有的話）。這可能是一個機會、一個教訓，一個自我反思的機會，或者其他東西。失敗不會讓你毫無收穫的，你只需要努力去找到它。
- 回顧艾蜜莉·溫特的一百次拒絕計畫，你能把這個過程帶入自己的工作嗎？有沒有辦法強迫自己走出舒適圈，一次又一次地嘗試新事物，並在失敗中鍛煉自己的能力？

第十三章
耐力和韌性

我今年四十五歲，身體狀況還算不錯。當然，我稱不是上什麼泳裝模特兒，但身為一名前運動員和專業的績效教練，我非常注意自己的身體健康。但是到了這個年齡，歲月是把殺豬刀，許多我在十幾歲和二十多歲時可以輕鬆完成的體力工作現在有點吃力了。活了一百歲的傳奇喜劇演員喬治．伯恩斯（George Burns）曾經說過：「當你彎下腰繫鞋帶，會想你彎到下面還能順便做點什麼事情的時候，你就知道你已經老了。」聽好，我還沒有到那個地步，但這個想法似乎不再只是好笑了，好像真的是這樣。有時候早上我的關節會發出喀喀像爆米花的聲音，那時就讓我想起文斯．卡特（Vince Carter）。

當你的身體發出跟不上成長的警訊

卡特是唯一一位運動生涯橫跨四個不同年代的NBA球員，好好想一想這件事。他在一九九〇年代就開始打球了，到了二〇二〇年他還在打球。他是戴爾．柯瑞的隊友，也曾與戴爾的兩個兒子史蒂芬和賽斯．柯瑞打過球。卡特一直打到四十三歲，打了二十二個賽季，直到最後，每晚都帶著最好的狀態出戰，卡特在職業體育界中有點像獨角獸。當他在二〇二〇年三月十一日最後一次在NBA投籃時，[1]他是史上參加比賽場次第三多的球員，僅次於羅伯特．派瑞許（Robert Parish）和卡里姆．阿布都－賈霸（Kareem Abdul-Jabbar）。

卡特鼓舞了隊友、年輕人和老年人，以及像我這樣的前球員，因為他克服了困難。和所有NBA球員一樣，他是一個怪胎運動員，但只有致力於自己生涯長青的人，才能在這個主要球員年齡是自己一半的高強度比賽中，堅持到四十多歲。卡特進入聯盟時，是一個威武的灌籃高手和體育大神。隨著年齡增長，他必須調整自己的比賽方式，成為一名配角球員和老將，這是很多得分機器都做不到的壯舉，需要更多的努力、不同的技巧和健康的謙遜態度。

二〇〇八年夏天，我有幸參與在奧蘭多的文斯．卡特Nike技巧訓練營。我對卡特在整個訓練營中投入的表現印象深刻，他花時間與年輕球員建立關係，並給下一波未來的NBA超級巨星提供幫助。我不知道卡特當時是否知道，當這些年輕球員長大後，他還會繼續打球，但這證明了他的韌性。

卡特每天向球員和我們私下談話中大力倡導和強調一件事，就是他致力於保持身心的健康和優化。很明顯，即使在那時，他也明白自己的日常決定（充足的睡眠、純淨的飲食、持續的訓練）與他生涯長青的關聯。他想盡可能久地參加他喜歡的比賽，並從早期就打下基礎。卡特憑直覺明白長期職業生涯所需的耐力類型，他在二〇〇八年就已經了解到這一點，這就是他在二〇二〇年仍在場上打球的原因。

詹皇如何締造傳奇？

就生涯長青而言，我們目前正在見證一件更令人佩服的事情，那就是詹皇，他的巔峰期持續的時間遠遠超過了人們的想像。人們認為詹皇在二〇一一年，也就是十年前就進入了巔峰期！巔峰期根本不可能持續那麼久的，但詹皇在二〇一一年至二〇一八年間連續八次進入總決賽，[2]這是一個瘋狂的連勝記錄，但令人難以置信的是，在那段期間，他比聯盟中任何其他球員多上場打了兩千分鐘，他的耐力處於極高水準。詹皇應該為此獲得大部分榮譽，但也有一些功勞要歸功於一個較不為人所知的人：他的名字叫麥克·曼西亞斯（Mike Mancias）。

從二〇〇七年到二〇一六年，我在所有詹皇Nike技巧訓練營擔任績效總教練。這些活動為我提供了獨一無二的機會，可以與頂尖的高中和大學球員一起合作，與大學和NBA教練一起工作，並沉浸在詹皇本人的獨特才華之中。

詹皇一直非常坦白和透明，說明自己來自什麼程度、他為了到達現在的位置所做的事情，以及他為繼續提升水準所做的事情，即使他已經是公認的巔峰水準。他成功的關鍵在於努力照顧自己的身體，這方面的祕密武器是他的教練麥克・曼西亞斯。無論詹皇到哪裡，麥克總是在他身旁。在整個訓練營中，麥克會在訓練或比賽前為詹皇熱身，完成訓練後幫他做伸展運動，並每週定期安排時間替詹皇訓練。我立刻被麥克吸引住了，他是受到地球上最優秀的球員高度信任的人，所以我可以從他身上學到很多東西。

麥克體現了一個常青教練的口號：先建立關係，再進行指導。他透過建立關係，努力贏得詹皇的信任、尊重、支持和信心。麥克向我承認，這個過程一開始是很有挑戰性的，因為詹皇已經學會了有所戒備，這是可以理解的。詹皇從十二歲開始就受到籃球界的注目，十六歲就登上了《運動畫刊》（*Sports Illustrated*）的封面。

你能想像這些年來有多少人試圖打入他的核心圈子嗎？但長期下來，憑藉關愛和始終如一，麥克說服了詹皇，他首先把詹皇看作是一個人來關心，其次才把他看作是一名運動員。麥克沒有隱藏的動機，對名利、金錢或自我推銷沒有興趣。他只是想要詹皇想要的東西，就是讓詹皇保持健康（不受傷）和無與倫比的狀態（強壯、快速和爆發力強）。

最近，詹皇一直在談論想要和他的兒子布朗尼（Bronny）一起打NBA，布朗尼目前十六歲，是一名頂尖的高中運動員。如果詹姆斯這家人成功了，這將是NBA歷史上第一次有父子一同上場打球。詹皇對生涯長青的決心激勵了聯盟（和其他領域）的每個人，他們原本可能認為自己最好的年華已經過去了。

每天做二十個伏地挺身持續十二年，勝過一天做一百個

西蒙斯是一位傑出的教練和顧問，創辦了開創性的泰若斯機構。在我們整個Zoom採訪過程中他一直站著。他的站立式辦公桌在他身後很顯眼，所以我毫不懷疑他一整天辦公也是這樣站著做事。在我們的談話中，西蒙斯的專注和熱情從未動搖過。我不禁想知道他站著的時候，身體告訴他，他「在做」某個件事，這對他的表現有多大的幫助。我答應自己要嘗試這樣做，哪怕只有一個星期。

在我們的談話中，里克告訴我他最近在克利夫蘭參加一場超級馬拉松比賽，這是一場二十四小時的比賽。

等等，什麼？聽起來不可能嗎？如果我告訴你這是重複在跑相同一英里跑道的比賽呢？里克的目標是跑一百圈。他告訴我，「在那場比賽之前，我不知道什麼是真正的大屠

殺」，我覺得他並沒有誇大其詞，那種比賽會有很多人倒在地上。幾乎沒有什麼東西比二十四小時不間斷地跑同一圈跑道一樣，能夠讓你清晰地認識到你是誰，你想要什麼了。

在每一圈結束時，場邊的主辦人會問跑者他們的目標是什麼（這個策略我很讚賞，因為這是針對個人的）。里克每一圈跑完都以同樣的方式回答了這個問題：一百圈。但在比賽的某個時刻，他有了一種他描述為「靈魂出竅」的經歷。他彷彿從上方看著自己跑步，他突然想到，他給自己定下的目標，竟然變成了一種限制！

一旦他意識到這一點時，整個經驗就發生了變化。**他意識到他的目標已經成為一種限制。**當他們問他下一圈的目標時，他只是大喊：「盡我所能，並覺得這樣很棒！」他告訴我，這些話只是從他嘴裡冒出來，沒有經過思考。里克意識到這是他唯一需要的目標，他繼續這樣回答，一直到二十四小時的大關。他的最後統計數字：一百一十二圈。

這個故事最令人驚奇的部分是，在那次極度疲憊和身體犧牲的經歷過了幾年之後，里克又報名了這個賽事四次！這告訴我，他這樣做是出於正確的原因：不是為了炫耀，也不是為了講故事。里克相信這種經歷會帶來成長，他不想只是做過這件事，他想成為一個一直都能夠做這件事的人。

「這成為下一個真正的障礙，」西蒙斯在談到貫徹執行時這麼告訴我，「在某一時刻或某個轉變中提高你的水準是一回事，但要在很長一段時間內保持這種狀態，那才是優秀的表現。」二十四小時的比賽，體現了我們所有人正在追求的東西，我們有設定的限制嗎？還是我們只是想盡力而為，並感覺那樣很棒？

耐力不是曇花一現，也不是一時熱度，這是關於貫徹執行，雖然不引人矚目，尤其是在當今世界「爆紅」被視為巔峰。人們往往更會去讚揚別人短暫風光的時刻，卻不會去欣賞長期每天持續的努力。今天做一百個伏地挺身，還是每天堅持做二十個伏地挺身十二年，哪一個更令人佩服？

我的超級馬拉松跑者朋友馬克．尼蘭（Mark Neilan）告訴我，他見過很多這些社群媒體健身網紅，他知道他們的祕密：那些在社交媒體上發布的厲害活動，他們往往只能做一次，只是為了讓別人誇目相看才做的，而且我不在乎他們做什麼活動：只做一次並不代表什麼。

看見自己的不斷進步

阿肯色大學籃球隊教練艾瑞克．穆塞爾曼是一名倖存者；和馬賽．尤基利一樣，他重視成長勝過於晉升。在他漫長的教練生涯中，穆塞爾曼教練一共擁有十九個不同的工作。在二〇〇〇年代，他在ＮＢＡ擔任過一連串教練和助理教練的工作，一直到二〇〇七年被沙加緬度國王隊解僱。失去那份工作後，他又收到了兩次總教練的工作邀請，但他決定做一件令人欽佩的事情，甚至是反常的選擇，他自願離開了聯盟。很難跟不了解教練界的人解釋清楚，ＮＢＡ的三十個總教練職位就像是籃球界的高盛、紐約洋基、蘋果和谷歌。如果你能留下來，你肯定會留下來。

但穆塞爾曼不是這樣做的。

他拒絕了那些總教練的工作，以便在不同的環境中重新調整自己和學習。艾瑞克曾說過：「身為一名教練，你總是努力變得更好，不斷進步，並從過去的錯誤中學習。隨著每一年經驗的增加，你應該成為一名更好的教練。」[3] 他感覺到當時再次接受ＮＢＡ的工作不會教會他任何新的東西，他告訴我，他想「回到小聯盟，我不需要住在麗思卡爾頓飯店，我不需要在球隊的飛機上吃全蝦大餐。我可以和我的球隊一起坐巴士，從雷諾（Reno）到貝克斯菲爾德（Bakersfield）。要我住在連鎖平價飯店沒問題，我只想訓練籃球。」

穆塞爾曼之所以能熬過這些年，是因為他一直都重視正確的事情。每個人都明白，當你還年輕是新手時，你必須付出代價，但穆塞爾曼在他已經成為職業選手的教練之後，做出了這個決定——去最辛苦的地方擔任教練！他知道他需要回去，才能向前邁進。

因此，他繼續在多米尼加共和國和委內瑞拉（在沒有屋頂的地方，風會改變球的方向，蟑螂可以到處爬行）、中國和ＮＢＡ—Ｇ聯盟當教練。當他這樣做的時候，他說，「我知道我在擔任教練的過程中不斷進步。」有些人會把離開ＮＢＡ，加入所謂的小聯盟視為降級。但穆塞爾曼將其視為學習的機會，他從這些經歷中吸取了教訓，這些經歷使他成為了那種經得起考驗的教練。例如，他告訴我，現在在比賽暫停期間，他能更有效地進行溝通，因為他必須學會與不懂他語言的球員交流。他掌握了肢體語言和面部表情，學會了如何使圖表清晰簡潔。如果他沒有去其他國家擔任教練，那是不可能辦到的。穆塞爾曼把他在ＮＢＡ的挫折視為機會，而不是失敗，並且因為他致力於成長，他處於職業生涯的頂峰（現在他在ＮＣＡＡ）。

克服逆境的三步驟

每一個障礙和逆境時刻都會顯示出機會，它們一開始可能並不明顯，你可能需要仔細觀察，但是它們的確存在。困難的情況加上糟糕的反應，只會讓事情變得更加糟糕。提前建立一個系統來克服事情，是解決任何問題的最佳方法。

每當我面臨重大挑戰時，我都會遵循以下三個步驟：

一、**允許自己**暫時感到害怕、失望、煩躁、易怒或焦慮，這些感覺沒有錯，是正常和自然的。好好面對你的情緒，**不要試圖壓制它們。**

二、當你的焦慮情緒升高，事情變得難以承受時，花點時間重新聚焦，恢復冷靜。**扮演自己情緒的旁觀者，重新調整你的心態，專注於眼前，根據挑戰做出適當的反應。**

三、一旦你感到泰然自若，判斷什麼是對情況的**最佳回應**。透過純粹的客觀角度來看，你最好的選擇是什麼？什麼樣的行為會推動你前進？哪些行動會改善你的處境？承認你無法控制正在發生的事情，只能控制你的反應，並讓自己負起責任。

撐到最後

二〇二〇年夏天，我報名參加了一個讓我感到有點害怕的極限耐力比賽。在我的生活中有很多例子，我不自覺地限制了自己和我的能力。雖然我一生都是個不錯的運動員，但這些自我設限很多都是體能上的限制。我曾無數次聽說過一些驚人的壯舉，比如跑一百英里、騎自行車穿越歐洲或攀登山峰，而我內心默認的反應是「我永遠做不到」，這困擾了我很久，所以我開始反抗這種想法。

現在，我不再同意對自己施加嚴格的限制，我不再願意相信自己無法勝任、能力不足或不合適。

這就是為什麼我報名參加「撐到最後的人」（Last Man Standing）超級馬拉松賽。比賽每年在緬因州舉行，規則簡單，如同活動名稱所述。中午時分，跑者開始穿過風景秀麗的緬因州森林，進行四．二英里的環形比賽。他們只有一個小時或更短的時間來完成；如果他們成功了，他們將在下午一點開始下一場比賽。如果他們在一個小時內完成比賽，下一回合將在下午二點開始，以此類推。

如果你沒有在下一場比賽中及時跑完一圈，或者如果你根本就累倒了，不想再跑，你就出局了。你可以休息的時間正好是你完成一圈到下一個整點的時間。例如，如果你在五十五分鐘內完成一圈，你可以休息五分鐘。比賽沒有分組、沒有分年齡或性別。這實際上是一場比賽，看誰最後還能站著。只要有兩個人在跑，比賽就不會結束。

那天到了晚上十點，我完成了相當不錯的九圈成績後，就喊停了，跑了將近六十五公里，相當於一．五個馬拉松的距離。這對《高績效表現力》的讀者來說是不容小覷的成就，他們知道我多年前曾經跑過一個痛苦的馬拉松比賽，當時覺得很丟臉。

雖然我遠落後於領先者，獲勝者跑了三十二圈，但我真的不是在與其他選手競爭，而是在與長期以來自我印象的競爭。我現在允許自己去嘗試一些事情，並敞開心扉面對失敗的可能性，面對我曾經害怕的事情。對我來說，這是真正韌性的基礎。

如果我讓你猜「撐到最後的人」冠軍是誰，你肯定猜不到。在那些超級高手和菁英中，獲勝者是一位五十多歲不起眼的男子，有著十足老爸的身材。我在整個比賽過程中都注意到他，**一直保持自己的節奏，從不因其他人的情況改變自己的節奏**。他顯然有自己的策略，他平靜的自信心是決勝的關鍵。你可以從他的眼中看出，他知道自己會成為撐到最後的人；他有經驗和專業知識，知道這也是一種心理測試。單憑運動能力是不夠的，他之所以堅持到最後，是因為他在跟自己比賽。

肥沃的空白

雅爾．梅拉梅德（Yael Melamed）是舊金山的心理治療師，擁有哈佛商學院的MBA學位，她具備治療和商業的背景，這是一種獨特的結合，所以我立刻覺得很好奇。雅爾致力於傳授深刻而必要的觀念：工作場所的同理心，她想像未來的公司將努力提升而不是破壞人們的自我價值感，她從根本上來處理職業倦怠的概念。

我們是透過我的合著者喬恩介紹認識的，並在二〇二〇年秋季疫情期間在Zoom上交談。這是一個合適的談話時間，因為有許多美國人正在尋求治療，以克服新冠疫情帶來的生活挑戰，所以雅爾的工作非常忙碌，但她散發出如此的平靜和智慧，以至於當我們結束談話時，我甚至考慮跟她預約治療時段。

雅爾告訴我，她是第二代移民，父母對她寄予厚望，她從小就按照別人對她的期望來做事，而不是去做她想要的事。用她的話來說，她「被困在電扶梯上」——高中畢業生代表、杜克大學和哈佛商學院的榮譽畢業生。然而，進入研究所才幾個月後，她被診斷出患有癌症，她的整個生活都發生了天翻地覆的變化。

當她一邊走向校園圖書館，一邊還在吸收這個令人震驚的消息時，她看到了自己訃聞的畫面，這對一個二十三歲的人來說是一個可怕的想法。更令人震撼的是，這讓她非常沮喪。她想到了過去的人生、獲得的榮譽，並意識到「這不是我想在地球上留下的影響，這不符合我的使命。」幸運的是，癌症在擴散之前被成功切除，但這次經歷卻留下了深刻的印象。正如她解釋的那樣，診斷結果「就像藥物一樣在我身上起了作用」，改變了她的人生和工作的發展方向。

雅爾最終從哈佛商學院畢業，但那時她知道自己只有在為他人服務時才會感到快樂。因此，她開始研究心理治療，並且在涉足了商業和心理這兩個領域之後，她得出了一個結論。她知道商界領袖對世界上其他人的影響有多大，他們的影響力會體現在他們所傳遞的價值觀、他們獎勵的行為和他們創造的環境中。因此，這成為了她的工作重點：努力讓人們在過度競爭、耗盡價值和充滿倦怠的文化中更快樂、更協調。她的朋友漂亮地總結了這一點：她會幫助那些陷入困境的人找回自己的心。

雅爾在她獨特的東方和西方（海岸）風格的融合中強調了一件事，那就是需要擺脫激烈的競爭。在我們的生活中留出空檔非常重要，無論我們是用這些時間來反思、尋求靈感，還是單純地逃離一下。這是韌性的無聲關鍵：給自己呼吸的空間，雅爾將這些空隙稱為「肥沃的空白」。

退後一步，俯瞰我們身處的位置和我們要去的地方，會有很多收穫。一輛汽車在開始上路時，哪怕是稍稍偏離了方向，若不修正方向，最終都會離預定的目的地數百里之遙！注意自己的情況好不好，確保你與你真正想成為的人保持方向一致，偶爾也要抬頭，看看前面的道路。

流露情感才是真勇敢

我與雅爾的討論，讓我開始思考倦怠和把事情藏在心裡之間的聯繫。如果你壓抑自己的情緒，忍受痛苦，只是默默地承受，你最終會崩潰。那些最終成功的人，那些經得起挫折和克服障礙的人，他們並不是擺出一副堅強的樣子，他們願意示弱，這代表他們真的很堅強。

近年來，像德馬爾・德羅贊（DeMar DeRozan）和凱文・洛夫（Kevin Love）這樣的NBA球員都很坦然他們的心理健康情況，這對職業體育來說是一個可喜的變化。由於職業運動員在文化中的地位，他們肯定很難承認自己並不冷靜沉著。他們的勇氣令人鼓舞，他們無私地引發了更廣泛的討論，並接受了我們所有人偶爾會有的感受。

脆弱和強大是密切相連的，如果你害怕示弱，無論是出於驕傲，還是出於恐懼，你是在為你所能取得的成就設定天花板，而且你將無法熬過困難的階段，那些太害怕受傷的人最終受傷最深。現在是每個人，尤其是男人，放棄脆弱的感覺是讓我們變得軟弱的想法了，真正的勇氣是可以敞開心扉。

振作起來的藝術

在二〇一二年華盛頓天主教運動會（Washington Catholic Athletic Conference）冠軍賽僅剩四秒時，德瑪莎天主教高中在中場持球落後一分。如果我們得分，高三的詹姆斯・羅賓遜（James Robinson）將成為華盛頓天主教運動會歷史上第一位連續四次贏得冠軍的球員，ESPN一直視這個為全國排名第一的高中運動會。雖然情況並不理想，但我仍然看好我們的機會。毫無疑問，詹姆斯・羅賓遜是我教過的最好領袖，他不是最好的射手、控球手或最有運動天賦的球員，儘管他在所有這些方面都很出色，但他是最好的領袖，而且一點也不巧的是，他也是贏家。

那時詹姆斯．羅賓遜已經贏得了一百二十場比賽，是德瑪莎天主教高中籃球隊歷史上贏球次數最多的球員。比賽還剩四秒時，瓊斯教練叫了暫停，讓大家冷靜下來，制定策略，安排了詹姆斯最後一投的劇本，用我們在練習中連續演了幾十遍的戰術。就像劇本設計的一樣，我們成功地從邊線發球，把球傳給了詹姆斯．羅賓遜：

還剩四秒時，他穿過他的防守者，並向籃下進攻。

還剩三秒時，他越過罰球線幾英尺距離，並起跳投籃。

還剩兩秒時，他以平衡的姿勢出手，動作完美。

還剩一秒……

球打到了籃框前緣的地方，沒進。

喇叭聲響起，比賽結束，我們輸了一分，而另一支球隊的球迷衝上球場慶祝。詹姆斯．羅賓遜立刻倒下，哭泣起來。他傷心欲絕，我只能想像這位年輕人的感受。他覺得自己讓隊友失望了……他覺得自己讓教練失望了……他覺得自己讓學校失望了。

在瓊斯教練最後一次為這個賽季向球隊講話後，身高一百九十公分、體重九十五公斤的詹姆斯．羅賓遜坐在球場上哭了兩個小時。當然，我知道人生中有比輸掉一場比賽還更嚴重的損失，但你必須透過他的角度來看這個世界，他才十八歲，他一生都在為這一刻做準備，而這並不是他所夢想的結局。他的心情很沉重，我想他度過了一個煎熬的夜晚。

你知道詹姆斯．羅賓遜第二天早上做了什麼嗎？他沒有愁眉苦臉，也沒有躲起來，更沒有找藉口。他在學校上課前兩小時到達體育館，請注意，賽季結束了，並重演那個戰略劇本，直到他做了一百遍。他畫下句點，並邁向下一場比賽。

詹姆斯．羅賓遜決定不讓那次失誤的投籃定義他，或讓他更加不開心。那個年輕人給我上了一堂關於韌性的課，至今仍然讓我銘記於心。你會遇到困難的時候，你會面臨逆境、不同程度的挑戰和挫折，這是不可避免的。你的韌性以及你的幸福——取決於你振作起來的能力。

連勝可能是崩盤的前哨

失敗本身並不能神奇地自行成為一個學習機會，只有當你不把自己和自己的價值感依附於勝利時，失敗才會發揮作用。追求完美實際上讓我們失望，因為這樣會變成更注重結果，而非經驗。

在體育比賽中，教練們對連勝紀錄感到緊張。為什麼？原因是壓力太大，以至於他們擔心第一次失利會擊垮所有人。當杜克大學的麥克・薛塞斯基要參加NCAA錦標賽（單淘汰制）時，他寧願沒有長時間的連勝紀錄。一次失敗可以讓你重新調整，幫助你接受缺陷，讓你有機會檢查自己的漏洞。在德瑪莎天主教高中，瓊斯教練有時會在輸球後說：「這次失敗對我們來說是件好事，這會給我們一個教訓。」有時連勝是有害的，因為會給人一種無敵的感覺。一旦這種感覺被刺破，你就沒有韌性來承受這種陌生的新感覺。我想到了棒球比賽中，當一個投手的無安打比賽被破壞時，投手會崩潰，接著輸掉了比賽。一旦水壩出現了第一道裂縫，洪水就會噴湧而出。

兩個引人注目的例子是二〇〇七年的新英格蘭愛國者隊和二〇一六年的金州勇士隊。愛國者隊創造了NFL三十五年來的第一個全勝的賽季（有史以來第一個取得十六勝零負的戰績），並且打進了超級盃，但敗給了能力遠不如他們的巨人隊。二〇一六年勇士隊在例行賽中贏得了創NBA紀錄的七十三場比賽（他們每個月只輸了一場左右），在NBA總冠軍賽中以三比一領先，但卻連輸最後的三場比賽，輸給了詹皇的克利夫蘭騎士隊。我相信，比爾・貝利奇克和史蒂夫・科爾這兩位教練都認為他們球隊的失利與追求完美而累積的壓力有關。當然，兩人都會毫不遲疑，願意拿例行賽的風光記錄換取總冠軍。

記得偶爾打開閥門，這樣你就不會爆炸了。這是勝利或學習，而不是勝利或失敗。失敗是由你自己決定的，我為什麼會輸？什麼地方出了問題？我怎樣才能改進？透過這次經歷，我獲得了什麼？回饋告訴我什麼？挫折可以讓你更快地進步，但你必須利用它們。

不想要陷入連敗，你可以把挫折變黃金

長期擔任ＮＢＡ教練的史丹・范甘迪（Stan Van Gundy）養成了習慣，會去獲取關於自己表現的反饋。事實上，他去年告訴我們一群人，「在我被解僱後，我會向球員詢問他們喜歡什麼和不喜歡什麼。」這句話讓我大吃一驚。我想當我們被拒絕時，我們的自尊心都會受到一點傷害。現在想像一下，在丟掉工作後，向你的同事詢問一些有用的反饋，你可以運用到你的下一份工作中。這樣**示弱是一件美好的事情**，這就是為什麼史丹是一位如此特別的教練。如果你自己做不到，你就不能要求你的球員面對批評和適應反饋。

根據我的經驗，大多數尋求反饋的人實際上是想得到讚美。「你能告訴我你的想法嗎？」意思是「你能告訴我這有多棒嗎？」下次你要求反饋時，讓對方知道**你真心想聽到**批評意見和需要改進的地方。如果他們明白你在尋找什麼，他們就會重新調整。

這種避免或忽略反饋的傾向實際上沒有任何意義。想想看：我們在開始做新事情時，

都會需要回饋。否則，你是怎麼學習跳投，或游自由式呢？沒有反饋，你真的無法學習。但是，在這個過程中的某個時候，我們的驕傲開始排斥任何聽起來像是批評的事情，即使那些批評只是下次要用的資訊。

我由衷地同情那些生活受新冠疫情影響最嚴重的人。雖然我的情況和他們不能相比，但是我們許多人的業務都需要出差和群聚，因此在隔離政策實施後，許多人突然陷入困境。我原本可以很容易在二〇二〇年停滯不前，甚至退步：畢竟，我工作的主要部分是要飛來飛去，在擁擠的房間裡與陌生人交談，而這種情況已變得不可行。我不得不取消我所有的演講活動，所以我很沮喪。

然後我內心的好勝者甦醒了過來，扭轉了局面。我認為在我的行業中大家也面臨著同樣的問題，我只需要透過建立我的虛擬演講技巧和服務來進行調整，這樣我就可以繼續提供服務，做我喜歡的事情。這次挫折將成為一個機會，因為我會讓它成為機會。

所以，我脫離了舊的計畫，找到了一個反敗為勝的方法。我想到了其他人都必須在地板濕滑的體育館打球的情形。疫情給許多人帶來了很大的困難，但也迫使許多人在業務上進行調整，甚至可能改變一個老舊的作法，新的版本可能會更好，韌性需要進化和適應能力。最好的教練、企業、領導者和運動員不會浪費改變發生的時間，他們會充分加以利用。

有高績效表現，才有高績效成果

如果你沒有日復一日的動力，你就無法長期忍耐。這並不容易，所以這個技巧正讓它成為可以識別球員高下的原因。傳奇ＮＢＡ經紀人大衛・福爾克（David Falk）最著名的是在喬丹的整個職業生涯中都代表喬丹，我問他，喬丹是如何長期保持巔峰的表現。

福爾克的回答指出了一個道理，任何看過喬丹（或不幸與他比賽過）的人無疑地都會相信：「你不能安於自己的成就，」福爾克解釋，「你不能說，『嘿，這是我五年前的表現。』因為每天晚上你都要上場，你都會接受考驗。沒有人在乎你贏過冠軍，你還擁有它嗎？你還有動力嗎？」

喬丹比任何運動員都有更多的理由輕而易舉取得勝利，但他絕不會讓自己做出這樣的事情。（值得一提的是，福爾克本來可以輕鬆看著喬丹的錢滾進來，但他也沒有這樣做。）喬丹打的每一場比賽都很重要，因為對他來說，確實如此。他內化了他的教練傑克森所說的話：「只有在你表現出成功動作的那一刻，你才是成功的。你必須再做一次。」[4] 喬丹還表示，他對前來看比賽的每個人都有責任，他一晚都不能輕易鬆懈，因為那是永遠會留給觀眾的印象。

棒球界的「鐵人」小卡爾・瑞普肯（Cal Ripken Jr.）在巴爾的摩金鶯隊擔任游擊手和

三壘手，連續出戰二千六百三十二場棒球比賽，打破了盧．賈里格（Lou Gehrig）保持了近六十年的紀錄。這就是一場一場比賽的累積，每週有五到六場比賽，持續了十七年，這真的很難讓人想像，而且他不只是打球而已，他的表現水準非常高（兩次獲得MVP獎和十八次全明星賽登場）。「對我來說，每天出場是一個原則問題，」[5]瑞普肯寫道，「你所做的每一件事都是測試你做得有多好，不僅僅是做一次或兩次，而是一遍又一遍，在任務失去新鮮感和新奇感之後，變成只是每天重複需要做的事情。」[6]有韌性的人總是會出現，就這麼簡單。

瑞普肯喜歡講威利．皮普（Wally Pipp）的故事，他在一九二五年七月的一場洋基隊比賽中被換下，由賈里格取代他在一壘的位置。賈里格從此一直代表洋基隊打到一九三九年，開啟在體育史上最具傳奇色彩的職業生涯之一。當然，皮普可能不會有賈里格那樣精彩的職業生涯，但需要有人退下來，讓賈里格能上場，而他確實充分利用了這個機會。「我的觀點是，如果你有工作，你就去上班，」瑞普肯寫道，「如果你不去上班，等你被其他去上班的人取代時，不要感到驚訝。」

【建立奪標心態的行動步驟】

- 把你的挫折當作燃料，而不是障礙。從「**為什麼這會發生在我身上**」轉變到「**這件事在教我什麼？**」試著在便利貼上寫下這個問題「這件事在教我什麼？」，並貼在你可以看到的地方（冰箱、桌面、浴室鏡子）。下次你遇到挫折時，回答這個問題。
- 適當地慶祝你的勝利，並從你的失敗中吸取教訓，但永遠不要讓它們來定義你。你讓你生命中的哪些高點和低點來定義你了？它們是否成為了負擔？
- 曾任職於Airbnb、在飯店旅宿業擁有豐富經歷的執行長教練奇普．康利（Chip Conley）建議，在五十歲的時候，我們都應該給自己寄一封只有兩句話的信。[7] 信中應寫道：「你可能還有五十年的生命，**如果你知道自己能活到一百歲，今天你會追求什麼新的才能**、**技能或興趣**，以成為一名大師？」你的信會怎麼寫？寫下來，用信封封好，保存到未來的一個里程碑生日再打開。

第十四章 休息和玩樂

身為一名終生運動員，我一直很重視要把自己的身體給照顧好。健康身體的兩個基本要素是營養和運動，我非常注重這兩件事情的最大化和優化，已經把所有注意力都放在它們上面，但是休息、睡眠和玩樂也同樣重要，雖然人們比較少強調這三件事情。想當然的，它們不那麼吸引人，而且說實話，更難從中獲利，所以它們很難獲得大家的注意。但是，如果沒有適當的休息、充足的睡眠和休閒玩樂的時光，你永遠無法成為最好的自己。

倦怠（burnout）不僅是情感上的體驗，也是生理上的體驗，我們用這個詞來形容是有道理的，在英文裡，「burn out」也有燃盡的意思。正如加拿大女足名將卡梅莉娜・莫斯卡托（Carmelita Moscato）告訴我的那樣，「火可以取暖，也可以燃燒。」我們的忍耐度有限，如果我們不偶爾抽離一下，我們會一無所有。

休息是必需品

我經常聽到「我不能休息」，但事實是，**不休息的代價會讓你無法承受**。也許你一直表現得都還行，或者也許你沒有注意到過度勞累對你的表現造成了什麼影響，但我敢打賭你周圍的人已經注意到不對勁了。

更多不一定更好。你在辦公桌前待的時間愈長，並不一定能完成更多的工作。「努力工作，努力玩樂」的人提倡加班工作，就好像這樣會自動產生更好的工作。但根據收益遞減法則，當我們做到超過一個程度後，付出更多卻得到更少；而且研究顯示，**每週工作超過五十小時後，實際上會降低生產力**。[1] 長時間不休息不僅會降低你目前工作的品質，而且會損害你之後回去工作的能力。

休息不是一種奢侈品，而是一種必需品。我經常讓自己的大腦休息（遠離科技產品、做冥想、擁抱寧靜和沉靜），也讓自己的身體休息（停止劇烈運動、伸展肢體、按摩、沖冷水澡）。我接受密集工作和減壓休息的二元觀點，它們對我來說就像是陰陽調和。

比疫情更可怕的影響——遠距工作

「工作狂」一詞是由一個美國人在一九七一年創造的，[2]但如今我們每年的工作時間比當時多了兩百小時。不幸的是，如今工作量太大被視為身分的象徵，我相信這是職業倦怠上升的原因之一。我們自我施加壓力，認為自己需要第一個進入辦公室，最後一個離開（並在週末繼續工作），這種壓力使我們重視錯誤的事情。有沒有更有效的方式來利用時間？你這樣做是為了討好老闆嗎？你這樣做是為了成功嗎？工作量太大實際上增加了我們犯錯、對同事發火和碰到瓶頸的機會。

職場策略專家拉哈芙．哈弗斯（Rahaf Harfoush）寫道：「工作量太大會導致績效下降。」[3]二十一世紀的工作者有一種傾向，覺得自己總是必須「待命」，因為數位時代已經擺脫了傳統的辦公空間，我認為這是在隔離期間人們工作時間增加的原因之一：家庭和工作之間的明確界限被消除了。哈弗斯指出，「我們執著於衡量生產力，這讓我們在不工作時會感到內疚。」[4]這種內疚甚至不允許我們珍惜休息時間，而休息時間對於重新充電來說是非常必要的。不去度假、在孩子比賽時接聽工作電話，或在床上查看辦公室郵件，這些都不值得欽佩。這麼做是有破壞力的，並且是通向倦怠的必經之路。

甚至我們得到的休假時間，都已經遠少於許多歐洲國家了，還不是我們可以休完的。

略多於一半以上的美國工作者沒有休完所有的帶薪休假，而且近四分之一的人根本不休！[5]是因為他們不需要嗎？當然不是！這是因為他們**覺得自己不能休假**。即使有這麼多假期未休，**六一％的員工仍然「承認在假期中仍然感到有壓力，必須要做些工作」**。[6]如果你只是在不同的地方工作，那麼休假就沒有意義了。離開工作崗位不能只是身體上離開，你在心理上和情感上也必須離開。

這些休息時間不僅是應得的，而且是必要的。對於那些仍然固執地認為不休假才能成功的人來說，你是在與自己作對。研究顯示，「比起留下十一天或更多帶薪休假的人，休完所有帶薪休假的人獲得晉升或加薪的機會要高六．五％。」[7]如果可能的話，不要按照日曆來安排你的休假，而是要按照你的行事曆來安排休假，就像在工作週期中會有的自然休息時段一樣。如果你必須按照日曆休假，那麼計畫好你的工作截止日期，這樣你就不會把假期花在工作上。

由於遠距工作文化的增加，辦公室現在無處不在。當你可以隨時「打開」開關時，危險的事情就發生了：關掉的開關消失了。你可以自行決定是否要在工作中設置一個刻意的關閉開關，無論是設置固定的時間表、與居住空間隔開的家庭辦公室，還是其他的解決方案。不要讓工作占據你的生活，投入工作不應該犧牲掉你的基本福祉。如果你所處的環境是生活和工作混在一起，那麼可能值得重新考慮你是否承受得起繼續留在這樣的環境裡。

不要聽那些人說治療倦怠的方法就是拚命工作。曾是跑者和績效教練的史提夫．麥格尼斯告訴我，「表演者非常善於理解何時努力，何時放鬆，來讓他們恢復體力，這樣他們就可以在需要的時候全力以赴。」他強調了詹皇和足球明星梅西在「切換開關」方面的特殊能力。

「詹皇知道什麼時候恢復和保存體力，這樣他就可以全力以赴，」麥格尼斯解釋道。詹皇籃球智商的一部分就在於他以這種方式提高效率，他體認到自己在三十多歲的時候，不可能在每場比賽中都全力以赴，他必須選擇時機。格尼斯指出，那些從體育界轉型到商業界的人保持著一個優勢：他們已經知道休息和恢復是週期中的重要部分。身體、靈魂、思想、精神——它們都需要你在重新投入之前，先退後一步。

老闆們必修的管理科學

麥格尼斯和他的寫作夥伴布萊德．史托伯格（Brad Stulberg）清楚表示，情況要視你的工作性質而定，但他們對於應該如何交叉安排工作和休息，給出了有用的規則：「交替進行五十分鐘到九十分鐘的高強度工作和七分鐘到二十分鐘的恢復休息，使人們能夠維持巔峰表現所需的生理、認知和情感能量。」[8] 再次強調，休息並不是像給自己冰淇淋當作獎勵（也是可以啦）；休息是工作本身生產力的重要部分。認為傻瓜才要休息的想法，不僅不成熟和霸道，而且在科學上是不正確的。

神經科學家麗莎・費德曼・巴瑞特（Lisa Feldman Barrett）以一個有用的比喻來解釋為什麼我們需要停下來和休息，才能繼續前進，休息可以實現個人和職業發展，這當中存在直接的關聯。

你的大腦正在為你的身體執行預算，這不是在分配金錢，而是在分配……維持你的生命和健康所有必要的營養素。如果你因為沒有睡覺、花太多時間在社群媒體上、飲食不健康等等原因而挖空自己的身體，那麼你就沒有太多額外的精力可以投入學習新事物，或者沒有精力去處理不確定、無法預測或陌生的情況。[9]

工作過度不是解決辦法。**如果你是負責人，請記住，當你把員工推向生產力的極限時，你對員工或公司沒有好處。「這樣只會增加和獎勵倦怠的行為，」**[10] 珍妮佛・摩斯（Jennifer Moss）寫道，她建議負責人「支持心理健康需要休息、去休假、與家人共度時光，以身作則，鼓勵員工放慢腳步（即使他們不想這樣做）。」

我有機會問勇士隊總教練史蒂夫・科爾如何戰勝倦怠，因為他是一個有大局思維的人，科爾批評創造職業倦怠的文化，他回答：「在我們國家，我們歌頌日夜不停地工作。我認為這真的很有害，這種想法認為你只管一直咬牙堅持，日以繼夜地工作，住在辦公室裡，這是一種非常危險的生活和領導方式。」他談到了自己投入家庭時間、瑜伽和冥想，「工作與生活的平衡對於人們的生產力極為重要，所以我們必須小心這個美式的理想，認為我們必須整天努力工作……更重要的是要找到合適的平衡點。」

曾引領紐約洋基隊贏得世界冠軍的績效教練德納・卡維利亞（Dana Cavalea）在十九歲時從一名實習生做起，加入了體育史上最具傳奇色彩的球隊。二十三歲時，他已經接任肌力和體能總教練，並成為了球隊的重要一員。二十年前我們相識時，我們是在績效界中渴望嶄露頭角的新人。現在回顧我們經歷過的路程，以及我們在過程中學到的經驗，感覺很有趣。他站在他家辦公室的磚牆前，磚牆上噴著美國國旗，他仍然散發著我們第一次見面時的青春活力。

卡維利亞解釋說，績效教練不能只注意肌肉和肌腱；畢竟，心思也是身體的一部分。卡維利亞曾在世界上最大的舞台上與一些最優秀的運動員合作，因此他了解要到達巔峰，並保持顛峰狀態需要什麼條件。他承認，當他還是一名年輕運動員時，他以為自己必須投入更多時間，才能保持領先地位。但長期下來，他開始了解到這種方法並不健康，而且是出自「由恐懼驅使的消極」想法。

觀察像洋基隊長基特和守護神里維拉這樣的球員非常刻意地訓練，這讓他學到了很多。多年來，他看到許多有才華的運動員精疲力盡，因為他們沒有像老將那樣「養成一套適合自己的慣性練習和習慣」。

卡維利亞現在從商業專業人士身上看到了這些壞習慣，而且情況還更糟。（在體育運動中，你至少有教練幫助你設計慣性練習。）他教導商業領袖、傑出和聰明的人士，如何制定習慣、專注於改進，並監控他們的進展。他提供的最重要的課程之一，是如何在工作和生活之間製造障礙，「大多數運動員都了解恢復的重要性，」他告訴我，「但大多數領導者和主管並不了解。如果你成立公司，經營公司，並開啟了晚上十點接電話的先例，那麼現在你是在告訴大家，『嘿，我有空，可以聯繫我，沒關係。』你正在給你的人員灌輸一種你已經擁有的負面習慣，所以才有了這種循環；這樣代價變得非常高昂。」

在為本書採訪高績效人士時，令我震驚的是，休息和恢復經常被認為是管理日常事務的必要條件。企業家和前健身專家萊恩．李繼續實踐他在跑步期間學到的經驗，他告訴我他「把生活當成一連串的衝刺」，每天午睡，這樣他就可以重新又有精力，再次「衝刺」。

加州大學洛杉磯分校壘球教練恩奎斯特告訴我，在練習時，她設立了一個「歸零小站」（zero station），球員可以去那裡什麼都不做，這是恩奎斯特的方式，教她們「喘口氣休息與認真努力同樣重要」。她告訴我，「我們社會還沒有像重視高績效那樣，學會集體重視休息和恢復。」如果我們真的要把帶來豐碩成果的休息和恢復融入我們的生活，她建議我們安排休息的時間。這種刻意的做法會使休息成為我們每天都在做的事情，就像吃飯和睡覺一樣。

辦公室不熄燈，會讓公司熄燈

職場專家珍妮佛．摩斯指出：「超過五〇％的美國員工覺得他們必須在晚上十一點後查看電子郵件，才能跟上工作進度。」[11] 聽好，**無論你的工作是什麼，這麼晚發生緊急事件的可能性很小，所以一定是出現了其他的情況。**這種行為是對工作的印象，也是工作的假象。這種工作「表現」不僅是不必要的，而且會占用我們需要的充電時間，使我們厭惡原本可以喜歡的工作。

我們都想給上司留下好印象，但如果我們為了「顯得」敬業，而犧牲必要的休息時間、家庭時間或社交時間，我們應該審視一下自己在工作中到底做了什麼。商業顧問茱莉．摩根斯坦（Julie Morgenstern）認為二十一世紀的員工覺得自己必須始終開機，隨時待命，難道你的價值在於很好聯絡，而不是工作能力？[12] 歐洲公司一直走在打造職場休息時間的尖端，[13] 這不一定是因為他們比美國公司更能斟酌情況，而是因為他們了解休息與生產力之間的關聯。

尤其當你是領導者時，抽出一些時間或關上你辦公室的門並不是自私的。在《駕馭沉靜》（*Stillness Is the Key*）中，萊恩．霍利得（Ryan Holiday）寫道，他看到他在美國服飾（American Apparel）的前任老闆達夫．查尼（Dov Charney）經歷了一場「史詩般的崩潰」。查尼完全失去了他的公司，因為他根本不願意休息。從一開始，查尼就實行他的辦公室大門隨時敞開的政策；但隨著公司的發展和員工的增加，敞開大門的政策仍然保持不變，即使情況變得無法管理。

為了一直為每個人做一切的事情，查尼出現了嚴重的倦怠，最終失去了公司。霍利得認為他的前任老闆的經歷是一個警示，「工作過度的人製造了危機，然後他們試圖更加努力工作來解決這個危機，」霍利得寫道，「疲憊不堪、神智不清的頭腦導致錯誤層出不窮。」[14] 不是所有的事情都可以透過更加努力來解決，有時，答案恰恰相反。

好好休息也是高績效心態

身為一名籃球績效教練，我看到許多教練在休賽期對自己的照顧比在賽季中更好。但在賽季中，才正是他們需要好好照顧自己的時候！當我們感到壓力時，我們會開始放棄那些可以幫助我們解決壓力的事情。我們把自己的日子塞得滿滿的，好像我們可以跟得上，但我們所做的只是把自己劣質的版本展現出來。如果你的蠟燭兩頭燒，當你完全熄滅時，不要感到驚訝。

NBA冠軍哈里森・巴恩斯除了確保籃球是他每天的一部分，還說「我還會在一天中抽出時間來舒壓、不用3C產品、重新調整自己，以確保我神清氣爽。」他去年告訴我們一群教練和演講者，「每天都把自己搞得很累是沒有意義的。當我在家和家人在一起時，我需要保持清醒，我需要處在當下，我不需要累得半死，也不需要把心思放在一百萬件不同的事情上。」休息、睡眠和恢復沒有「竅門」，不要相信任何告訴你有竅門的人。你的身體有答案，只要聽從身體的聲音即可。

負荷管理

NBA終於接受了這個概念，如果你是一支進入季後賽的球隊的先發球員，你將在球場上面對將近四千分鐘的高強度比賽時間，這可能花費了過多不必要的時間，但球隊已經機智地意識到這種情況，也許在二月與名次墊底的球隊對戰時，他們的明星球員不必上場打滿四十二分鐘的比賽。

馬刺隊總教練波波維奇開創了這個潮流，他讓先發球員在連續幾個晚上的下半場休息，而球隊實際上因此被罰款。接著，科懷・雷納德（Kawhi Leonard）和詹皇也開始這麼做，然後這種做法在聯盟內開始流行起來。現在，這已被視為正常化的「負荷管理」。在短短幾年內，它從可罰款的違規行為變成了常識。

與早期相比，喬丹和詹皇在後期的戰術都有所不同。他們在三十多歲時，會戰略性地休息，更加分散地分配自己的力氣，當其他人筋疲力盡時，他們就會全力以赴。詹皇一直是致力於休息和恢復的先驅，比其他人更加重視。他在績效部分的訓練花費了大約一百五十萬美元，幾乎都用於休息和恢復方面（冷水池、高壓氧艙等），而不是購買新的健身器材。

用賽季思維管理身心

職業和大學運動員有三個不同的賽季：

一、賽季（幾個月的練習、比賽、季後賽）

二、休賽季（離練習／比賽還有幾個月，專注於改進／準備）

三、季前（在賽季前八到十二週，加強和集中訓練）

我知道企業界中大多數人全年都在工作，沒有真正的休賽季，但他們仍然可以使用這些原則。大多數NBA球員在賽季最後一場比賽結束後，會完全休息兩到三週。他們拋開籃球，出去度假，睡個懶覺，放鬆一下。然後他們慢慢開始恢復狀態，並繼續加強訓練，直到訓練營（季前），休息的那段時間是為了幫助他們恢復和重振活力。

大家都可以採用類似的框架：**每天完全休息一小時、每週完全休息一天、每個月完全休息一個週末、每年完全休息一週，所謂「完全休息」除了要遠離工作，也要遠離3C產品。**

為工作設定截止日

當人們告訴我他們死了就可以睡覺時，我告訴他們，「那一天會比你想像中來的早。」這是一個黑色笑話，但它來自基本科學的角度。我們需要睡眠，錯過一夜的睡眠就會讓我們感到有如噩夢、超出身體所能承受的糟糕情況，這告訴我們，我們是多麼迫切需要它。從進化的角度考慮，人類一生中整整三分之一的時間都在睡覺，這樣是非常沒效率的，所以顯然我們的身體需要睡眠。

幾年前，睡眠不足「讓美國企業損失了價值驚人的四千一百一十億美元的生產力。」[15]為什麼額外多出工作時間會出現如此大的問題呢？這是因為在睡眠不足的情況下工作，只會是沒有效益的長時間工作。睡眠對於決策極為重要，因為當你沒有休息時，你的衝動就會控制你的行為。當你疲倦時，你的額葉——也就是你的決策中心——會關閉，而你的本能會接管一切。[16]所以你在睡眠不足的情況下，反而增加了更多的工作時間，但這些時間產生的結果是怎麼樣的？你更容易在這些時間當中出現失誤，把事情搞砸，之後需要花更多時間來彌補錯誤，**工作愈久不一定就愈好。**

在績效領域，每個人都知道睡眠是祕方。現在NBA球隊甚至雇用睡眠專家。**成功的人並不是真的工作時間最長；他們只是知道如何在他們工作的時間內發揮最大的效力。**我以自己的經驗來說，在睡眠問題上，我曾經認同少等於多的心態。我誤以為，如果我睡四個小時而不是八個小時，那就可以讓我每天多出四個小時。

幾天後，我就能比競爭對手多出一整天！是的，這是個白癡的想法，但我當時真的這麼認為。我說服自己我需要少睡一點，但最終總會自食其果。睡眠科學先驅威廉・德門特（William Dement）創造了「睡眠債」（Sleep debt）一詞，指的是持續剝奪自己睡眠所累積的疲憊，[17]這可能對生理和情緒造成嚴重的影響。

二〇一九年《職業與環境醫學》（*Occupational and Environmental Medicine*）的一項研

究指出，睡眠不足的受試者「與酒醉者一樣判斷力受損」。[18] 沒錯！沒睡飽就參加會議會讓你像個喝醉的人一樣沒有生產力，所以祝你順利了！一旦我開始優先考慮睡眠，它就會改變我的一整天，我的工作效率也直線上升。我先從養成晚上和睡前的好習慣開始，早上的慣性動作能讓你獲得輝煌的成果，但晚上的習慣才是讓你為第二天做好準備的關鍵。

至於我的晚間習慣，我使用**三、二、一方法**，這是我的朋友和同事安德魯・科德爾（Andrew Cordle）教我的：

- 睡前**三**小時：**運動**（如果你還沒有運動的話）和晚上吃最後一餐（當然是健康的東西！）
- 睡前**兩**小時：找一個可以幫助你放鬆的活動，洗個熱水澡，換上睡衣
- 睡前**一**小時：**避免使用電子產品和螢幕**，調暗燈光

留意身體警報

休息是我們身體的需要，為了達到最高水準，你必須讓壓力循環完整回到原點，這樣警報系統才能關閉。[19] 這可以是睡眠，但也可以包括休息和娛樂，這些可以是任何向你身

體發出信號的東西，讓身體知道你現在沒有緊迫的需求。

神經科學家馬特・沃克（Matt Walker）解釋說，睡眠不僅能讓我們恢復活力，還能幫助我們把記憶印入大腦；這就像為我們的新記憶「按下儲存檔案」。如果我們睡眠不足，我們實際上會失去回憶這些資訊的能力。[20] 當我們疲倦時，不僅是我們的生產力下降；我們的情緒也會低落，讓我們更難保持積極的態度。[21]「大腦把睡眠不足解釋為對中樞神經系統的威脅，」尚恩・艾科爾寫道，「然後進入高度警惕，掃描世界，尋找其他威脅，也就是負面的事情。」[22] 所以疲倦的人會注意到負面的事情，因為那些「威脅」是我們的祖先被訓練要注意的事情。**睡眠不足會讓我們原始的猴腦掌控情況**，我不知道你是否和我一樣，但我不希望我的猴腦在工作中主導一切。

「玩得開心」

玩耍可以促進創造力、想像力和自由的感覺。隨著年齡的增長，我們往往會忽略玩耍，而趨向事情要有結構、要安排好時間和僵化行事。我們覺得總是需要做一些有成效的事情，或是勾消待辦事項清單上的項目。許多成年人把這種信念強加給他們生活塞滿活動的孩子。正如企業家和主講者喬許・林克納所解釋的那樣，玩耍的一個好處是，這是一個讓我們更加勇敢的時間。我們是為了玩而去玩，而不是為了結果。「阻礙創造力的最大因素不是天賦，而是恐懼，」林克納說，「恐懼是一種有毒的力量，它剝奪了我們最有創意的思維。」[23]我想起了在冰島會鼓勵成人像孩子一樣進行藝術創作，即使他們沒有這方面的技能。這是從童年延續下來的事情，因為是過程，而不是產品，才是最重要的。

身為父母，我會留出足夠的空間讓我的孩子玩耍。沒有3C產品，沒有任何活動安排，而且沒有什麼指導。

「我們應該做什麼？」我們剛開始時，我其中的一個小孩問。

答案是：「你想做什麼都可以！」

布萊恩．萊文森在他的書《轉變你的思想》中，提到二〇一八年華盛頓首都隊（Washington Capitals）和他們的教練巴里．特洛茨（Barry Trotz）的一個故事，很有啟發性。在隊史第二度打進總冠軍賽（也是二十年來第一次）第一場比賽上場前，他最後說的是「玩得開心」。[24]

開心？等等，什麼？

他不在乎勝利嗎？他當然在乎了。他只是知道，告訴他的隊員要去體驗比賽中有趣的部分，這是他們需要聽到的。多克．瑞佛斯曾說過，在他打球的日子裡，他甚至從未使用過「練習」這個詞，他總是說，「我要去打籃球。」[25]

允許自己偶爾玩一玩，找回那個年輕的自己，那個在做的過程中找到快樂的自己，這可能正是你所需要的。

【建立奪標心態的行動步驟】

- 《週末的快樂效應》（*The Weekend Effect*）一書的作者卡特里娜．翁斯塔（Katrina Onstad）建議我們不應該把家事留到週末來做。**平日就做家事**，即使下班後精疲力盡了，也要留給自己一個真正的週末。
- 蘇．恩奎斯特教練建議我們定期在行事曆中**安排一個空檔**。如果我們繼續這樣做，我們就可以使「休息成為一種標準」。試著做一週：在你的行程中安排一個休息時間，摸索出安排休息的最佳時間，並堅持下去。請注意這樣與你「有機會」時才休息的感覺有何不同。
- 給自己一段時間**不看3C產品**，你會驚訝於自己的神清氣爽。最近一項研究顯示，「美國成年人平均每週盯著螢幕的時間是七十四小時。」[26] 蒂芙妮．施萊恩（Tiffany Shlain）的著作《一週留白一天》（24/6）是一個指南，教你每週花一天時間從事不用螢幕的活動，她指出：「我們使用螢幕的時間，比我們睡覺、吃飯和做愛的時間加起來還要多。」[27]

- **社交生活也需要休息！**你的朋友會理解的。**設定界限**，拒絕別人是沒有關係的，要接受錯失恐懼症（害怕錯過）是一種幼稚的心態，而社交媒體只會讓你更害怕錯過。
- 在家工作的人：分隔你的工作和生活的世界！建立一個新的系統和流程，穿上上班的服裝，在家裡指定一個區域當作你的工作地點，制定明確的時間表和行程。

你的身體、你的空間和你的時間必須由你掌控。

第十五章
累積滿足感

西方社會鼓勵我們永遠想要更多，這些訊息告訴我們，無論我們擁有什麼，都不夠。外界告訴我們應該想要有更好的汽車、更好的房子和更好的衣服。我們受到壓力，被迫想要更好的身材、更棒的假期和更高的職位；我們被迫想要更多的錢、更多酷炫的產品和更多的社群媒體粉絲，但是你永遠不會滿足，因為總有更多想要的東西。

與其想要更多，不如把注意力轉移到讓自己變得更好，努力培養新技能、更好的習慣和更好的心態。如果你成為最好的自己，你就會吸引到最重要的東西。滿足感並不在於根據社會的期待表現優異；而在於完全拒絕這樣的外界標準，並專注於對你來說是重要的事情。追求滿足感是一個起伏不定的過程，它不是一個要達到的終點，因為你會不斷努力實現這個目標。這是一種進化，是一個積極發展的過程。

斷捨離，更接近本我

我並無法不去追求物質，但我已經學會了改變自己的方法。目前，我正在努力成為一名極簡主義者。在過去的五年裡，我捐贈或丟掉了大約六十％的物品，只保留我真正需要的東西。當我在我的公寓進行裝修時，修理工人問我是不是剛搬進來（因為我的房子很空）。我認為這是一種讚美，因為他很震驚我在那裡已經住了三年！在物品方面，我唯一的例外是我的辦公室，我在那裡自豪地收集了數十年的小擺飾、紀念品和書籍。我認為這些都是人生經歷的紀念品。

每隔幾個月，我就會檢查我公寓的每個房間，**扔掉我在過去六十天內沒有使用或穿過的東西，或者在接下來的六十天內不打算使用的東西也會被清理掉**。清理這些物品最棒的部分是什麼？捐贈物品給那些生活辛苦的人是非常有滿足感的，而且把東西扔掉也非常的解放。我意識到，那些我曾經認為能代表自己的東西，當中我實際上需要的東西很少。我不是建議你像我這樣做，而是想一想你可以採取哪些行動，來拒絕物質心態，把時間和精力花在對你真正重要的事情上。

奪標心態需要有「意義」

史提夫．麥格尼斯告訴我，「當你所做的工作對你來說，背後具有目的和意義時，即使是同樣的工作量，你的倦怠程度也會降低。」這是很重要的一點。讓你筋疲力盡的不是工作量，而是其背後是否有（或缺乏）目的感。身為一名前競賽跑者，史提夫舉了一個來自他的領域的例子。跑者的成績都非常穩定，「但根據比賽對你的意義，成績可以有很大的變化空間，你能承受多少疲勞並不一定取決於你的體能限制。」

是我們的大腦告訴我們的身體某件事是否值得去做，所以即使是跑者也能在有動力的時候，找到更多的力量。在你認為毫無意義的工作上投入大量時間，會讓人筋疲力盡；而為了有創意或有目的的事情而投入大量的時間，則是一種令人振奮的體驗。關鍵不在於工作本身；而是你在工作中投入的程度。

麥格尼斯還指出，這種動力會隨著人們獲得的反饋類型而增加，例如，當醫院的清潔工被告知他們的工作「對這家醫院極為重要」時，他們的表現水準實際上會提高。他們實際的工作是一樣的，但他們賦予工作意義，這增加了動力和目的。我和麥格尼斯的採訪是在二〇二〇年封城期間進行的，我想到全美國需要推動用新的感激方式，來肯定「重要的工作人員」——從雜貨店店員到送貨司機。我想像大家講到這些人在危機期間維持著國家的運轉，這有助於在真正艱難的時期激勵和鼓舞這些工作人員。

「尋找意義是更新和滋養的源泉，」[1]《情緒耗竭》（*Burnout*）作者亞艾米莉亞．納高斯基（Amelia Nagoski）和艾蜜莉．納高司基（Emily Nagoski）解釋道，「意義有可能讓你的生活更輕鬆。」為什麼？因為當你感到力不從心時，意義可以給你推力，你正在與你內心深處的東西連結，這在沒有動力的日子裡發揮引擎的效用。我們是人，必然會分心、懶惰和短視近利，這些都是會出現並衝擊我們的波浪。意義就像一個定海神針，使我們保持在原地。我們不能因為生活中缺乏滿足感而責怪其他人，也不能指望其他人給我們滿足感，滿足感是我們自己可以掌控的東西。

啟動成長，消滅倦怠

一級游泳選手寇里．坎普（Cory Camp）和我在大學打籃球時，經歷了類似的階段，游泳不再給他帶來興奮和滿足感。在我們的訪談中，我們談到了我們對倦怠的共同經歷。寇里談到倦怠是一個自我驅動的反饋循環：當你失去興趣時，你就會減少努力，然後你就沒有進步，這使你更難保持興趣。通常用來描述這種狀態的術語是**高原期**，這是一個精闢的詞，因為你既沒有上坡帶來的動力，也沒有下坡帶來的動能。你和體驗本身都很平淡，你會照常現身，但你就只做到人會出現而已。

離開泳壇後，寇里從事了一份業務工作，但他感到與其他人對成功的定義（薪水、獎金和地位）脫節。他想做他可以全然投入的事情，就像他曾經在泳壇中所做的那樣。這讓他開始了一段內心的旅程，並開始「重新定義成功概念」的過程。我們的文化經常使用「成功」一詞，好像我們都在追求同樣的目標，但是每個人對成功有自己的看法；了解自己的成功畫面是尋求滿足感的關鍵部分。寇里離開了業務工作，開始探索績效教練的工作內容，因為這對他來說有意義。這讓他思考：「我如何才能把游泳帶給我的東西傳給下一代，成為啟發他人的教練？」他認為自己是**給予和接受這個漫長歷史線的一部分，屬於一個跨越好幾代人的群體**，這種想法對他來說很重要。

現在，寇里與前運動員合作，把這種運動心態帶入他們人生的下一個篇章。當運動員退役時，他們就會失去自己的身分，這個寇里和我都知道，而且很難找到一個新的身分。寇里致力於向前運動員展示，他們有很多「軟技能」可以帶入他們的新職業中。他與我分享了一位客戶的例子，對方是一位ＮＦＬ退役球員，正試圖進入線上教練的行業。那名球員發現自己在寫作和創作內容上卡住了，他只是坐在電腦前，試圖想出一些想法。寇里對他卡關的過程提出了質疑，「這個嘛，你只是現身球場而已嗎？」寇里問道。當然不是，你需要紀律和慣性。寇里幫助這位球員看到了舊投入和新投入之間的橋梁，他在幫助別人的同時，也幫助了自己。

你怎麼看待工作？又怎麼看待生活？

沒有所謂的工作與生活平衡，因為這兩個領域永遠不會完全平等，這在數學上是說不通的。我們都需要努力實現工作與生活的流動、工作與生活的和諧，以及工作與生活的融合。正如作家傅利曼寫道，我們應該放棄天平的畫面，因為它「迫使你從權衡的角度思考，而不是從和諧的可能性來思考。」[2]

耶魯大學教授艾美・瑞斯尼斯基（Amy Wrzesniewski）博士解釋說，人們對工作可以採取三種「取向」或方法來工作：有些人把工作視為**打工**，是「達到目的的手段」；有些人把工作視為**職業**，專注於「成功或聲望」；有些人把工作視為**天職**，是他們身分的一部分。[3]哪個詞最能體現你對自己工作的看法？你想要改變它嗎？你能做什麼事來轉變你對工作的看法？

暢銷書作家和績效教練戴夫・梅爾策（Dave Meltzer）告訴我，他出身貧寒，這曾經是他人生中一種激勵的力量。他努力讀書，從法學院畢業九個月後，他就已經是百萬富翁了。很快，他不僅是百萬富翁，而且財富繼續翻倍，他所從事的東西都能賺錢。他與前

NFL四分衛沃倫・穆恩（Warren Moon）合作創立了「Sports 1 Marketing」；曾在三星擔任其第一款智慧手機的執行長；經營李・史坦伯格（Leigh Steinberg）的體育經紀公司（史坦伯格是電影《征服情海》的故事靈感）；管理著二十億美元的資金、徹夜和名流交際，過著有些人認為是夢想的生活。

但那是以前的戴夫・梅爾策。當我訪問他時，他的Zoom背景是一張巨大的一百美元鈔票圖片，上面有富蘭克林的笑臉，還有潦草的文字：「錢買不到幸福」。

他花了一些時間才有這樣的領悟。

戴夫的滿足感之路十分有趣，也很有啟發性。三十六歲時，戴夫睜開眼睛，發現自己不是自己喜歡的人。他在金錢和地位的驅使下，忽視了自己的家庭責任，他意識到自己「活在錯誤的價值觀中……相信我自己的謊言，買了我不需要的東西來討好我不喜歡的人。」

有很多因素讓他得出這個結論，從妻子和朋友的告誡，到對他父親的認識，再到他自己變的成熟。當所有因素匯集在一起時，戴夫決定是時候改變了。因此，他「重新建構」了自己的生活，成為一名勵志教練和導師。他仍然根據數字來衡量自己的人生，但現在不再是錢了，而是影響力，他的目標是讓十億人感到快樂。他知道這聽起來很不可思議，但他有決心、有熱情，也願意付出努力。戴夫想要賦予他人力量，並激勵他人去感受他所體驗到的：豐盛。

如果有人能影響十億人，那就是戴夫。很難用言語來描述與他交談的體驗，因為他是如此充滿活力和感染力。他是一個親切和慷慨的人，一個真正的給予者，是一個完全致力於自己目標的人。他說話很快，真的很快，我有這樣的感覺，那是因為所有這些智慧和對貢獻的渴望都從他身上湧流出來。

他建議練習感恩和謙遜，以保持理智，最重要的是：每天**衡量你的人生價值**，這樣你隨時知道自己想要什麼。如此一來，你就不會在多年後起床時意識到，你一直在努力實現一個對你來說無關緊要的目標。

當選擇成為障礙，不妨考慮得遠一些

因為我們被令人分心的事物和機會疲勞轟炸，所以都有這種**揮之不去的感覺：還有其他的嗎？**這並不是說早幾個世紀的騎士和農夫沒有問過這個問題，但這個問題在他們的生活中並不那麼重要。他們是他們，就是這樣。他們對其他事情所知甚少，所以他們不會多想。說得好聽一點，現在的情況不再是這樣了。一方面，每個人都有更多的機會，這太棒了；但另一方面，我們遇到這個問題：還有其他的嗎？

看看網路上的約會世界。即使你找到了一個與你很匹配的人，也會有一股磁力吸引你去看看其他人。即使你對自己的選擇感到滿意，大多數人也會被這種感覺所困擾，認為可能有更好的人。當然，這種約會網站就是這樣設計的，這樣你就會繼續使用這個產品。如果每個人都被鼓勵與他們喜歡的人在一起，這些網站就會倒閉。YouTube、臉書、亞馬遜都是這樣設計的，還有其他的嗎？這種感覺已經漫延到生活的各個方面：工作、假期、購物、課外活動、大學、餐廳、媒體，你想到的應有盡有，總是還有很多東西是我們無法企及的，所以需要協調一致的努力才能消除這些干擾。

當你把無限機會的文化與即時滿足的需求結合起來時，就很容易明白為什麼我們的忍耐度更低，更難免於陷入倦怠。如果你追求的是滿足感，而不是快樂，那麼你就會有了持久而有力的基礎。當你追求滿足感時，「還有其他的嗎？」這類許多不必要的噪音就會消失在背景中。

當我們年輕的時候，我們常常追求的是更即時的快樂，這是可以理解的：這就是年輕的一部分！然而，隨著我們的成熟，如果我們不把我們對幸福的看法轉變為更持久的東西，轉變為需要下功夫和努力的東西，我們就會遇到困難。如果我們沒有適應長遠的賽局思維，我們就會迷失方向。

我和馬凱特大學的大學籃球教練夏卡・斯馬特一起參加了一場研討會，他每個賽季都會面臨這個挑戰，因為年輕人天生不會去思考長遠的事情，而好的教練鼓勵他們思考長遠的事情。斯馬特告訴我們，「最好的團隊必須致力於比自己更大的目標，這對擁有個人目標的年輕人來說是一個挑戰。」這對成年人來說也是一個挑戰。如果你還沒有發展出一種更多面向的幸福感，包括為他人服務、貢獻、滿足和了解你在世界上的位置，那麼你將無法感到滿足。你會沒有能量持續下去，然後筋疲力盡。

以滿足的樣子打敗倦怠

我喜歡當專業的主講者，我在舞台上的「興奮」，這種在參與的現場觀眾面前分享我的熱情，幾乎令人陶醉。但是，演講只是我表達的平台，真正的滿足來自於滿足他人的需求。演講是我的工作，但它並不代表我這個人。我的核心是一名績效教練，我透過幫助、激勵和賦予人們力量，提升他們的能力來獲得滿足感，激勵自己進步是每個人都能獲得的最棒禮物。

我最早對於激勵自己的相關記憶，是我參加的第一個住宿營隊，是由德瑪莎天主教高中的傳奇教練伍頓所主持的梅森－迪克森（Mason-Dixon）籃球營。在每週結束時，每位參加者都會收到一張成績單，上面寫著他的表現哪些方面最強，哪些方面有「成長機會」。我們還收到了一份列印出來裝訂成冊的練習資料，基本上是整個暑假可以自己完成的家庭作業，這是一種你可以接受或不接受的東西。我敢肯定有些球員回家後再也沒有看過這些資料。

但對我來說，這種反饋有極珍貴的價值，那份教材成為了我的訓練藍圖。我每天都會花幾個小時在烈日下的柏油路上，一邊用我的音樂播放機放出大聲的音樂，一邊進行那些練習，沒有其他的事比能夠進步更讓人高興的了。無論是在一分鐘內快速地把球多次繞過我的腰，還是看自己能連續投中多少個罰球（我的紀錄是一百一十九個），我都從進步中獲得了很多喜悅。我被自我提升的熱情所感染，我想我再也沒有回頭了。

身為父親，看到我的孩子做他們覺得有滿足感的事情，我也感到同樣的喜悅。無論是萊拉上嘻哈舞蹈課，路克上拳擊課，還是傑克打籃球，看到他們玩得開心都會讓我有一種滿足感，拉近了我們之間的距離，並讓我想起了以前年輕的自己。

除非你知道滿足感是什麼樣子，否則你無法滿足。弄清楚對你來說什麼是滿足感：想像它，並寫下來，和你信任的人交談。寫下你完美的一天，內容與你現在的生活有多接近？是否有任何差距？有重疊的部分嗎？情況有多少是在你的掌握之中？

滿足感不是你在職涯或人生結束時回首往事時的感受，這是你應該日復一日努力實現的東西，這是你現在應該努力的東西。不斷追求滿足感讓你維持水準和動力，儘管這個過程永遠不會停止。

人生不是一件完成的事情；它是一個正在進行的事情。它是關於前進、打造、成長和愈變愈好，而不是完成和到達。只要我們繼續前進，我們就知道我們走在正確的道路上。

【建立奪標心態的行動步驟】

- 每週寫一篇週記，了解你在工作中的滿足感。問題可以包括：
  - 在過去的一週裡，我是如何投入我的時間／注意力的？
  - 我後悔什麼事？哪個地方沒有好好地利用我的時間／注意力？
  - 我最喜歡什麼事？我把時間／注意力最有效利用在哪件事上？
  - 我從哪裡得到我的價值？
  - 我最好的成長機會是什麼？
  - 如果我想像一下滿足感的概念，它是什麼樣子？
- 花一些時間思考那些讓你最有滿足感的活動，是看著你的孩子從事他們喜歡的運動嗎？是為十公里的比賽做準備嗎？還是安靜的冥想和喝一杯熱咖啡的簡單早晨儀式？無論這份清單包含什麼，你如何才能更頻繁地做這些事情？你怎樣才能讓它們成為你日常生活的一部分？

- 去找對你來說已經實踐滿足感的人；花時間和他們在一起，問他們問題，你只要好好地聆聽。他們關心什麼事情？他們的行為是如何表達這一點？

後記

我很久以前就放棄了完美主義，我注意的是持續的進步，我還有在前進嗎？我要朝哪個方向前進？這些是我注意的事情，會比日常任務還更重視，儘管每一天都有機會精進和朝著目標努力。

本書的論點建立在一個簡單的前提上：**我們每個人都一直在打造自己，我們是一個正在進步和不斷演變的作品。我們的目標是朝著自己最大的潛力前進，做出有意義的貢獻，並成為最好的自己。**在本質上，過你所愛的生活，熱愛你所過的生活（這是幾年前我紋在手臂上的口號）。

你與滿足感的關係會起伏不定，有些時候你會充滿動力，而其他時候你會感到目標難以達成，所以請對自己寬容一些。過著充實的生活，這當中包含著受到進步的啟發，而不是為求完美而受到束縛。

認清你生活的環境只是顯露了壓力、停滯和倦怠，而不是創造它們。只有你能創造壓力、停滯和倦怠。我希望這本書為你提供了所需的方法，幫助你處理任何發生的情況。

致謝

正如我在上一本書結尾提到的，表達感激之情是我的核心價值觀之一，我努力堅持讓最多的人知道我有多感激他們。

我試著用ＮＢＡ名人堂後衛史蒂夫．奈許在助攻、擊掌和擊拳時那樣相同強烈的方式，來真誠表達「謝謝你」或「我感謝你」。

那是因為我有太多值得感謝的事情，我的目標是永遠不要把它們視為理所當然。有太多位具有影響力的人值得感謝、承認和認可，不僅是因為他們對本書的直接貢獻，還因為他們愛我、支持我，並在我摸索人生的過程中，為我加油打氣。

感謝那些對我傾注心血、鼓勵我，並讓我能夠不斷進步的人。感謝那些挑戰我、讓我對自己負責，並推動我成長的人。感謝那些幫助我維持優勢的人。這份名單太長，我不會嘗試一一列出他們的名字。我只希望我已經告訴過你們，你們對我有多重要了。我對你們的感激超乎你們的想像。

給讀者的話

親愛的讀者：

我最神聖的核心信念，是相信用一支蠟燭點燃另一支蠟燭不會有任何損失。我相信要去提倡、推廣和支持那些能夠增加價值的訊息、那些使世界變得更美好的訊息，以及那些值得分享的訊息。

當我聽到一個我認為有幫助、實用且重要的訊息時，我會立即開始問自己以下的問題：

「我怎樣才能幫助宣揚這個訊息？」

「我需要和誰分享這個訊息？」

如果你像我一樣有這樣的想法，可以透過以下七種方式傳播本書的訊息，甚至可以聯繫我繼續對話：

一、在你購買本書的地方留下誠實的評分、評論。

二、在IG、推特、臉書或LinkedIn上分享這本書的圖片（請用@AlanSteinJr來標記我）。

三、買一本贈送給朋友、同事。

四、與你的組織一起組織正式的讀書會。

五、聘請我向你的組織或在你們下一次的活動中，介紹本書的核心原則（請到AlanSteinJr.com網站上填寫聯繫表格，或直接寄電子郵件給我）。

六、如果你還沒有讀過，邀請你去看《高績效表現力》。

七、定期造訪SustainYourGameBook.com網站以獲得額外的知識、補充和不斷更新的內容。

請明白你為本書投入的時間與金錢對我來說非常寶貴，我對你的感激之情溢於言表，能夠幫助到你，我感到非常榮幸。如有需要，歡迎直接寄信到我的電子郵件信箱Alan@AlanSteinJr.com，讓我親自傳達這個訊息，或者讓我知道有什麼我可以做的事情，來幫助你建立奪標心態！

註解

前言

1 我在本書中使用「他」來指個人，但我從來沒有性別之分的意思，本書中的所有內容同樣適用於每個人。
2 *The Tim Ferriss Show*, December 8, 2020.

PART1

1 Emma Pattee, "The Difference Between Worry, Stress and Anxiety," *New York Times*, February 26, 2020.
2 Amanda Mull, "How Your Laptop Ruined Your Life," *The Atlantic*, February 10, 2020.
3 Derek Thompson, "Why White-Collar Workers Spend All Day at the Office," *The Atlantic*, December 4, 2019.
4 Rebecca Zucker, "How to Stop Thinking About Work at 3 am," *Harvard Business Review*, December 20, 2019.
5 Jon Spayde, "The Science of Stress," *Experience Life*, May 21, 2019.
6 Pattee, "The Difference between Worry."

第 1 章

1 Bill Donahue, "Fixing Diane's Brain," Runner's World, June 22, 2018.
2 "Epileptic Ultra-Runner Diane Van Deren Runs for Good Health on The Buzz," *Outside TV*, November 9, 2011.
3 Alex Hutchinson, *Endure: Mind, Body, and the Curiously Elastic Limits of Human Performance* (New York: William Morrow, 2018), 43.；繁體中文版《極耐力：解密心智、身體與人類表現的極限彈性》，木馬文化，2020。

4 Benjamin Hardy, *Personality Isn't Permanent: Break Free from Self-Limiting Beliefs and Rewrite Your Story* (New York: Portfolio, 2020), 122.。繁體中文版《我的性格，我決定：更有自信、更高ＥＱ、打造理想人生的性格養成計畫》，天下文化，2021。

5 Christian D'Andrea, "Bill Belichick says the only thing he still wants to accomplish in his career is a 'good practice today,'" *SBNation*, June 7, 2017.

6《黃金教戰守則》（*The Playbook*），Netflix，第5集。

7 "How Eckhart Tolle Came Back from His Lowest Point," Oprah Winfrey Network.

8 我和我的合著者對於是否要留下這部分的內容，進行了激烈的辯論，猜猜誰贏了？

9 "Eckhart Tolle Reveals How to Silence Voices in Your Head," *Oprah's Super Soul Sunday*.

10 Eckhart Tolle, *The Power of Now* (New York: New World Library, 1999), 33.。繁體中文版《當下的力量》（The Power of Now），橡實文化，2015。

11 Tolle, *Power of Now*, 28.

12 Brian King, *The Art of Taking It Easy* (New York: Apollo Publishers, 2019), 23.

13 King, *Art of Taking*, 39.

14 Julie Kliegman, "Paddy Steinfort and the Craft of Mental Performance Coaching," *Sports Illustrated*, October 2, 2020.

15 Jackie MacMullan, "Rise above it or drown: How elite NBA athletes handle pressure," Espn.com, May 29, 2019.

16 Michael Lewis, "The Kick Is Up and It's . .… A Career Killer," *New York Times Magazine*, October 28, 2007.

17 Elizabeth Millard, "5 Tips to Stay Cool Under Pressure," *Experience Life*, February 22, 2018.

18 Taylor Clark, *Nerve: Poise Under Pressure, Serenity Under Stress, and the Brave New Science of Fear and Cool* (New York: Little, Brown, 2011), 12.

19 Clark, *Nerve*, 172.

20 Po Bronson and Ashley Merryman, *Top Dog: The Science of Winning and Losing* (New York: Twelve, 2013), 7.

21 不是第一次跳傘，而是他們第二次跳傘的情況。

22 ESPN, "30 for 30," *Vick: Part One* (director: Stanley Nelson).

23 Matthew Syed, Bounce: *The Myth of Talent and the Power of Practice* (London: Fourth Estate, 2010), 31. ‥繁體中文版《一萬小時的神奇威力》，遠流，2011。
24 Vox, *Mindfulness Explained.*
25 Scott Davis, "A 38-year-old mental coach has become one of the NBA's premier resources," *Business Insider*, April 17, 2017.
26 Chris Bailey, Hyperfocus: *How to Be More Productive in a World of Distraction* (New York: Viking, 2018), 30‥繁體中文版《極度專注力》，天下文化，2019。
27 Bailey, *Hyperfocus*, 8.
28 Johann Hari, *Lost Connections: Why You're Depressed and How to Find Hope* (New York: Bloomsbury, 2018), 87. ‥繁體中文版《照亮憂鬱黑洞的一束光》，天下生活，2019。
29 Jeremy Dean, *Making Habits, Breaking Habits: Why We Do Things, Why We Don't, and How to Make Any Change Stick* (Cambridge, MA: Da Capo Lifelong Books, 2013), 112–113. ‥繁體中文版《其實，你一直受習慣擺布‥為什麼只是改變習慣步驟，就能更有創意、成功塑身、工作有效率？》，寶鼎，2014。
30 美國人平均每天查看手機八十次。
31 Tiffany Shlain, *24/6: The Power of Unplugging One Day a Week* (New York: Gallery, 2019), 45.
32 Mo Perry, "How to Break Free of Tech Addiction" *Experience Life*, April 2018.
33 Emily Reynolds, "Looking at Your Phone at Work Might Make You Even More Bored," *Research Digest*, March 16, 2020.
34 Dean, *Making Habits*, 112–113.
35 MacMullan, "Rise above it or drown."
36 Mihaly Csikszentmihalyi, "Flow, the Secret to Happiness," TED Talk, February 2004.
37 Jason Selk and Tom Bartow with Matthew Rudy, *Organize Tomorrow Today: 8 Ways to Retrain Your Mind to Optimize Performance at Work and in Life* (New York: Da Capo Lifelong Books, 2015), 4. ‥繁體中文版《今天就把明天的事搞定》，三采，2016。

第二章

1 我是從《人生學校》（*The School of Life:An Emotional Education*）第一次讀到這個概念的。

2 雖然睡眠和飲食對我們的身心能量扮演重要角色，但有很多比我更有資格的人可以深入討論這些問題。在第十四章中，我會針對休息的需要，及其對倦怠的影響，來討論睡眠。

3 Laura Vanderkam, *168 Hours: You Have More Time Than You Think* (New York: Portfolio, 2010), 3.

4 Vanderkam, *168 Hours*, 5.

5 Vanderkam, *168 Hours*, 21.

6 Tim Ferriss, *Tools of Titans: The Tactics, Routines, and Habits of Billionaires, Icons, and World-Class Performers* (New York: HMH, 2016), 201.；繁體中文版《人生勝利聖經》（Tools of Titans），三采，2018。

7 Rory Vaden, *Procrastinate on Purpose: 5 Permissions to Multiply Your Time* (New York: Tarcher Perigee, 2015), 8.；繁體中文版《贏在拖延術》，三采，2016。

8 Carl Honoré, *The Slow Fix: Solve Problems, Work Smarter, and Live Better in a World Addicted to Speed* (New York: Harper One, 2013), 24.；繁體中文版《快不能解決的事》，大塊文化，2013。

9 *The Jordan Harbinger Podcast*, “Dan Ariely: The Hidden Logic That Shapes Our Motivations,” October 15, 2020.

10 Laura Vanderkam, *What the Most Successful People Do Before Breakfast: And Two Other Short Guides to Achieving More at Work and at Home* (New York: Portfolio, 2013), 7.；繁體中文版《這一天過得很充實：成功者黃金3時段的運用哲學》，今周刊，2019。

11 在一次技巧訓練營中，我曾問柯比是否可以看他練球。他說我可以，而且我應該在第二天四點與他見面。當我提醒他第二天下午三點半還有訓練營時，他笑著說：「我是指凌晨四點。」（若想知道完整的故事，請參閱《高績效表現力》。）

12 Greg McKeown, *Essentialism: The Disciplined Pursuit of Less* (New York: Currency, 2014), 4.；繁體中文版《少，但是更好》，天下文化，2018。

13 在經濟學中，這被稱為「機會成本」。

14 Nir Eyal, *Indistractable: How to Control Your Attention and Choose Your Life* (Dallas: BenBella, 2019), 54.；繁體中文版《專注力協定》，時報出版，2020。

15 Dan Ariely, *Predictably Irrational: The Hidden Forces That Shape Our Decisions* (New York: Harper, 2009), 150–151.；繁體中文版《誰說人是理性的！》，天下文化，2018。

16 Justin Bariso, "I Just Discovered Warren Buffet's 25/5 Rule and It's Completely Brilliant," Inc.com.

17 Jason Selk and Tom Bartow with Matthew Rudy, *Organize Tomorrow Today: 8 Ways to Retrain Your Mind to Optimize Performance at Work and in Life* (New York: Da Capo Lifelong Books, 2015), 5.

18 歐諾黑，《快不能解決的事》，43，引用了哈佛商學院的泰瑞莎．阿馬比爾（Teresa Amabile）的話。

19 Henri Weisinger and J. P. Pawliw-Fry, *Performance Under Pressure: The Science of Doing Your Best When It Matters Most* (New York: Currency, 2015), 28.

20 Christian Jarrett, "Why procrastination is about managing emotions, not time," BBC, May 14, 2020.

21 Christopher Barnes, "The Ideal Work Schedule, as Determined by Circadian Rhythms," HBR.org, January 28, 2015.

22 Daniel Pink, *When: The Scientific Secrets of Perfect Timing* (New York: Riverhead, 2019), 3.；繁體中文版《什麼時候是好時候》，大塊文化，2018。

23 Francesca Cormack and Rosa Backx, "How your 'body clock' may affect cognition," Cambridge Cognition, October 28, 2016.

24 Pink, *When*, 10.

25 Cory Stieg, "Twitter CEO Jack Dorsey: People think 'success means I work 20 hours a day' like Elon Musk—'which is BS,'" CNBC, *Make It*, August 26, 2020.

26 Mo Perry, "5 Ways to Slow Down," *Experience Life*, November 2017.

第三章

1 Matthew Syed, *Bounce: The Myth of Talent and the Power of Practice* (London: Fourth Estate, 2010), 169.；繁體中文版《一萬小時的神奇威力》，遠流，2011。

2 Jackie MacMullan, "Rise above it or drown: How elite NBA athletes handle pressure," ESPN. com, May 29, 2019.

3 Maria Konnikova, *The Biggest Bluff: How I Learned to Pay Attention, Master Myself, and Win* (New York: Penguin Press, 2020), 110.；《人生賽局：我如何學習專注、掌握先機、贏得勝利》，究竟，2020。

4 Konnikova, *Biggest Bluff*, 110.

5 他也是前NFL線衛A．J．霍克（A. J. Hawk）的哥哥。

6 體育紀錄片迷你劇《最後一舞》（*The Last Dance*），第2集，導演：傑森．希爾（Jason Hehir）。

7 Kevin Eastman, *Why the Best Are the Best: 25 Powerful Words that Impact, Inspire, and Define Champions* (Charleston, SC: Advantage, 2018), 45.

8 Rob McClanaghan, *Net Work: Training the NBA's Best and Finding the Keys to Greatness* (New York: Scribner, 2019), 6, 10.；繁體中文版《統治NBA的王者訓練》，方言文化，2020。

9 Chris Ballard, *The Art of a Beautiful Game: The Thinking Fan's Tour of the NBA* (New York: Simon & Schuster, 2009), 52.

10 體育紀錄片迷你劇《最後一舞》，第3集，導演：傑森．希爾。

11 Nick Greene, *How to Watch Basketball Like a Genius* (New York: Abrams, 2021), 239.

12 Annie Duke, *Thinking in Bets: Making Smarter Decisions When You Don't Have All the Facts* (New York: Portfolio, 2018), 200–203.；繁體中文版《高勝算決策》，采實文化，2018。

13 譯注：「當下的你」就與「未來的你」預先做好約定，這就叫作「尤里西斯約定」。

14 *The Brian Cain Mental Performance Master Podcast*, "NFL Star Courtland Sutton's Elite Mindset," October 13, 2020.

15 Roy Skillen, "The Power of Positive Visualization," Player Development Project.

16 Skillen, "Power of Positive."

17 Kobe Bryant, *The Mamba Mentality: How I Play* (New York: MCD, 2018), 187.；繁體中文版《曼巴精神》，遠流，2019。

18 MacMullan, "Rise above it."

19 Matt Coates, "NBA Superstar Reggie Jackson on Visualization: The 6 Phase Meditation, and How to Master Your 'Inner Game,'" *Mindvalley*, May 18, 2020.

20 *Finding Mastery Podcast* with Michael Gervais, "Jill Ellis on the Pressure of Coaching the U.S. Women's National Soccer Team," Episode 245, October 7, 2020.

21 Jacob Ganz, "The Truth About Van Halen and Those Brown M&Ms," NPR, *The Record*, February 14, 2012.
22 Daryl Chen, "One effective way to manage stage fright: Make it a habit," Ted.com, February 12, 2020.
23 Jason Selk and Tom Bartow with Matthew Rudy, *Organize Tomorrow Today: 8 Ways to Retrain Your Mind to Optimize Performance at Work and in Life* (New York: Da Capo Lifelong Books, 2015), xx.。
24 Julie Kliegman, "Paddy Steinfort and the Craft of Mental Performance Coaching," *Sports Illustrated*, October 2, 2020, and Childs Walker, "A grown-up Michael Phelps looks back on the Beijing Olympics, 10 years later," *Baltimore Sun*, August 10, 2018.
25 Michael Lewis, "The Kick Is Up and It's . . . A Career Killer," *New York Times Magazine*, October 28, 2007.
26 如果你還沒有看過金國威（Jimmy Chin）拍攝的紀錄片《赤手登峰》（*Free Solo*），記述霍諾德征服酋長岩的故事，並贏得奧斯卡最佳紀錄片獎，請幫自己一個忙，去看這部片：你的人生會因此改變。
27 Kevin Loria, "What the brain of a guy who climbs massive cliffs without ropes can teach us about fear," *Insider*, August 26, 2016.
28 "The Ascent of Alex Honnold," *60 Minutes*, December 27, 2011, on CBS.
29 Katherine Laidlaw, "This Will End Well," *The Walrus*, April 21, 2016.
30 Bryant, *Mamba Mentality*, 36–37.
31 "Handling the Pressure: 4 Greats Reveal How to Handle Finals Pressure," *Chicago Tribune*, June 7, 1998.
32 Brian Levenson, *Shift Your Mind: 9 Mental Shifts to Thrive in Preparation and Performance* (New York: Disruption Books, 2000), 14.

第四章

1 譯注：用來描述那些速度奇快，假動作逼真，利用轉身、變向、變換節奏，達到突破，甚至將人晃倒。
2 蘇．恩奎斯特也是ＮＣＡＡ壘球史上唯一一位同時獲得冠軍頭銜的球員和總教練。
3 Jonathan Fader, *Life as Sport: What Top Athletes Can Teach You About How to Win in Life* (Boston: Da Capo Lifelong Books, 2016), 9.
4 Fader, *Life as Sport*, 153–154.

5 Jonathan Fader, "Revisiting Life as Sport," *Leadership Under Fire*, August 27, 2020.

6 Fader, *Life as Sport*, 94.

7 Thomas Gilovich and Lee Ross, *The Wisest One in the Room: How You Can Benefit from Social Psychology's Most Powerful Insights* (New York: Free Press, 2015), 102. ‥繁體中文版《房間裡最有智慧的人‥康乃爾X史丹佛頂尖心理學家帶你洞悉人性、判辨真偽》，先覺，2017。

8 Nicole Spector, "Smiling can trick your brain into happiness—and boost your health," NBC.com, November 28, 2018.

9 Helen Thomson, *Unthinkable: An Extraordinary Journey Through the World's Strangest Brains* (New York: Ecco, 2018), 183. ‥繁體中文版《錯把自己當老虎的人》，漫遊者文化，2019。

10 Trevor Moawad and Andy Staples, *It Takes What It Takes: How to Think Neutrally and Gain Control of Your Life* (New York: Harper, 2020), 25.

11 Sian Beilock, *Choke: What the Secrets of the Brain Reveal About Getting It Right When You Have To* (New York: Free Press, 2010), 35. ‥繁體中文版《搞什麼，又凸槌了?!》，商周，2011。

12 Beilock, *Choke*, 6.

13 *The Rich Roll Podcast*, "Dr. Michael Gervais: The Sensei of Human Performance," Episode 550.

14 Daniel Goleman, *Focus: The Hidden Driver of Excellence* (New York: Bloomsbury, 2013), 30. ‥繁體中文版《專注的力量》，時報文化，2014。

15 Beilock, *Choke*, 183–184.

16 Clay Skipper, "Jalen Rose Says He Has 'Irrational Confidence'," *GQ*, January 14, 2020.

17 Clay Skipper, "Why Mindfulness is the Next Frontier in Sports Performance," *GQ*, February 26, 2020.

18 Ethan Kross, *Chatter: The Voice in Our Head, Why it Matters, and How to Harness It* (New York: Crown, 2021), xxii.

19 Carl Honoré, *In Praise of Slow: How a Worldwide Movement Is Challenging the Cult of Speed* (New York: HarperOne, 2004), 14. ‥繁體中文版《慢活》，大塊文化，2005。

20 Mo Perry, "What's the Rush," *Experience Life.*

第五章

1 Clark and Sternfeld, *Hack Your Anxiety*, 122.
2 Clark and Sternfeld, *Hack Your Anxiety*, 122.
3 Olga Khazan, “Can Three Words Turn Anxiety into Success?” *The Atlantic*, March 23, 2016.
4 MacMullan, “Rise above it or drown.”
5 Ama Marston and Stephanie Marston, “To Handle Increased Stress, Build Your Resilience,” HBR.org, February 19, 2018.

PART 2

1 Bruce Feiler, *Life Is in the Transitions: Mastering Change at Any Age* (New York: Penguin Press, 2020), 32.
2 這個方框是由心理學家喬瑟夫・魯夫特（Joseph Luft）和哈里頓・伊南姆（Harrington Ingham）於1955年設計。
3 譯注：指自己和他人都了解的部分。
4 譯注：是對方知道，自己不知道的部分。指的是自己被蒙蔽看不見的部分。
5 譯注：自己知道，但別人不知道的部分。
6 譯注：這是自己不知道，別人也不知道的部分，要勇於開發未知的我，才能夠發掘自己的潛藏能力，並超越自我。
7 Daniel Pink, *When: The Scientific Secrets of Perfect Timing* (New York: Riverhead, 2019), 115.
8 Pink, *When*, 133.
9 George Mumford, *The Mindful Athlete: Secrets to Pure Performance* (Berkeley, CA: Parallax Press, 2015), 168.

第六章

1 Justin Tinsley, “A day in the life of Chris Brickley, the NBA’s most sought-after ‘influencer,’” *The Undefeated*, September 27, 2017.

2 Zion Olojede, "Star Basketball Trainer Chris Brickley Talks His Journey, Training J. Cole, and More," *Complex*, September 23, 2019.
3 Joe Mechlinski, *Shift the Work: The Revolutionary Science of Moving from Apathetic to All in Using Your Head, Heart and Gut* (New York: Morgan James, 2019), 85.
4 Jerry Colonna, *Reboot: Leadership and the Art of Growing Up* (New York: Harper Business, 2019), 30. ‥繁體中文版《讓你的脆弱，成就你的強大》，寶鼎，2020。
5 Kristi DePaul, "What Does It Really Take to Build a New Habit," HBR.org, February 2, 2021.
6 我的朋友詹姆斯．克利爾開啟我很多對於目標的想法，包括這個觀點。
7 James Clear, *Atomic Habits: An Easy & Proven Way to Build Good Habits & Break Bad Ones* (New York: Avery, 2018), 33–34. ‥繁體中文版《原子習慣》，方智，2019。
8 David Epstein, *Range: Why Generalists Triumph in a Specialized World* (New York: Riverhead, 2019), 136. ‥繁體中文版《跨能致勝》，采實文化，2020。
9 Carl Honoré, *The Slow Fix: Solve Problems, Work Smarter, and Live Better in a World Addicted to Speed* (New York: HarperOne, 2013), 20.
10 Honoré, *The Slow Fix*, 20.
11 Nick Bilton, *Hatching Twitter: A True Story of Money, Power, Friendship, and Betrayal* (New York: Portfolio, 2013).。
12 Bilton, *Hatching Twitter*.
13 Marcus Buckingham, *Standout 2.0: Assess Your Strengths, Find Your Edge, Win at Work* (Cambridge: Harvard Business Review Press, 2015), 5.
14 Hrishikesh Hirway, *Partners* (podcast), "Kevin Systrom & Mike Krieger," February 19, 2020.
15 Hirway, "Kevin Systrom."
16 Amy Morin, *13 Things Mentally Strong People Don't Do* (New York: William Morrow, 2014), 4. ‥繁體中文版《告別玻璃心的十三件事》，網路與書，2015。
17 Morin, *13 Things*, 12.

18 譯注：圖帕克以無所畏懼的自信聞名。
19 詹姆士・哈登（James Harden）於2021年初被交易至籃網隊，使該隊轉變為一支成熟的超級球隊。
20 Marcus Thompson, *KD: Kevin Durant's Relentless Pursuit to Be the Greatest* (New York: Atria, 2019), xxii.
21 "Brooklyn Nets star Kevin Durant says development, not titles, is what drives him now," ESPN.com, April 10, 2021.
22 這實質上是NBA的小聯盟，以前稱為D聯盟。
23 Ethan Kross, *Chatter: The Voice in Our Head, Why it Matters, and How to Harness It* (New York: Crown, 2021), 111.；繁體中文版《強大內心的自我對話習慣》，天下雜誌，2021。
24 Clear, *Atomic Habits*, 82.
25 詹姆斯・克利爾在我們的採訪中提出了這一點。
26 Stewart D. Friedman, *Leading the Life You Want: Skills for Integrating Work and Life* (Boston: Harvard Business Review, 2014), 160.；繁體中文版《如何過你想要的生活？》，先覺，2018。
27 Leonard Mlodinow, *Subliminal: How Your Unconscious Mind Rules Your Behavior* (New York: Pantheon, 2012), 35.；繁體中文版《潛意識正在控制你的行為》，天下文化，2021。
28 Libby Sander, "The Case for Finally Cleaning Your Desk," *Harvard Business Review*, March 25, 2019.
29 Chris Bailey, *Hyperfocus: How to Manage Your Attention in a World of Distraction* (New York, Viking, 2018), 82–83.；繁體中文版《極度專注力：打造高績效的聰明工作法》，天下文化，2019。
30 遺憾的是，我想過不了多久，蘋果就會推出完全防水的iPhone。
31 譯注：例如在社群平台上和人聊天。
32 Benjamin Hardy, *Willpower Doesn't Work: Discover the Hidden Keys to Success* (New York: Hachette, 2018), xii.

第七章

1 Steve Magness, "Separating My Identity from Running," ScienceofRunning.com, March 19, 2019.
2 Anne Kreamer, *Risk/Reward: Why Intelligent Leaps and Daring Choices Are the Best Career Moves You Can Make* (New York: Random House, 2015), xvii.

3 Bruce Feiler, *Life Is in the Transitions: Mastering Change at Any Age* (New York: Penguin Press, 2020), 15.
4 Feiler, *Life*, 52–53, 58.
5 Feiler, *Life*, 58, 62.
6 Kreamer, *Risk/Reward*, xiv.
7 Tim Vaughan, “How to Engage Millennials in the Workforce,” *Poppulo*, August 12, 2020.
8 我們可以想像，自疫情以來，這個數字只增不減。
9 Feiler, *Life*, 89–90.
10 John P. Kotter, “Leading Change: Why Transformation Efforts Fail,” *Harvard Business Review*, May–June 1995.
11 Adam Davidson, *The Passion Economy: The New Rules for Thriving in the Twenty-First Century* (New York: Knopf, 2020), xix.
12 譯注：希臘文telos，意思是目標。
13 Feiler, *Life*, 144.
14 Guy Raz, *How I Built This: The Unexpected Paths to Success from the World's Most Inspiring Entrepreneurs* (Boston: HMH, 2020), 24–27.
15 Ben Cohen, *The Hot Hand: The Mystery and Science of Streaks* (New York: Custom House, 2020), 18.：簡體中文版《熱手效應》，浙江教育出版社，2022。
16 David Epstein, *Range: Why Generalists Triumph in a Specialized World* (New York: Riverhead, 2019), 250, referencing Weick.
17 Bob Rotella, “What sets LeBron James truly apart? His mind,” *Fortune*, May 12, 2015.
18 *Choose Yourself: The James Altucher Story*, Episode 1 (director: Nick Nanton).
19 Raz, *How I Built*, 185–189.
20 Ethan Kross, *Chatter: The Voice in Our Head, Why it Matters, and How to Harness It* (New York: Crown, 2021), 124.
21 Steve Jobs, Stanford Commencement Speech, https://news.stanford.edu/2005/06/14/jobs-061505/.
22 Eastman, *Why the Best Are the Best*, 110.

23 Raz, *How I Built*, 8.

第八章

1 Nick Greene, *How to Watch Basketball Like a Genius* (New York: Abrams, 2021), 116.
2 Sherry Turkle, *Alone Together: Why We Expect More from Technology and Less from Each Other* (New York: Basic, 2011), 168.：繁體中文版《在一起孤獨》，時報出版，2017。
3 Amanda Mull, "A Cubicle Never Looked So Good," *The Atlantic*, October 2020.
4 Andrew Wallace, "The real reason open offices won't go away any time soon," *Fast Company*, June 23, 2020.
5 "Employee Job Satisfaction and Engagement," Society for Human Resource Management.
6 "The Truth About Job Satisfaction and Friendships at Work," National Business Research Institute.
7 Leonard Mlodinow, *Subliminal: How Your Unconscious Mind Rules Your Behavior* (New York: Pantheon, 2012), 82–83.：繁體中文版《潛意識正在控制你的行為》，天下文化，2019。
8 Mlodinow, *Subliminal*, 84.
9 Johann Hari, *Lost Connections: Why You're Depressed and How to Find Hope* (New York: Bloomsbury, 2018), 77.
10 Hari, *Lost Connections*, 75.
11 Frank Martela, "Helping Others Is Good for Your Health," *Psychology Today*, September 4, 2020.
12 Thomas Gilovich and Lee Ross, *The Wisest One in the Room: How You Can Benefit from Social Psychology's Most Powerful Insights* (New York: Free Press, 2015), 188.
13 Gilovich and Ross, *Wisest One*, 81.
14 年輕時的甘迺尼總統是其中一位受試者。
15 譯注：例如要吃什麼東西。
16 Scott Gerber, "Why Your Inner Circle Should Stay Small and How to Shrink It," HBR.org, March 7, 2018.
17 Vishen Lakhiani, *The Buddha and The Badass: The Secret Spiritual Art of Succeeding at Work* (New York: Rodale, 2020), 18.：繁體中文版《佛陀與惡棍》，時報出版，2021。
18 James Clear, *Atomic Habits: An Easy & Proven Way to Build Good Habits & Break Bad Ones* (New York:

Advantage, 2018), 118.
19 Tim Ferriss, *Tools of Titans: The Tactics, Routines, and Habits of Billionaires, Icons, and World-Class Performers* (New York: HMH, 2016), 175.
20 Tim Kight, *Focus 3 Podcast*, Episode 66.
21 Sonja Lyubomirsky, *The Myths of Happiness: What Should Make You Happy, but Doesn't, What Shouldn't Make You Happy, but Does* (New York: Penguin Press, 2013), 140.。繁體中文版《練習，讓自己更快樂》，久石文化，2016。
22 Shawn Achor, "The Ecosystem of Potential," *Thrive Global*, May 21, 2018.
23 Amrisha Vaish, Tobias Grossmann, and Amanda Woodward, "Not all emotions are created equal: The negativity bias in social-emotional development," *Psychological Bulletin*, May 2008.
24 Shawn Achor, *Big Potential: How Transforming the Pursuit of Success Raises Our Achievement, Happiness, and Well-Being* (New York: Currency, 2018), 149.。繁體中文版《共好與同贏》，時報出版，2019。
25 Achor, *Big Potential*, 149.
26 Carlin Flora, "Protect Yourself from Emotional Contagion," *Psychology Today*, June 21, 2019.
27 Daniel Goleman, Richard E. Boyatzis, and Annie McKee, *Primal Leadership: Unleashing the Power of Emotional Intelligence* (Brighton, MA: Harvard Business Review Press, 2016), 8.
28 Benjamin Hardy, *Willpower Doesn't Work: Discover the Hidden Keys to Success* (New York: Hachette, 2018), 109.

第九章

1 Tanya Menon, *The Secret to Great Opportunities? The Person You Haven't Met*, TED Talk, February 2018.
2 Tim Harford, Messy:*The Power of Disorder to Transform Our Lives* (New York: Riverhead, 2016), 53.
3 Marc Miller, "To Get a Job, Use Your Weak Ties," Forbes.com, August 17, 2016, and Everett Harper, "Weak Ties Matter," *TechCrunch*, April 26, 2016; both articles citing "The Strength of Weak Ties," by Mark S. Granovetter, Johns Hopkins University, *American Journal of Sociology*, Vol. 78, No. 6 (May 1973), University of Chicago Press.
4 譯注：喬丹好賭成性。

5 Thomas Gilovich and Lee Ross, *The Wisest One in the Room: How You Can Benefit from Social Psychology's Most Powerful Insights* (New York: Free Press, 2015), 156.
6 Matthew Syed, *Bounce: The Myth of Talent and the Power of Practice* (London: Fourth Estate, 2010), 197.
7 Annie Duke, *Thinking in Bets: Making Smarter Decisions When You Don't Have All the Facts* (New York: Portfolio, 2018), 140.
8 Duke, *Thinking in Bets*, 138.
9 Syed, *Bounce*, 200,：引用凱文・鄧巴（Kevin Dunbar）在麥基爾大學（McGill University）的研究成果。
10 這個想法在Duke, *Thinking in Bets*, 72. 被討論過。
11 這個詞是由網路運動人士伊萊・帕理澤（Eli Pariser）所創。
12 *Mindshift Labs*, "Creating Big Little Breakthroughs," Episode 8.
13 David Epstein, *Range: Why Generalists Triumph in a Specialized World* (New York: Gallery, 2019), 11.
14 *Stay Tuned with Preet Bharara*, "Thinking 2.0" (with Adam Grant).
15 Sian Beilock, *Choke: What the Secrets of the Brain Reveal About Getting It Right When You Have To* (New York: Free Press, 2010), 8.
16 Nick Greene, *How to Watch Basketball Like a Genius* (New York: Abrams, 2021), 125.
17 Greene, *How to Watch*, 124–125.
18 David Rock, Heidi Grant, and Jacqui Gray, "Diverse Teams Feel Less Comfortable—and That's Why They Perform Better," HBR.org, September 22, 2016.
19 Shawn Achor, *Big Potential: How Transforming the Pursuit of Success Raises Our Achievement, Happiness, and Well-Being* (New York: Currency, 2018), 76.
20 Harford, *Messy*, 50.
21 譯注：Kmart是平價連鎖商店，是沃爾瑪的競爭對手。
22 Adam Grant, *Work Life* (podcast), "Become Friends with Your Rivals," March 14, 2019.
23 Alex Hutchinson, "Why Do You Race Faster Than You Train?" *Runner's World,* August 9, 2016.
24 Grant, "Become Friends."

25 Grant, "Become Friends."

26 Chip Conley, *Wisdom at Work: The Making of a Modern Elder* (New York: Currency, 2018), 33–34.，繁體中文版《除了經驗，我們還剩下什麼？》，商周出版，2018。

27 Conley, *Wisdom at Work*, x.

28 Brendon Burchard, *The Charge: Activating the 10 Human Drives That Make You Feel Alive* (New York: Free Press, 2012), 214.

29 Allana Akhtar, "Increasing diversity in management is good for productivity, a study suggests," *Insider*, June 15, 2020; Stephen Turban, Dan Wu, and Letian (LT) Zhang, "Research: When Gender Diversity Makes Firms More Productive," HBR.org, February 11, 2019.

30 Kobe Bryant, *The Mamba Mentality: How I Play* (New York: MCD, 2018), 40.

31 現任華盛頓巫師隊的球員發展主任。

第十章

1 這句話的起源尚不清楚，但很可能始於一九三〇年代的匿名戒酒會。

2 這與第一章中提過艾克哈特．托勒的作品有關。

3 這是根據「沒有你的同意，沒有人能讓你感到卑微」話而來，出自愛蓮娜．羅斯福《這是我的故事》（*This is My Story*, 1937）。

4 A. J. Jacobs, *Thanks a Thousand: A Gratitude Journey* (New York: Simon & Schuster/TED, 2018), 11.，繁體中文版《幸福，從謝謝這一杯咖啡開始》，天下雜誌，2019。

5 Robert A. Emmons, *Thanks!: How Practicing Gratitude Can Make You Happier* (New York: Mariner Books, 2008), 11–12.，繁體中文版《愈感恩，愈富足》，張老師文化，2008。

6 Emmons, *Thanks!*, 16.

7 Marshall Goldsmith with Mark Reiter, *What Got You Here Won't Get You There: How Successful People Become Even More Successful* (New York: Hachette, 2007), 159.，繁體中文版《UP學》，李茲文化，2007。

8 Vishen Lakhiani, *The Buddha and The Badass: The Secret Spiritual Art of Succeeding at Work* (New York: Rodale,

2020), 123.．．繁體中文版《佛陀與惡棍》，時報出版，2021。

9 Daniel Kahneman, *Thinking, Fast and Slow* (New York: Farrar, Straus, & Giroux, 2011), 7.．．繁體中文版《快思慢想》，天下文化，2012。

10 Laurie Santos, *The Happiness Lab* (podcast), "A Silver Lining," Episode 3, Oct 1, 2019.

11 Thomas Gilovich, Amit Kumar, Lily Jampol, "A wonderful life: experiential consumption and the pursuit of happiness," *Journal of Consumer Psychology*, August 25, 2014.

12 Santos, "A Silver Lining."

13 這句話經常被誤以為是美國文學家愛默生說的，但他在寫這句話的時候，其實是引用了柯立芝的話。

14 Samuel Taylor Coleridge, *The Statesman's Manual* (1816).

15 Brendon Burchard, *The Charge: Activating the 10 Human Drives That Make You Feel Alive* (New York: Free Press, 2012), 122.

16 提摩西．費里斯在第476集的podcast節目中採訪賽斯．高汀。

17 Pete Grathoff, "UConn coach Geno Auriemma's 2016 talk about how selfish athletes are these days goes viral," *Kansas City Star*, March 21, 2017.

18 Sean Grande, "In an Age of Apathy, Garnett Brings Energy, Enthusiasm," Celtics.com, August 1, 2007.

19 如果你有時間，在YouTube上尋找對手敘述賈奈特的故事。

20 "Kevin Garnett, Glen Davis Recall Time Big Baby Lived Up To Name On Celtics Bench," NESN.com, December 23, 2016.

21 Mara Leighton, "Over 2.2 million students enrolled in this free Yale class on how to be happier—here's what it's actually like to take," *Insider*, March 5, 2021.

22 *這門課程叫做「幸福的科學」（The Science of Well-Being）。

23 *Today Explained* (podcast), "How to Be Happy," Vox.com, May 2020.

24 *Today Explained* (podcast), "How to Be Happy."

25 Heidi Reeder, *Commit to Win: How to Harness the Four Elements of Commitment to Reach Your Goals* (New York: Avery, 2014), 97–98.．．繁體中文版《因為堅持，所以贏》，天下文化，2014。

26 Daniel Goleman, Richard E. Boyatzis, and Annie McKee, *Primal Leadership: Unleashing the Power of Emotional Intelligence* (Brighton, MA: Harvard Business Review Press, 2016), 10.；繁體中文版《打造新領導人：建立高ＥＱ的領導能力和組織》，聯經出版，2002。

27 Angela Duckworth and Stephen Dubner, *No Stupid Questions* (podcast), "Is Optimism a Luxury Good?" January 3, 2020.

28 Brendon Burchard, *The Charge: Activating the 10 Human Drives That Make You Feel Alive* (New York: Free Press, 2012), 42.

29 Shawn Achor, *Before Happiness: The 5 Hidden Keys to Achieving Success, Spreading Happiness, and Sustaining Positive Change* (New York: Currency, 2013), 98.

30 Duckworth and Dubner, "Is Optimism a Luxury Good?"

31 Boston University School of Medicine, "New evidence that optimists live longer," *Science Daily*, August 26, 2019.

32 Achor, *Before Happiness*, 99.

33 Achor, *Before Happiness*, 99.

34 Derrick Carpenter, "5 Unbelievable Facts About Optimists," Verywellmind, June 28, 2020.

35 Goleman et al., *Primal Leadership*, 14.

36 Jonathan Haidt, *The Happiness Hypothesis: Finding Modern Truth in Ancient Wisdom* (New York: Basic Books, 2005), 146.

37 Marshall Goldsmith with Mark Reiter, *What Got You Here Won't Get You There: How Successful People Become Even More Successful* (New York: Hachette, 2007), 159.

38 Dacher Keltner and Jason Marsh, "How Gratitude Beats Materialism," *Greater Good Magazine*, January 8, 2015.

39 Ethan Kross, *Chatter: The Voice in Our Head, Why it Matters, and How to Harness It* (New York: Crown, 2021), 73.

PART 3

1 Alex Janin, "How to Prevent and Recover from Job Burnout," *Wall Street Journal*, March 6, 2021, citing Gallup

poll.

2 Michelle Davis and Jeff Green, "Three hours longer, the pandemic workday has obliterated work-life balance," Bloomberg, April 27, 2020.

3 Mayo Clinic, "Job Burnout: How to Spot It and Take Action," November 20, 2020.

4 Adam Grant, "Burnout Isn't Just in Your Head. It's in Your Circumstances," *New York Times*, March 19, 2020.

5 Christina Maslach and Michael P. Leiter, "Understanding the burnout experience: recent research and its implications for psychiatry," *World Psychiatry*, June 2016.

6 Alex Janin, "How to Prevent and Recover from Job Burnout," *Wall Street Journal*, March 6, 2021, citing Gallup poll.

7 Stulberg and Magness, *Peak Performance*, 19, citing Daniel Hamermesh and Elena Stancanelli, "Americans Work Too Long (and Too Often at Strange Times)," Voxeu.org, September 29, 2014.

8 Brad Stulberg and Steve Magness, *Peak Performance: Elevate Your Game, Avoid Burnout, and Thrive with the New Science of Success* (Emmaus, PA: Rodale, 2017), 18. ；繁體中文版《一流的人如何保持巔峰》，天下雜誌，2019。

9 Rahaf Harfoush, *Hustle and Float: Reclaim Your Creativity and Thrive in a World Obsessed with Work* (New York: Diversion, 2019), 236–237.

10 Jim Harter, "Employee Engagement on the Rise in the U.S.," Gallup, August 26, 2018.

11 Monique Valcour, "Beating Burnout," HBR.org, November 2016.

第十一章

1 Michael Lewis, "Against the Rules: The Coach in Your Head," Season 2, Episode 3.

2 Steve Chandler, *Shift Your Mind, Shift the World* (Anna Maria, FL: Maurice Basset, 2018), 4.

3 Chris Ballard, *The Art of a Beautiful Game: The Thinking Fan's Tour of the NBA* (New York: Simon & Schuster, 2009), 10.

4 致敬柯比・布萊恩的影片，www.youtube.com/watch?v=7mFGeA5YDzw.

5 柯比・布萊恩於2017年的退役演講。

6 Jason Selk and Tom Bartow with Matthew Rudy, *Organize Tomorrow Today: 8 Ways to Retrain Your Mind to Optimize Performance at Work and in Life* (New York: Da Capo Lifelong Books, 2015), 103.

7 Tim Gallwey, *The Inner Game of Tennis: The Classic Guide to the Mental Side of Peak Performance* (New York: Random House, Revised, 1997), 3. ‥繁體中文版《比賽，從心開始》，經濟新潮社，2017。

8 Gallwey, *Inner Game of Tennis*, 5.

9 Gallwey, *Inner Game of Tennis*, 17.

10 粗體字是作者自己添加的。

11 Mitchell Lee Marks, Philip Mirvis, and Ron Ashkenas, "Rebounding from Career Setbacks," HBR.org, October 2014.

12 Annie Duke, *Thinking in Bets: Making Smarter Decisions When You Don't Have All the Facts* (New York: Portfolio, 2018), 7.

13 Selk and Bartow with Rudy, *Organize Tomorrow*, 93.

14 這個故事是體育作家傑克・麥卡倫（Jack McCallum）說的，但是我是在泰勒・克拉克的《在緊張的環境下沉著冷靜》（*Nerve*，204）中讀到這個故事。

15 柏德在丹・派翠克的節目上對客座主持人瑞吉・米勒（Reggie Miller）說了這個故事。www.danpatrick.com/2016/08/09/larry-bird-yup-said-whos-coming-second/show.

16 Jerry Colonna, *Reboot: Leadership and the Art of Growing Up* (New York: Harper Business, 2019), 25.

17 Colonna, *Reboot*, 26.

18 David Itzkoff, "Jerry Seinfeld on Louis C.K., Roseanne and Tense Times in Comedy," *New York Times*, October 26, 2018.

19 Jerry Seinfeld, *Is this Anything?* (New York: Simon & Schuster, 2020), 256.

20 *The Tim Ferriss Show*, "A Comedy Legend's Systems," December 8, 2020.

21 David Itzkoff, "Jerry Seinfeld Is Making Peace with Nothing: He's 'Post-Show Business,'" *New York Times*, May 4, 2020.

22 紀錄片《康尼島之子》（*A Kid from Coney Island*），導演奇克・奧扎（Chike Ozah）和柯迪・西蒙斯（Coodie Simmons）。

23 Reid Hoffman and Ben Casnocha, *The Start-up of You: Adapt to the Future, Invest in Yourself, and Transform Your Career* (New York: Currency, 2012), 76.；繁體中文版《第一次工作就該懂》，天下雜誌，2020。

第十二章

1 Rob McClanaghan, *Net Work: Training the NBA's Best and Finding the Keys to Greatness* (New York: Scribner, 2019), 39.

2 McClanaghan, *Net Work*, 127.

3 McClanaghan, *Net Work*, 126.

4 Annie Duke, *Thinking in Bets: Making Smarter Decisions When You Don't Have All the Facts* (New York: Portfolio, 2018), 89, 參考丹・艾瑞利的《誰說人是理性的！》（*Predictably Irrational*）。

5 Duke, *Thinking in Bets*, 108.

6 Matthew Syed, *Black Box Thinking* (New York: Penguin, 2015), 87.

7 Syed, *Black Box*, 111.

8 Henri Weisinger and J. P. Pawliw-Fry, *Performance Under Pressure: The Science of Doing Your Best When It Matters Most* (New York: Currency, 2015), 31.

9《黃金教戰守則》，Netflix，第1集。

10 Noel King, "When a Psychologist Succumbed to Stress, He Coined the Term 'Burnout,'" NPR.org, December 8, 2016.

11 這一詞是根據卡蘿・杜維克（Carol Dweck）的著作*Mindset: The New Psychology of Success* (New York: Random House, 2006).；繁體中文版《心態致勝：全新成功心理學》，天下文化，2019。

12 Emily Winter, "I Got Rejected 101 Times," *New York Times*, December 14, 2018.

13 *WorkLife with Adam Grant*, "Bouncing Back from Rejection," TED, April 17, 2019.
14 *WorkLife with Adam Grant*, "Bouncing Back."
15 Eric Weiner, *The Geography of Bliss: One Grump's Search for the Happiest Places in the World* (New York: Twelve, 2008), 163.
16 Eastman, *Why the Best Are the Best*, 35.

第十三章

1 由於新冠病毒的疫情，二〇一九—二〇二〇賽季在這一天暫停。他當時的球隊，亞特蘭大老鷹隊，沒有參與那個夏季後期的「泡泡」。（譯注：是ＮＢＡ為了保護球員遠離新冠病毒疫情，並順利進行二〇一九—二〇年賽季例行賽的剩餘八場賽事和整個二〇二〇年ＮＢＡ季後賽，在美國佛羅里達州奧蘭多迪士尼世界所設立的隔離賽區。）
2「在詹皇31歲之前，他的上場時間已經超過魔術強森或賴瑞．柏德整個職業生涯的上場時間。」(Jeff Bercovici, *Play On: The New Science of Elite Performance at Any Age* (New York: Houghton Mifflin Harcourt, 2018), 15.
3 *Basketball Telegraph*, November 29, 2010.
4《最後一舞》，第6集。
5 Cal Ripken Jr., and James Dale, *Just Show Up: And Other Enduring Values from Baseball's Iron Man* (New York: Harper, 2019), 2.
6 Ripken Jr. and Dale, *Just Show Up*, 13.
7 Conley, *Wisdom at Work*, 13.

第十四章

1 Tiffany Shlain, *24/6: The Power of Unplugging One Day a Week* (New York: Gallery, 2019), 24.
2 Conley, *Wisdom at Work*, 100.
3 Rahaf Harfoush, *Hustle and Float: Reclaim Your Creativity and Thrive in a World Obsessed with Work* (New York:

Diversion, 2019), 247. ∴繁體中文版《未來，工作，你？：知識經濟時代展開，如何拋開「效率」迷思，不被「創新」淘汰？》，三采，2020。

4 Harfoush, *Hustle and Float*, 243.

5 Quinton Skinner, "7 Self-Care Strategies at Work," *Experience Life*, March 4, 2019.

6 Harfoush, *Hustle and Float*, 7.

7 Shawn Achor, *Big Potential: How Transforming the Pursuit of Success Raises Our Achievement, Happiness, and Well-Being* (New York: Currency, 2018), 173.

8 Brad Stulberg and Steve Magness, *Peak Performance: Elevate Your Game, Avoid Burnout, and Thrive with the New Science of Success* (Emmaus, PA: Rodale, 2017), 66.

9 *The Jordan Harbinger Show*, episode 479: "Lisa Feldman Barrett, Seven and a Half Lessons About the Brain."

10 Jennifer Moss, "Helping Remote Workers Avoid Loneliness and Burnout," HBR.org, November 30, 2018.

11 Jennifer Moss, "When Passion Leads to Burnout," HBR.org, July 1, 2019.

12 Karen Olson, "Reclaim Your Weekends," *Experience Life*, July 4, 2018.

13 Jerry Useem, "Bring Back the Nervous Breakdown," *The Atlantic*, March 2021.

14 Ryan Holiday, *Stillness Is the Key* (New York: Penguin, 2019), 230. ∴繁體中文版《駕馭沉靜》，寶鼎，2021。

15 Harfoush, *Hustle and Float*, 7.

16 在我在第一章中提到傑西．伊勒舉辦的靜修會上，冥想老師鮑勃．羅斯討論到了這個問題。

17 Rosanne Specter, "William Dement, giant in sleep medicine, dies at 91," Stanford Medicine News Center, June 18, 2020.

18 Quinton Skinner, "The effects of workplace burnout are real and widespread. But there is hope for recovery," *Experience Life*, February 28, 2020.

19 Claudia Canavan, "How to De-Stress: Why You Need to Learn How to Complete the 'Stress Cycle,'" *Women's Health*, February 11, 2020.

20 Matt Walker, "Sleep Is Your Superpower," TED Talk, Ted.com, May 10, 2019.

21 Shawn Achor, *Before Happiness: The 5 Hidden Keys to Achieving Success, Spreading Happiness, and Sustaining*

Positive Change (New York: Currency, 2013), 43.
22 Achor, *Before Happiness*, 44.
23 *Mindshift Labs*, "Creating Big Little Breakthroughs," Episode 8.
24 Brian Levenson, *Shift Your Mind: 9 Mental Shifts to Thrive in Preparation and Performance* (New York: Disruption Books, 2000), 51.
25《黃金教戰守則》，Netflix，第 1 集。
26 Shlain, *24/6*, 41.
27 Shlain, *24/6*, 41.

第十五章

1 Quinton Skinner, "The effects of workplace burnout are real and widespread. But there is hope for recovery," *Experience Life*, February 28, 2020.
2 Stewart D. Friedman, *Leading the Life You Want: Skills for Integrating Work and Life* (Boston: Harvard Business Review, 2014), 4.
3 Katharine Brooks, "Job, Career, Calling: Key to Happiness and Meaning at Work?," *Psychology Today*, June 29, 2012.

奪標心態

Sustain Your Game

High Performance Keys to Manage Stress, Avoid Stagnation, and Beat Burnout

作者：小亞倫・史坦(Alan Stein Jr.)、喬恩・斯特恩菲爾德(Jon Sternfeld)｜譯者：黃庭敏｜主編：鍾涵瀞｜特約副主編：李衡昕｜行銷企劃總監：蔡慧華｜行銷企劃專員：張意婷｜出版：感電出版／遠足文化事業股份有限公司｜發行：遠足文化事業股份有限公司（讀書共和國出版集團）｜地址：23141 新北市新店區民權路108-2號9樓｜電話：02-2218-1417｜傳真：02-8667-1851｜客服專線：0800-221-029｜信箱：gusa0601@gmail.com｜法律顧問：華洋法律事務所 蘇文生律師｜EISBN：9786269736652（EPUB）、9786269736645（PDF）｜出版日期：2023年7月／初版一刷｜定價：480元

國家圖書館出版品預行編目(CIP)資料

奪標心態/小亞倫・史坦, 喬恩・斯特恩菲爾德著；黃庭敏譯. -- 新北市
：感電出版, 遠足文化事業股份有限公司, 2023.07
384面；15×21公分

譯自：Sustain your game : high performance keys to manage stress, avoid stagnation, and beat burnout.

ISBN 978-626-97366-2-1(平裝)

1.CST: 成功法

177.2　　112008786